U0115815

2017年6月14日，昇恆昌江松樺董事長於雲林科技大學舉辦首場講座

江松樺董事長親臨雲林科技大學

江松樺董事長與楊能舒校長

2017年11月22日，葉海煙教授於雲林科技大學舉辦講座

2018年10月9日，李賢中教授於中山醫學大學舉辦講座

2019年4月30日，鄭阿財教授於金門大學舉辦講座

2019年5月10日，朱建民教授於東吳大學舉辦講座

江松樺先生講座

豐情天地──
四時流行所形塑的節氣文化

廖美玉

（逢甲大學中文系特聘教授）

107 年 10 月 9 日（二）下午 3：30－5：20

金門大學綜合大樓 421 方水金講堂

主辦單位：國立雲林科技大學漢學應用研究所

合辦單位：國立金門大學人文社會學院、華語文學系

江松樺先生講座

道路選擇：先秦儒家
從孝本論到仁本論的大轉變

主講人：曾振宇教授兼所長

山東大學 儒學高等研究院 中國哲學研究所

圖片來源 https://www.npm.gov.tw/Article.aspx?sNo=04009372

時間：2019/10/25（五）10：00-12：00

地點：嘉南藥理大學 輝振大樓9樓 K902

主辦單位：嘉南藥理大學 儒學研究所 儒學研究與推廣中心

協辦單位：中華民國孔孟學會嘉南地區推廣中心

講座活動海報

2019 江松樺先生講座成果報告

主辦單位：財團法人中華傳統文化基金會
執行單位：國立雲林科技大學
　　　　　漢學應用研究所
　　　　　台灣漢學中心
執行時間：108 年 1 月 1 日
　　　　　至 108 年 12 月 31 日
協辦單位：國立臺灣大學
　　　　　國立臺南大學
　　　　　國立臺中科技大學
　　　　　國立金門大學
　　　　　國立嘉義大學
　　　　　國立成功大學
　　　　　中山醫學大學
　　　　　東吳大學
　　　　　輔仁大學
　　　　　中國哲學會
　　　　　鵝湖雜誌社

2019年講座成果報告書

昇恆昌江松樺先生
講座學術論叢

翁敏修　主編

《昇恆昌江松樺先生講座學術論叢》編輯人員

楊序

　　國立雲林科技大學於民國八十年八月正式創校招生，歷經創校校長張文雄博士的擘畫掌舵開啟高教樂章；林聰明校長創新理念，領航技職，享譽全台；楊永斌校長推動國際化，一新耳目，再上頂峯。三十多年來，雲科大茁壯成長、培育無數優秀校友服務社會，為台灣社會貢獻紮實的科技創研、管理金鑰、設計領先與人文社會關懷的根基，使得雲科大在短短的三十年間躋身於國際名校之行列。

　　雲科大與昇恆昌公司的結緣，起自二〇〇五年雲科大承辦翌年（2006）的大專運動會之籌備工作，由於籌辦之經費尚有不足，亟需社會資源的挹注，即由當時在任的林聰明校長親率本校電機系江松茶教授與漢學應用研究所吳進安教授至昇恆昌公司拜會江松樺董事長，並獲江董事長之首肯以及強烈支持，大專運動會能順利舉行並獲得高度評價與肯定，江董事長居功厥偉，雲科大全體師生對江董事長關注教育之心情與熱情尤為感佩。這樣的熱情支持一直持續到今，讓全體師生常懷感恩。

　　江董事長不能忘情於父母的諄諄教誨，特以其尊君及尊堂之名成立基金會，關懷社會弱勢族群，並身體力行鼓勵員工投入公益活動，為社會救助及慈善增添柴火，感動許多人，如今昇恆昌公司同仁投入公益，扶貧救困之佳音屢為社會各界肯定，多次獲頒榮譽，數十年如一日，其精神與態度令人動容。

　　更值得一提的是江董事長關心年輕朋友的就業與社會歷練，他以其創業之經驗，深知傳統文化與父母教誨對他影響尤大，特成立「中華傳統文化基金會」，並將講座之重責大任交付本校漢學應用研究所、漢學研究中心共同主持，這三年來，在全國數十所大學校院展開「江松樺先生講座」，至去年（2020）為止，已舉辦百餘場講座，提供青年學子在為學與做人諸方面之參考，對年輕

一代而言，能有機會親炙每位講座教授、專家，學習其風範、知識與實踐態度，皆是最佳典範。今主辦單位特先從上百場講座中，邀請參與本講座之學者、專家賜稿彙編成冊，以擴大影響力。在付梓前夕，特為之序，以饗讀者。

國立雲林科技大學校長

楊能舒 謹誌

二〇二一年五月十日

吳序

　　雲林科技大學與昇恆昌公司的合作夥伴關係，必須追溯到民國九十年昇恆昌公司提供雲科大漢學所、科法所兩所研究生獎學金，資助獲獎的研究生精進學術的鑽研，至今已有數位當年獲獎的學生完成博士學位。獎掖後進除了是昇恆昌公司江松樺董事長的愛心之外，也是他長年關注臺灣的教育品質的躍昇、社會風氣的改善與整體國民素質的提高之終極關懷。該公司上下同仁投入公益，數十年如一日，江董事長身體力行，默默耕耘，低調作為，而為社會各界所肯定與激賞。

　　二○○五年雲科大獲教育部同意承辦「2006年大專運動會」，江董事長一本初衷繼續支持雲科大，出錢出力，協助本校完成不可能的任務。余當時獲林聰明校長之邀亦協助募款之事，陪同林校長親訪江董事長，再度感受到江董事長熱誠的接待，並且劍及履及、講求效率，關心高教發展不落人後，菩薩心腸，令人動容與敬佩。

　　二○一七年年初財團法人中華傳統文化基金會陳銀樺董事轉達江董事長關心高教青年的出路問題，尤其是他以過來人的身分，更加體會出現代年輕人欠缺傳統文化優質涵養的窘迫性，也因未能及時補救與修正，在為人處事諸方面難免形成扦格與失調，這是江董事長最為憂心之事，他希望能由雲科大出面號召各大專院校共同推動中華傳統文化的講座活動，協助引領年輕朋友，在未踏入職場之前，能由學者專家的講座領略傳統文化之美善與真諦，於是「江松樺先生講座」就這樣成為一個具體的行動方案，在江董事長暨陳董事銀樺的指導下，合辦學校數與場次由第一年（2017年）的六校十四場，至去年（2020年）十六校三○場，四年來累計講座場次共一百一十二場。講座的主題包括：中華傳統文化介紹、文學與戲劇、傳統文化與現代生活、臺灣文化、中西哲學的比

較、文化創意、宗教與藝術等，講座之師資可謂一流之選，不僅是學術俊彥，也是具有影響力的社會賢達，相信經由他們現身說法闡述傳統文化精髓，定能給予年輕人指點迷津，協助他們以更為健康、務實的心態迎向人生的挑戰。

　　雲科大漢學應用研究所暨漢學研究中心自二〇一七年開始規畫講座以來，承蒙　昇恆昌公司的指導，此項活動已漸漸獲得各高校的重視與支持，不僅參與學校增多，在地域上也包括了北、中、南、東、金門等地區，講題也漸漸由理論性、審美性、義理性走向文化創意與務實致用，理論與實踐的合一，希望活化傳統文化，能夠與時俱進，使得文化的種子能廣為落地紮根、靈根自植與成長，為臺灣這塊土地增添生命的色彩與樂章。今逢首本「江松樺先生講座」專輯集結出版，回首來時路，邁向高峰時，期許本講座專輯能夠開枝散葉，澤被群倫，期許為社會之清流與先導。在出版前夕，特為之序，以饗讀者。

國立雲林科技大學漢學應用研究所教授

吳進安

二〇二一年五月十日

目次

傳統文化與企業社會責任
——漫談創業過程的啟發

江松樺

昇恆昌股份有限公司董事長

一　主辦單位雲科大漢學所吳進安教授致歡迎詞

　　江董事長、陳董事、本校科法所張所長、漢學所蔡所長、翁敏修老師、簡端良老師、黃富琴老師以及在座的各位大三的同學大家好：

　　我們今天很難得、也非常高興能夠邀請到國內知名企業昇恆昌公司江松樺董事長蒞校為本講座揭開序幕，讓我們以最熱烈的掌聲歡迎昇恆昌股份有限公司江松樺董事長，我們掌聲歡迎。在此我借用幾分鐘，特別向大家說明為什麼我們安排這樣的講座，其實要特別感謝江董事長長年來對雲科大的支持。江董事長對雲科大的支持開始於二○○六年，雲科大第一次承辦全國大專運動會，盛況空前，選手一萬兩千名。當時我陪著林聰明前校長到臺北拜訪江董事長，江董事長非常的慷慨應允支持教育事業，他就幫忙學校一直到現在。

　　去年我拜訪陳董事，談起了江董事長所關心的如何把傳統的文化應用在現代企業的管理這一方面，尤其江董事長語重心長，看到了今天的一些社會的問題，也關心年輕人的素養問題，所以江董事長特別成立了「中華傳統文化基金會」來幫忙各校開始來推動講座。江董事長出身於我們隔壁嘉義大林，在很年輕的時候負笈北上，開始了他的整個工作的生涯，在長達五十幾年的工作生涯當中，他有深深的一些體驗，而這些體驗待會會藉由江董事長的分享和大家來做一個交流。江董事長所領導的事業在整個全世界的排名來說可以講是數一數二的，各位同學老師們大概都有出國或是旅遊的經驗，只要你從臺灣的機場出

發，包括金門、澎湖，你只要看到昇恆昌免稅店，你就會看到由江董事長所訓練、薰陶出來的員工，態度親切，彬彬有禮。他是怎樣做到的？我想這也是我們今天的莘莘學子應當要來學習的。寶貴的時間尤其珍貴，讓我們再度以熱烈掌聲來歡迎江董事長的講座。

二　江松樺董事長開場白

　　我們尊敬的吳所長、尊敬的張所長、尊敬的蔡所長、尊敬的各位師長、尊敬的雲科大的同學們大家早安、大家好。今天很感謝你們不嫌棄來聽我這裡跟各位學習一些人生的歷程，我來這裡也不是來演講的，我來跟各位做一個交流跟學習。我剛剛從進了學校到現在，方才拜會楊能舒校長，我學習的非常的多，我對雲科大更加深入了一層了解。吳所長我認識比較久；尤其我們張所長，他對我們昇恆昌也有相當的了解。從張所長的說明中可以了解到，雲科大也做了很對的事情，雲科大能夠成為全國也是一個非常優秀的技術學院到科技大學，學生出來都非常優秀，可見我們的師資都相當的好，這也讓我非常敬佩。

　　我想在演講之前，先與大家做一個交換意見，我想聽聽各位同學，大家對這個「因果論」有沒有什麼看法？大家同意有因果循環的話可不可以舉手一下看看，好！請放下。不相信因果的請舉手看看，那這個很奇怪囉，有舉手表達同意這個意見，沒有表達到底是什麼想法？我想這個因果循環是非常非常重要，我們今天來到這個世間，你接觸到任何事物，你出生在哪個家庭，你接觸到哪一個人事物，都是有因緣，因緣生因緣，所以我們要相信其中存在著因果循環。我很多的朋友都是基督徒，他們常常告訴我，想請我去洗禮，說要信耶穌基督，他也常常請我去聽那個佈道，他們也講天堂跟地獄，有天堂就有地獄，一個天堂地獄的宗教觀點被提出來，那有沒有其他的道？好像沒有，我沒有聽他們說還有其他的道。但是起碼我們的人道，我們出生為人就是人道，出生在畜生就是畜生道，出生在鬼就是鬼道，出生在阿修羅就是阿修羅道，所以我想因果循環的觀念這是非常非常重要，尤其我們各位同學，你們都非常年輕，但是你們有沒有曉得傳統文化；其實我要講的是一個傳統文化的重要性。

　　我今天被感動來這邊，也是因為我們吳所長，雲科大辦了一個漢學研究中心、漢學研究所，我非常的感動、非常的好奇，一個科技大學為什麼會想到要把漢學融入到這個學校？我發覺到說到這個，吳所長也好、或者我們校長也好，我們雲科大非常有智慧，其實漢學跟現在的科學進步是不可分，前幾天我在聽馬雲先生在貴州的一場大數據的論壇做一個演講，他就講到這幾十年來顛覆很多科技方面這個東西，也顛覆了很多產業，尤其他把這個零售業顛覆到很多大賣場都關掉，例如Wal-Mart（美國沃瑪百貨）、萬客隆、很多的產業都被他顛覆了；但是他講到一點，他說老祖宗的智慧是不可抹滅的、功不可沒。所以連馬雲先生他都認為我們傳統文化的重要性，所以我今天要跟各位談的就是一個傳統文化如何落實到企業裡面。這是一個非常重要，未來雖然電腦很進步，現在AI都可以取代人腦，那將來會不會有A2、A3、A4呢？我相信應該會有，那這些AI也好、A2、A3、A4也好，還是人去創造出來，所以人的智慧是來自祖宗，傳給我們的這個智慧，所以這些智慧我們不可抹滅，所以傳統最重要。我跟各位報告，我雖然在企業裡面有個因緣，那我就接觸到一本書叫做佛陀的經典，佛教是教育而不是宗教，我接觸到這本書之後我很好奇，看完之後我發覺到說，真的釋迦摩尼佛來這世間就是辦教育，示現在做教育的工作，所以釋迦摩尼佛沒有留下任何一部經書，很多的經書都是後來祂的弟子把它抄錄下來的。

　　昨天馬凱教授（知名經濟學家）他問我一個問題，馬凱教授最近也在學佛，他說他很好奇釋迦摩尼佛是不是想的不夠清楚，什麼叫殺生？我們吃葷的是不是叫殺生？我說馬教授，末法時代很多人誤解了，因為釋迦摩尼佛當時在托缽的時候，你給祂葷的祂就吃葷的，素的就吃素的，祂並沒有任何規定吃葷的就是殺生，所以我們也不要別人講什麼，末法時代很多人就把這個宗教把它傳為一種印象，有的人到處都說法會，辦法會來做什麼？就誤解了這個佛教。其實佛教是一個教育，我們今天把這個傳統文化包括儒家思想、包括太上感應篇、道教與佛教，儒釋道一家融入到這個企業裡面，所以我跟各位分享的就是傳統道德與企業社會責任。

三　傳統道德與企業社會責任

　　昨天（編者按：106年6月13日）馬凱教授問我西方人對企業社會責任的看法，問我跟他們有什麼不同？我說完全不一樣。西方國家它成立了這個企業社會責任認證，初期他們就為了說我有個產品又有這個認證，我能得到人家肯定、人家要賣，所以他做這個認證；但是我們今天在做這個企業社會責任認證，不是因為我的產品要賣出去，尤其我在做服務業的，我昇恆昌不是靠企業社會責任認證而得到顧客對我的肯定。不是，因為我覺得企業社會責任認證，就是說在國內沒有一個比較有到公信力的一個單位，所以我找個國際的來認證，但是我這個認證報告寄出之後，他們看了他們嚇一跳，他們說你這超越我們的要求、我們的標準。所以我們是差不多全世界免稅商店第一個通過這個SCR的一個認證，也是在百貨零售業裡面第一個通過的，現在後面當然有人再跟進，也在學習，我覺得非常好。如果這樣傳統文化即落實在企業管理裡面。

　　我這裡跟各位分享，我們讓員工進來之後，我們就發一套《弟子規》、《了凡四訓》、《太上感應篇》、《佛說十善業道經》。教員工如何改變命運，命運是掌握在哪裡，掌握在你自己手裡。每一個人的命運都是掌握在自己，誰去改變你命運，你自己去改變你的命運。了凡先生當時給人家算命，考試考幾年都是非常準確，後來有一天他到寺廟去坐了三天三夜如如不動，這個法師看到他說，哇！施主不得了，你修行多久了啊，坐三天三夜如如不動。他告訴師父說：師父啊！我沒有修行。他說你都坐的如如不動啊！他說算命先生都給我算的這麼準，既然命運都已經註定了，我再努力幹嘛，我再努力有什麼意思？那個法師才告訴他說：「你錯了！」你生下來有註定你的命運，但是可不可以改變，可以。當時因為了凡先生給人家算命，他只能活到五十三歲，沒有兒子送終，所以他非常的灰心的到寺廟坐三天，結果老和尚開示他，如何去做公益幫助別人，所以他回去設了一個功德簿，你每一天做多少功德，設一個功德簿，做多少好事幫多少人，結果呢他就這樣做了。做做之後，真的漸漸命運改變了。後來他考試也考上了、當了官，當官之後他很忙，師父叫他說要做兩萬件的公益功德幫助別人，你才能夠達到，你才能夠改變你的命運。他說師父我現

在當官很忙，我要做兩萬件哪有時間，他說你只要一個政策能夠利益眾生的、利益大眾的，就超過兩萬件。後來他這個政策實施下去，真的利益了很多百姓，了凡先生到最後活到七十三歲，有兩個兒子送終，所以這份《了凡四訓》他寫出來給後世的人來了解，怎麼教育我們的孩子。

我記得二十幾歲的時候，有一個人告訴我，要我看《了凡四訓》，我根本就不曉得什麼叫《了凡四訓》，也沒有去找這本書。後來有一個因緣我聽了這個，看了電視臺，聽了老和尚講經的時候，我非常認同他的講法，把儒釋道融為一教，對我的影響非常大。所以我把這些東西，融入到我們的這個企業裡面來。但大家會很好奇，昨天我在電臺訪問的時候馬凱教授問我、主持人問我，你們這個《了凡四訓》有沒有在上課，《弟子規》有沒有在上課，我說當然有上課，但是我們上課不是叫他們去背每一條，有很多人來跟我要這個《弟子規》，都說江總我想這個《弟子規》給我小孩背，我說那你就不要了，你這個《弟子規》如果拿給小孩背，不但背了沒有用，背了也不會實行；如果你要拿《了凡四訓》回去，我請你自己看一看，做榜樣給你的小孩看，那才會有效。

所以《弟子規》是在我們推行在內部，最大的困難就是，一個企業經營者、一個領導者，你要以身作則，你做不到你如何叫別人做。所以我們在推動這個的時候非常的困難，所以我開始慢慢能夠理解到，這個《弟子規》、《了凡四訓》，如果你落實去做，你會改變命運，真的對你會有所幫助，這個過程是非常艱辛的，我想我在這個推動過程當中，當然經歷了很多的艱辛。包括我們員工內部的一個訓練，訓練之後要上課、要考試，考試完之後，通過了加薪，不通過也不減薪，給他機會再補習，家長好多來抱怨我，我小孩在你那邊上班，不是要讓你讀書，你給我們考什麼試啊！我說這位先生啊，我告訴你，你小孩在這裡，我是教他專業知識，他考試通過加薪五百塊，沒有通過不減薪啊，再給他機會，後來這個聲音就越來越小，就沒有人再抱怨我。所以我們在專業知識考試之後，當中也會加入一些，像《弟子規》這些的一個考試，慢慢地薰陶他們，這就是在推動傳統文化落實在企業的這部分。

四　推動公益志工增進社會關懷

另外一部分我也推動公益活動，公益活動也被他們檢舉到勞工局。勞工局來抱怨說，你怎麼可以強迫員工做志工，我說請問一下我什麼地方強迫員工，你看到了嗎？我說有什麼證據？你說我強迫員工做志工，他說沒有，你們員工說你強制他們啊！我說證據拿出來，他們可以拒絕可以不要去啊，我說我沒有白紙黑字叫他們做志工，後來勞工局也沒有辦法，但是從那次以後，慢慢地員工要走入這個志工行列。第一次要走入去做志工確實是個挑戰，我們每個月的月會裡面都有分享，真的他們是五味雜陳，他們自己講要走出的第一步，他們在思考，我今天帶小朋友去玩、很開心，你要叫我去做志工他們很憂鬱，後來就問了這個主辦單位說，我可不可以帶小孩去，他們說可以啊，結果小孩去了，他們去淨灘，海灘髒得要命，他叫他們小孩子一起幫忙，整理完海灘之後他們照相，哇！爸爸原來這個海灘淨了乾淨得這麼漂亮，這個小朋友說：爸爸我下次可不可以來參加。這就是身教啊！

另外一個案例，他們要去參加慈濟的資源回收，他們說可不可以帶小朋友去，衛不衛生？他們說應該不會吧！結果他把小朋友帶去了，結果慈濟志工的素食做得非常好吃，這小朋友吃了之後很高興，爸爸！我下次可不可以再來，那當然可以啊！這個小朋友回家之後怎麼樣呢？教他爸爸媽媽要垃圾要分類。你看小朋友參加這個志工之後，他會提醒他爸爸媽媽垃圾要分類。可見他們第一步要走出去的時候，都非常的困難；但是他們走出去之後，他們的分享令我印象深刻。我們昨天早上月會，我在月會裡面我跟人家進行不一樣，我這個型態也是全世界大概沒看到的，我開始在經營的時候我發覺到說，我們每個月的月會檢討業績，這邊在報告、這邊在睡覺，這邊在講話，根本就一點意義都沒有，後來我發覺真的想了半天，這個月會不開好像不行，開月會有人睡覺、有人在報告，那業績好又不好，那不好你就罵他，他也不高興，好像沒有意義，所以我就把它改變了，我請他們說，你們把做對的事情拿來分享，做錯的事情也拿來分享，做公益也拿來分享，我就從這個開始第一次開始分享，我就開始發獎金，到現在我每個月月會分享還是發獎金給他們。

　　昨天有三個單位分享，一個公益的單位，兩個是個案的單位。一個是小琉球，一個是我們桃園機場的餐廳，跟我通過那個HACCP（食品驗證標準證書）的餐廳，食品安全健康安全要通過這個檢驗，他們花了很多的心思在這個通過這個驗證，他們來做分享，所以我們通過這個分享之後，包括我都學習很多，很多東西他們做出來，我們發覺說原來員工很有潛力，每一個員工都有很他們都有很高的智慧，他們都有很深的這個潛力，你如果讓他們的潛力把它激發出來，這個月會就讓他們好好的發揮。其實每一個員工都非常喜歡參加月會，因為我們的據點太多，包括離島的小琉球、綠島、澎湖、金門，基隆、花蓮、臺中、高雄都有這些點，那我們都設有視訊，但是雖然沒有辦法每一次都讓所有人參加，但是每一次的月會起碼大概差不多有五六百位來參加，這五六百個人呢，他們就會看到這些，他們每一次參加，每一個人都很感動，每一個都有個案來分享，我們這個分享完之後，都會讓他們心得報告，每一個地方派一個代表報告，他們講來講去，最多的還是說他們對志工的肯定，公司提供這個志工活動給他們，他們覺得最幸福最快樂，他們覺得說昇恆昌是一個幸福企業，從他們嘴巴裡面講出來。

五　孝是根敬是本

　　昨天月會有一個工讀生分享，她的工讀時間是一個月，她到這個六月底就結束了。因為她來這裡學了很多東西，她的心得報告分享的是她來昇恆昌一個月的學習過程，她講了我都覺得蠻感動的，所以我今天在這裡跟各位分享，就是說我們傳統文化不外乎就是《弟子規》講這麼多，《弟子規》的總序裡面，首孝弟、次謹信、汎愛眾、而親仁、有餘力、則學文。這些東西其實講到最後就是兩個字，首孝弟是不是就孝順，我把它總歸成兩個字，孝是根，敬是本。各位同學你們都是智慧很高的人，孝敬兩個字你把它記住，我告訴你行遍天下，你會得到很多的肯定，你將來前途無量。記住這兩個字，不用記得太多，《弟子規》很長，我們不要背，我們記住孝敬兩個字。為什麼孝是我們的根呢？孝要孝什麼？孝天孝地孝敬父母，孝順孝敬師長，孝順父母孝敬師長，孝

敬你的長輩，就是一個根本一個根。敬呢？敬天敬地，敬你的所有接觸到的人，你的兄弟姐妹，你的父母兄弟姐妹，你的子女。今天他來成為你的子女，你要不要敬重他？他會跟你成為你的子女，就是跟你有緣，你的子女來給你報恩，當你的子女不是來給你報恩，就是來抱怨，不然就是來討債，不然就是還債，不外就這四個。所以我們既然有這個緣，要不要敬重他，所以我們這個敬字包含很多，我們今天談到企業經營理念，我們要敬重所有的主顧客，今天買不買不打緊，經過我的店都是我的衣食父母，我都要敬重他。你想一想我們就是這樣子在感動，我們會被全世界評比為服務品質第一名，全世界服務品質第一名桃園機場，就是用這樣做出來的。你今天經過我的店不管你買不買，需要服務的，客人他今天經過之後雖然沒有買，他下一次的時候，他經過的時候他會想到，到了國外他會覺得說，跟國內比這裡服務這麼差，若買東西那我們為什麼不回臺灣的昇恆昌來買，所以相對我的提袋率就升高。我常常碰到一些朋友，江董我是你的大客戶，我跟你買很多，我說我給你感恩，也替所有弱勢團體跟你感恩，因為你花了一毛錢每一毛錢，我們都有一部分提出來做公益，我們在幫助別人的時候不求回報，只求被我們幫助的人，他有能力將來能夠去幫助別人，所以我想這個是非常重要的東西。

善的循環非常非常重要，我想這不是只有臺灣，西方跟美國也有曾經這樣的一個案例，我沒有辦法在這裡逐一分享，非常之多，所以我以我同仁分享的幾個案例跟各位做報告。我們公司有規定，有公司守則，員工尤其我們在第一線，員工是不能打架的，你在客人面前打架成何體統，在學《弟子規》，讓人家笑死。但是我們有兩個員工年輕氣盛，二十幾歲打架了，打架之後怎麼辦呢？當然開除啊！員工守則裡面一條打架就開除，結果沒有開除，沒有開除，有員工就檢舉到總經理信箱，總經理信箱跟我報告說，員工打架沒開除，我就打電話問那個機場那位副總，我說你有員工打架嗎？他說有啊，打架怎麼辦？那就開除。能不開除嗎？沒有其他方法嗎？他說沒有這樣子，不開除我沒有辦法管理。我說真的嗎？那你為什麼不開除？他說我現在人不夠啊，這樣很矛盾吧！我說那這樣好了，你把那兩個員工約出來，請他們回公司我跟他談一談，回來公司我就問這兩個同事，你知道打架會被開除嗎？他說知道，另外一個說

你知道打架會被開除嗎？知道。好！那你們兩個為什麼打架？我要跟他借個手機看看，他不願意借我；一個說他在臉書上罵我。實在有夠無聊因為這樣打架，我說好，這種小事情你們兩個就打架，現在我開除你們，你們已經被開除了，你們就違反公司守則嘛，真的毫無意義，為了這種小事打架。我現在開除你們兩個那是公司規定，但是我再給你一個機會，看你們要不要接受，願意的話，你每一個人抄心經一百零八遍，一個月抄完三天我要收回去，主管管理不當抄一半，五十四次，一百零八遍抄心經，兩個人異口同聲說願意，兩個人留下來抄心經，到現在那些心經我都保留著，字寫得很醜很難看，現在年輕人不想寫字，其實他不曉得寫字的好處，如果他更懂用毛筆去寫心經一百零八遍，我可以告訴你這個人的人生絕對改變，也會不一樣。他的清淨心就出現了，虔誠抄寫心經，完全沒有罣礙，所以他們有抄，但是字寫的很醜。會有改變嗎？改變！這兩個人現在表現都很好，所以這個是一個很重要的員工分享，讓這些在公司裡面，會受到這個善的循環的影響。我們有一個內部的刊物是雙月刊，是報告理念的刊物，分享他們這個工作的一些心得報告。所以我想這裡提供的是一個快樂的工作園區，身為一個企業經營者沒有特別的能力，只是說你怎麼樣去創造一個很好的環境，一個工作環境那就是非常重要。

　　我也常常碰到外國人，有一次GUCCI的CEO到臺灣來，他就問我一個問題，他很好奇的，他去看了我免稅區那個店之後，他才問我一個問題，他說Simon你怎麼樣訓練你的員工永遠保持微笑，總是讓人感覺很溫暖。我就給他一個溫暖，給他一個微笑，我說我用中華傳統文化來訓練他們。什麼是中華傳統文化？他不知道我們的傳統文化是什麼，所以我就拿了一個《弟子規》的英文版給他，讓他拿回去，這個當中他就問我一些問題了，他說你對中國市場看法怎麼樣？我說你GUCCI在中國出了很大的問題，你公司跟員工在抗爭，這個在中國大陸已經不是新聞了，我告訴你我是一個顧客，我到你的店我不認識你的員工，但是我認識GUCCI，當你的員工提供給我很糟糕的服務，我會記在心裡，GUCCI是個很糟糕的牌子。他聽了嚇一跳，我說事實這樣啊，不是嗎？你今天到GUCCI店，你會記得那個小姐叫什麼名字？除非那個小姐長得非常漂亮，不然你會記得她嗎？但是你會記得GUCCI，但是GUCCI提供是一

個很不好的服務，所以我說你在中國最大的問題，是人的問題。人沒有解決，那你永遠就是沒有辦法做好了。接下來他就問我一個問題，他說明天到韓國去，他壓力好大，他那天喝了很多酒，我說為什麼壓力很大？他說韓國人很難搞，我真的很不客氣跟他講，最難搞是你自己。你才是那個問題，你的觀念不好，你跟人家對抗，他說那個韓國新世界是那個韓國百貨公司最多的地方，他GUCCI的點最多在新世界，他說新世界很難搞，我坦白講喔，我對這個行業我非常重視，我接觸的是新世界老闆，我看到你GUCCI，我也是擺個架子給你，因為你要靠我，我的點多，我的百貨公司、我的勢力大，所以我的問題是你自己嘛！你有沒有管理好你的GUCCI，你的GUCCI有沒有做出成績出來，讓新世界沒有你不行。很可惜這場飯跟我吃完，他回去就被fire掉了。真的我跟各位報告這是事實。

還有這一位先生，這個*Moodiereport*的一個英文雜誌，他澳洲人，他是這英國創辦的*Moodie report*雜誌，他這個雜誌裡面，曾經告訴全世界所有的機場的CEO，花兩個小時到桃園機場來參觀、來學習，他說桃園機場很多的這個人文文化，跟所有全世界是不一樣的，他曾經在國際媒體報導，所以他也對我這個人道之言、人道的幫助啊！他曾經在一個大會裡面，「三一論壇」國際論壇裡面，在臺灣他頒了一個人道主義關懷獎給我，他們對我這些所有的這些公益活動，也非常的肯定，這是一個值得向全世界報導的事。

另外一個個案分享，我們碰到一個外國人，他身高很高，穿的鞋子十幾號，他的這個鞋子開口笑，鞋子壞掉了，他說我們想買一雙鞋子，我們沒有訂到十幾號的鞋子，臺灣沒有那麼高大的人，所以這十幾號鞋子，如果訂來也賣不掉，所以我們沒有這個鞋子。那怎麼辦呢？他並沒有買東西，我們員工自動的拿一罐強力膠給它灌下去，幫它粘上去，一罐不夠再借一罐來，兩罐把它灌上去，因為一腳一罐就拿兩罐，兩隻腳就灌了兩罐強力膠。灌了之後他趕時間，強力膠要乾嘛還沒乾，我的員工就用那個透明膠帶把它套起來，讓他回去了，這個客人也非常非常的感動。所以其實服務在哪裡？在於將心比心，你站在換位思考、站在客人的角度去思考，我都告訴我員工你要常常換位思考。假如你是一個顧客，你希望人家提供給你的是什麼鞋子，所以你必須要有這種觀

念，假如說我們都本位主義，你會買嘛？當然不買嘛！那我在這裡跟別的地方有什麼不一樣？所以我們必須要去思考，我也常常跟我的採購講，你不要去求廠商你要求什麼？就是求你自己。如果我把業績做出來，說你非我不可，這是一個很重要的，人的價值觀一樣。各位同學你們將來就要畢業，畢業就是要就業，你如果在未來的一家公司，將來能成為一個重要的員工，成為公司非你不可，而不是可有可無。

我那一天在海洋大學畢業典禮演講，教育部鄭副次長他就講一個故事，他說莫札特五歲就會彈鋼琴，彈得很厲害了，但是他出名是在幾歲？二十一歲。五歲到二十一歲多久，十六年對不對？十六年後他才成為一個知名的音樂家。他說國際的統計，你要成為一個專業專家人士，你必須要花一萬個小時，乘以一天八個小時，那一萬小時乘下來大概要五六年時間，在過去人不就講說，十年磨一劍嘛。各位現在五年磨一劍，所以教育部次長就講了你必須選擇一個畢業之後，選擇一個你自己有興趣的，你自己覺得興趣的，有興趣的、認真地、用心的去培養，用一萬個小時去培養，我相信之後你會成為一個非常專業的人才。現在臺灣非常有希望，不是沒有希望，我們現在很多年輕人很有創意，全世界那個米其林最好的師傅是臺灣人，在新加坡開的餐廳，現在好像回來臺灣開餐廳，他的餐廳是要排隊的，我們一個吳寶春不要講，在那兒有很多很多這樣的人才，都是因為他花了五年時間、十年時間去磨一劍，把他磨出來的，所以我鼓勵大家要朝這個方向，我們要落實傳統文化在生活當中。

今天聽我講完之後回去家裡，如果常常沒有回去就打個電話，跟父母親問個好，一個禮拜最少打個兩通三通都不嫌多，跟父母親問好請安。我的小孩十二歲送到加拿大，回來的時候，有一次我晚上等他回來，兩點才回來。我說年輕人怎麼那麼晚回來，他的回答是爸爸兩點有點早。我告訴他，我說兒子你爸爸事業做這麼大，我做給你看，我每一天絕對不會超過十一點睡覺，我的兒子現在每天早上就爸爸媽媽早，過去你想都不要想，很多人來問我，你小孩怎麼教的？我說對不起，小孩不是我教的，是孔子教的、《弟子規》教的，不是我教的，我沒有那個能耐。因為他在公司身為總經理，他要不要以身作則做給人家看，同學們你們認為要不要？他如果做不到，告訴各位，他就沒有資格當昇

恆昌總經理,他沒辦法帶動。所以談到昇恆昌的經營理念,我就把他訂出一個方法,我剛開始做的時候創立非常艱辛的。我告訴各位我創業非常艱辛,過程我稍微提及一下,我就出生在隔壁的大林溝背里鄉下,我出生在這個地方,我小學讀書成績還不錯,我很感恩我當時的老師,我讀書因為成績不錯,這位老師有在補習幫學生補習,他不收我補習費,但是每一個學生都有一張桌子,以前桌子坐著可以寫字,有一個黑板,我沒有錢買啊,同學的桌子我把它坐壞掉、就斷掉了,我三天睡不著覺,那老師拿了釘子去把它釘,也沒有責備我、沒有怪我,我真的永遠那個痛就記在心裡,那麼窮沒辦法買,然後坐人家的把它坐壞掉,這個老師真的我非常感恩他,現在還在喔,江瑞潤老師,我前陣子還去看他,所以尊敬師長非常重要。然後我畢業之後因為成績還不錯,大同中學當時是私立學校,在大林這邊是第一所私立學校,他們認為我的成績,如果念大同中學畢業,嘉中絕對沒有問題,所以他們來告訴我,我老師帶他們來見我爸爸媽媽,我父母親就告訴我說看你啦,你如果要唸你就去唸,家裡也沒錢,你要去唸你就去唸,我看到我家裡那個環境,當時還在點油燈,點油燈沒有燈泡,我真的讀不下去,我沒有辦法繼續再求學,所以我就拒絕了他們。我就告訴老師我真的沒有辦法唸。

六　懷念母恩

　　我為什麼那麼懷念我媽媽,我媽媽爸爸都沒有讀書,但是他們非常有智慧,我媽媽當時就告訴我說,你不愛讀書沒有關係,但是你要去學一個功夫,要有一技之長,我媽媽在鄉下不認識誰,我舅舅在臺北幫人家種園藝,那我舅舅也不認識誰,園藝的老闆的弟弟在做皮包,她就拜託我舅舅找個工作,我舅舅跟他們那位老闆說,我有一個外甥想當學徒,不知道哪裡有工作的機會。他說我弟弟那裡就可以啊,就介紹我到他弟弟那邊去,我媽媽一把鼻涕一把眼淚,把我帶到斗南火車站隔壁石龜溪住了一晚上,第二天一把眼淚一把鼻涕送我上公路局,到斗南坐火車上臺北,我舅舅三天來看我一次之後就沒有來,我當時其實差點做不下去,每一天傍晚就想到這個時間我在鄉下,我是騎在牛背

上，很開心很逍遙的，要游泳我們就跑到溪邊去游泳。真的快做不下去，但是想一想媽媽的用心良苦，熬下去了，所以就把它熬過來，所以當時根本就不曉得說什麼叫皮包，什麼叫皮件？什麼叫車皮袋仔（閩南語發音），因為小時候我們看到阿嬤褲帶繫著，錢就放在那裡，那時還沒有錢包，所以這個過程令我印象深刻，讓我從小經歷了這個過程，那位教我的師傅很年長，我算是有點天份，因為我其實我十七歲就想當老闆，但是被老闆強留住，老闆說師傅在當兵，你等他退伍你再走啦！我就被他留住了。

後來中日斷交，生意就停滯了，我們做的是賣給日本人，一斷交日本觀光客不來，日本人來就被丟雞蛋，也就沒有生意了。老闆過年就問我說，你過年後要幹嘛？我覺得很奇怪，我過年後要幹什麼？你要叫我辭職就直說啊？問我過年要做什麼！我就說過年我回鄉下開計程車，他問我說你有執照嗎？過年計程車在鄉下不用執照啦！這樣喔，那你小心一點，師傅如果有生意的時候再叫你來。以前根本沒有勞基法勞工保障，叫你回去就回去，叫你來就來，我回到鄉下，我身上所有的錢都給了媽媽，就去把債務還掉。所有同學過一個禮拜全部回臺北，我在鄉下晃來晃去，媽媽開始罵我，死小孩死小孩你自己被老闆辭掉，你就是不乖才被辭掉，對不對？我說沒有啦，我說不是啦，我想要自己做啦，被她罵的臭頭，你還沒當兵你要做什麼？你有錢嗎？她就罵罵罵，我說這樣啦，我沒錢，不然妳有多少錢就先相添一些，我媽媽又是一把鼻涕一把眼淚，到村裡面借了三千塊，我帶了三千塊到臺北創業，我當時有跟了一個會，標了會三萬塊，大概加起來湊一湊差不多就創業。

民國五十八年我就創業，所以當時也很艱辛的去建立這些過程，這當中也經歷了很多，包括後來去當兵，那我弟弟就幫我接手，繼續在那裡幫人家加工，到退伍又碰到更嚴重的問題，當時是斷航，中日斷交不是斷航，當兵回來是斷航，航空航線都斷了，日本人根本就不能來，我們做的皮包拿去當鋪都當不出去，出門摩托車不敢騎，沒有錢加油，油特別貴。只好搭公車，所以經歷這些艱難，當中也很多貴人幫助我；這過程當中有一個朋友就幫我報名，我也去唸了那個稻江補校，我去唸了一年，這一年當中其實我的成績隨便考都很好，但是我常常翹課，為什麼？因為我要工作，我讀夜校。一年讀完之後老師

說，江同學你要再繼續進修，繼續讀書啊！讀書機會不多，賺錢機會很多，你不讀你以後沒有機會；我想了三天回去告訴老師，老師我真的沒有辦法，我要賺錢讀不下去。教務主任來告訴我說，你繼續讀，所有這個翹課通通抵消，以後一樣你可以翹課就翹課沒關係，因為我的成績太好，隨便考都考八九十分，所以我那些同學也都剛當兵回來，他們後來都讀到大學畢業，後來我就毅然決然投入到工作裡面，那在工作當中就碰到一些貴人，幫我報名那個企業管理的課程，也幫我繳了錢，我非去不可，所以我去聽了這些管理的課程，短期訓練對我幫助相當大。當時學的是日韓管理，那這位老師到最後也是碰了問題，日韓管理到最後是面臨很大的問題，日本都是大商社，韓國也都是大商社，這些大商社，你看日本拿出來，當時拿出來的名片，都是說我在三井，他不會說我是誰，他們認為說我在這家公司很光榮，所以等於說他們進入公司就是一輩子，那這種管理後來到臺灣呢，很多企業面臨這些問題但他解決不了。所以那位老師很可惜到最後因意外而身故。

後來我自己就遇到有一位老師叫謝安平教授，謝安平他是哈佛大學畢業的，回來到臺灣一場演講三千多個人，非常非常多的人去聽，但是他講課講的非常好都是理論的，回到實務很多企業界來問他，他沒有辦法解決，後來他毅然決然就投入了到潤泰去。所以這個謝老師跟我們陳董事很熟，他到尹衍樑那邊就簽了一個專業經理人，合約三年，經歷過三年之後他再來開課，當時在二十幾年前課很貴喔，總經理課一堂要花大概一萬多塊、兩萬塊，我上過他的總經理課，如何當總經理？也上過他的課，如何當董事長？董事長更貴那一堂課大概六萬塊，五萬六萬我忘記，結果我上了他這兩堂課，我看跟我一起同學的，很多都是大企業老闆，不好意思講他們名字，這些都是大企業老闆，老師上課一定會Q&A，他們就提出很多問題，我就在聽，我收穫非常多，為什麼？因為我有很多實務經驗，加上老師所講的，印證到我實務經驗，我會去觀察細節，老師講的我哪些沒做到，我必須要改善。所以我覺得非常有幫助，但是當老師給學生在提問的時候，這些學生在問的問題，我覺得說，好恐怖喔！這些問題都沒有辦法解決，這些老闆有些還上市公司，這樣當老闆不是太危險了嗎？所以這個學習過程當中，讓我覺得體驗很多，實務上經驗跟理論上經

驗的結合，雖然我沒有很高的學位，但是我的管理方面，其實是有一些獨特的地方。

七　植村秀的案例分享

所以我今天昇恆昌管理，也是一個跟人家不一樣的。比方說我改變了很多，過去日式的化妝品不能進入免稅店，也是我第一個、全世界第一個把它帶入日本品牌，你看像那個SHISEIDO、SKII。我是從植村秀，第一個在臺灣代理，所以我把它帶進免稅商店是我突破的，我做了很多的突破跟改變，因為過去在百貨公司經營，在免稅商店裡的一個小姐，可以賣十幾個品牌，坦白講專業知識都不夠，每一個品牌都有它產品的專業知識，一個小姐怎麼能夠記十幾個品牌的專業知識，不可能的！那我們在百貨公司，我是每一個專櫃有一專職的BA（專櫃小姐），能夠告訴客人我產品的一個特色。所以我在做植村秀的時候我就很好奇，我說植村秀，到底這植村秀產品，怎麼樣能夠把它做的很好？植村秀它最開始出名的就是「道具」，所有化妝品界的一定要買它的道具，刷子裡面那些道具。

但是我到日本去學習去觀摩的時候發覺到說，植村秀在百貨公司位置都不是很好，但是我在臺灣，我把它做到說我的百貨位子，每個百貨公司新開的，我是想要去挑位置，不是CHANEL去挑位置，不是CHRISTIAN DIOR去挑位置，不是雅詩蘭黛去挑位置，不是SHISEIDO去挑位置，是植村秀先挑位置，我是挑最好的位子。這是我改變植村秀跟人家不一樣的地方；然後我的員工受日本的老師教育之後，老師教他們說，你告訴客人說我產品很好，但是你不能強迫客人買喔，絕對不能強迫，我告訴我員工說，你要推銷，你老王賣瓜自賣自誇啦，你講的太好我不會相信，所以我告訴員工，所有新產品來我讓員工先用一個月，一個月後推出，他們把自己用過的感受給客人，講給客人聽，另外我也找了那時候很多的主播，那時候沒有什麼經紀人，我就送一套給她們用一個月，一個月後我開記者會，她們的心得報告對媒體講，我植村秀沒有華麗的廣告，我就做的很好，那當時我在做植村秀，跟他開會學很多東西。植村秀先

生告訴我，Simon你如果這個品牌，要在市場穩定的話，你的skincare你的保養品，一定要超過一半，沒有辦法超過一半，今天如果你做彩妝的東西，我今天可以用DIOR香奈兒，後天我可以用任何一個牌子，隨時都可以取代。但是他講了剛好是植村秀弱點，植村秀的彩妝很屬害，所有的彩妝每一個品牌，都要去向植村秀學習，他最弱的就是保養品，他告訴我之後我就努力的要求日本能夠生產更多的美白產品，實在對不起這個保養品。但是植村秀確實他是一個藝術家，他是化妝加藝術家，他自己也沒有工廠，也沒有什麼研發團隊，非常的困難，但是我把他最暢銷的產品，尤其那個卸妝油，他的這個UV泡沫隔離霜的防曬，擦上去不會油油的馬上吸收，幾樣產品我把它做到整個市佔率，到我要交出去的時候，已經達到幾乎五十個百分比。所以證明說我植村秀，在整個臺灣的市場裡面，我排名在百貨公司都是前三名，這是不容易的。

雖然植村秀是日本品牌，但是全世界銷售最好的就是臺灣，那這個植村秀先生，要把這個品牌賣給法國人的時候，他全世界的代理就唯一一個，他說Simon我沒有告訴任何人，我只告訴你，我跟法國L'Oreal集團有簽了MOU（備忘錄），我要賣給他們。我說植村秀先生你為什麼要賣給法國人？為什麼不賣給日本人？他說我跟SHISEIDO談過了、跟Kanebo談過，他們都經濟不好，他們沒有那個能力購買，所以我非賣給他們不可。你不曉得我這個化妝品研發需要很多的資金，他真的賣掉房地產，我如果不賣的話，將來我的孫子連飯都沒得吃，所以他一定要賣。所以他就帶我去跟法國L'Oreal談，他跟L'Oreal講說，臺灣你不能沒有Simon江，L'Oreal姿態很高，他們說對不起，我們不想跟別人分品牌，他們自己要做。我就跟他們講，我說植村秀化妝品在臺灣，我沒有功勞也有苦勞，我想你們L'Oreal是法國公司，那我想我也做不起，GUCCI也是你們法國公司，PPR集團也是法國大公司，Celine也是你們的大公司，我代理到最後都是用Joint Venture合資，你們買51%，我49%，我把這個know how繼續傳授給你們。L'Oreal很強硬不接受，不接受，他就說他要收回，那植村秀老先生就跟他講，我跟你講喔不行喔，你沒有Simon江真的不可以喔，反正沒有我不行，然後他就跟我講說，好啦給你20%，那20%我也不接受，我就跟他講那就不要談了，我就回來了。回來之後我跟律師研究，律師說你最少要

拿25%，為什麼？如果沒有25%，他做任何決定可以不要理你，他可以自己決定；但是如果拿到25%，你沒有三分之二，那不能通過，重要決定要通過你。這個有一個很重要的重點，可以跟各位分享。後來我跟L'Oreal集團打官司，打官司我很聰明，我沒有打它這個刑事，打刑事當然是背信，他們要被抓去關的，但是我跟L'Oreal還要再做生意啊，我在做免稅店啊，我不能得罪他們，所以用民事告他們，我告他什麼呢？我告他背信，我不是用背信告他，我告訴他說你，因為當時我們是合資公司（Joint Company），我們是一個植村秀臺灣公司，那麼他那每年從這裡拿了四千萬，給這個L'Oreal臺灣的管理費，給這個錢沒有告訴我，我就說很簡單，他們律師就說沒有問題，我說沒有問題，那好我就提告，提告之後他們律師告訴他說Simon還很客氣，告你民事，告你刑事你要坐牢，他嚇一跳，回過來找我，說你想怎麼辦？我說沒有怎麼辦，很簡單，我們講好五年之後我才轉移給你。我現在全部要，五年的利潤全部要，你就把我拿回去，所以我一個植村秀喔，價值八千萬我賣了十幾億臺幣。我有好幾個牌子都是用這樣反賣，我在代理的時候賺不到很多錢，但是我賣的時候就賺了很多錢，所以是跟各位分享法律這個東西。

我後來很多牌子在談判的時候，我就抓住重點，跟很多這個品牌在搶代理，有點脫離我現在講的今天的主題，就是說有一些經驗跟各位分享做參考，如何去創造？我說植村秀為什麼我能做那麼好？因為我投入了很多的精神在裡面，我用了很多心思在裡面，植村秀先生來看我，那時候我長的很胖，頭髮都燙捲捲的，他看了以後就說像那個生意人，因為植村秀先生是一個藝術家，他是化妝品藝術家，他在日本是國師，他看到我進來很不順眼，他說這個小胖子生意人，但是後來新產品上市，我在記者發表會，他在旁邊，翻譯翻給他聽的時候，他嚇一跳，他說Simon你怎麼知道這麼多。我說你是我的老師，我說你教我的啊！我從你身上學習的啊，因為我常常跟他聊天。他在日本不會去卡拉OK，在臺灣我帶他去卡拉OK，襯衫通通給人家口紅擦的紅紅，衣服全部都是口紅，回去他老婆很生氣，回去襯衫都不見，我就問他你哪個彩妝顏色idea從哪裡來，他說Simon你在巴黎常常看到我對不對，我說對啊！你常在巴黎，我看你沒事就在街上逛啊。我就在尋找idea，你們臺灣人很喜歡喝酒，你看你帶

我來卡拉OK，你們喝了酒唱歌臉紅紅的，這就是我的那個idea來源。所以有的藝術家的創作是從生活當中得到啟發，所以當時的植村秀幾乎所有的相關業者，這個化粧品界也好、或是時尚這個衣服時尚界也好、尤其Giorgio Armani最喜歡跟他配合，Giorgio Armani有fashion show，都用植村秀的化妝品。他現在過世了很可惜，植村秀現在已經沒有辦法領導整個彩妝的市場，這個就是一個我從他身上也學了很多東西。每一次有新聞發表會，他親自一定要到場聽我講，所以他最後跟我講一句話，他說Simon如果你是我兒子，我植村秀不會賣；很可惜你不是我的兒子，我告訴他說小秀你告訴我太晚了，真的告訴我太晚，他如果提早告訴我要賣的話，我會想辦法把它買下來，很可惜沒有這個機會。

八　桃機的蛻變

接下來分享另一個案例，因為有這些傳統文化，我們現在桃機公司的曾大仁董事長，今年（2017年）得到skytrax（航空界奧斯卡），全世界所有機場裡面評比第一名。到巴黎去演講，這是不是臺灣之光？是不是桃園機場之光？我們機場硬體淹水、漏水一大堆問題，我們還得到全世界第一名。那我不敢講都是昇恆昌功勞，但是起碼昇恆昌佔了多少？我不敢講多少，大概70%以上應該是有。因為我們接觸到的客人是最多的，我們員工第一線會接觸到客人，從管制區進去通通我們在服務，所以相對的提供給客人最多的服務就是我們。所以顧客給我們肯定，也是給我們一分力量，我們希望說我們能再接再厲，這次交通委員會去參觀機場，就要求機場公司要繼續保持第一名。機場公司這邊壓力很大，他說我們以前四千萬運量以下，現在我們已經破了四千萬，我們已經更上一個level，要跟更高級的機場來競爭，真的壓力很大。我相信我們壓力也很大，但是我們有信心，我相信用我們傳統文化的這個功能，我們有信心讓它在國際上更加來發光發亮。其實我這些真的你們好好聽，對你們將來會有很大的幫助，尤其我講的不只事業經營，是人生的過程。最重要你要知道孝敬兩個字融入在生活裡面，真的是非常非常好。今天你們可以把這句話記在心裡，對你的人生是一個很高的價值。

九　老吾老以及人之老，幼吾幼以及人之幼

　　接下來我們有一個案例分享，很多朋友告訴我說江先生，你出錢我相信，你去做公益我不相信。我說要不然下次我做公益的時候，你跟我去好不好？工研院的董事長蔡清彥先生夫婦，就跟著我去做了很多次的公益，他嚇一跳，他說哇你們的員工到育幼院都跟他們很熟，我說當然熟！他們每個月都去啊！他們每個月都認養一個育幼院，所以我要到這個育幼院，去講故事給小朋友聽。講《弟子規》，講《了凡四訓》，講這個故事給他們聽，我也到老人院八里老人院。他是天主教徒，我是佛教徒，因為他有單國璽基金會，這位樞機主教以前在的時候成立單國璽這個基金會，我也是他發起人之一，我籌了三百萬，現在我也是單國璽基金會董事；現在臺灣的天主教總主教洪山川總主教就是我們嘉義人，這位洪山川神父跟我也是非常好的朋友，常常請我到他們家吃飯。另外基督教長老教會跟我都是好朋友，尤其馬偕醫院就是長老教會辦的，那麼我跟馬偕在臺東他們蓋了一個醫院，我也捐了一千五百萬，其實我在教學跟醫療方面我幫助很多，我們在榮總也捐了一次機器一千五百多萬，在臺大以前一部機器大概六百多萬，對臺北醫學大學我們也捐了不少錢在那邊，那雙和醫院蓋的時候因為他是BOT的，他也是財團法人也是需要幫助，我也幫助他。

　　最近苗栗的為恭醫院找我來募款，我也幫助他們，他們告訴我這個院長現在是我們總統的醫療小組召集人，他告訴我說江董你花這個錢非常大的幫助，會有非常大的幫助，我說只要有幫助的，錢不是問題，我們能夠花到有意義的上面才是重要。所以這個公益這裡面的案例就是一個，這個老先生其實也不是年紀大了，他跟我大概差不多年紀，他生了兩個小孩，他太太與他離婚了，他女兒嫁出去他就很掛念他女兒，不回家什麼的，我坦白講，他女兒嫁出去環境好不好都不知道，自己生活狀況如何都不知道，你怎麼寄望她。他一個人要照顧兩個殘障，這個重殘然後另一位比較輕微但也是重殘，也是沒有辦法正常上班，但是可以做簡單的工作，他自己沒有辦法自理，所以每天住在那個回收場，那要爬樓梯，住在樓上，那洗澡在樓上才有浴室，每天要靠那個回收廠那位年輕人把他背上去，他自己都背不動，希望在樓下能不能給他隔一個房間給

他，我們就幫他隔了一個房間，冷氣空調電視什麼都把它準備很齊全。以下我再借由影片與大家分享，這段影片來自民視的報導。

臺灣還是有溫馨的地方，現在雖然說經濟不景氣，臺灣也有很多弱勢的家庭，我們帶你來看到還是有很多好新聞。八里這對楊姓父子，兒子得到小腦萎縮症，他爸爸就必須靠只有在回收場的工作勉強苦撐家計，現在企業界伸出援手要幫他們渡過難關，楊先生用奶瓶小心翼翼喂兒子喝水，就怕他嗆到，因為他三十五歲的兒子罹患小腦萎縮症生活無法自理，媽媽也走了，現在靠楊先生一人扛起家計，他要去做工作，靠著回收場的工作收入楊家父子勉強糊口。但一個問題解決、新的問題又出現了，因為家住二樓年近六十的楊先生再也沒體力背兒子上下樓梯，好在有企業發現，幫忙改造家園。企業的員工就是志工，利用個人假日到楊先生家把一樓儲藏室改成小套房，有冷氣、電視，床邊還貼心加裝警報器，比起過去二樓的房間更通風更明亮，看到新家，楊家父子終於露出久違的笑容。兒子也很喜歡很高興，樓下那個房子把它整理好給他睡，這樣我就很輕鬆了。只要有我們的員工或者是我們的基金會知道這樣的狀況，我們都會派志工團隊去幫忙，看怎麼樣來改善他們的環境。企業主取之社會用之於社會拋磚引玉，希望更多人關注社會底層還有好多需要幫助的人，這則新聞是民視新聞郭凱欣在北市報導。

我們每年過年，都會去拜訪一些獨居老人，我去看那獨居老人那個環境真的很糟糕，我就跟我員工講，你們可不可以花點時間到他們那邊去幫他們整理一下環境，讓他環境好一點，一張桌子破到那個丟到路邊都沒有人要，我說我們就捐那個桌子，我們自己把用過的桌子給他。這位老先生是獨居老人，其實環境是真的很糟，像這些之類的案例非常之多。所以我們的經營理念就是誠信，人要誠信、誠實才能立足，沒有誠信沒有誠實這個人沒有辦法立足，所以誠信誠實是昇恆昌經營理念的第一條。第二條是專業，我們必須培養每一位員工都非常的專業，你沒有專業，你沒有辦法立足，做任何事情任何行業都需要專業，專業非常重要。第三點呢我們要有創新，假如說我們今天沒有創新，我們常常跟員工講，我在一二十年前開始創業就跟他們講，我說我如果到店裡看不到缺點，那我已經要被三振淘汰，我絕對可以找出缺點，不一定是缺點，但

是我能夠把它creative，加以創造那叫創新，所以我相信你們都沒有這種智慧。所以我們就激勵內部員工一個創新，創新也是我們經營理念的一個重要議題。第四點是公益，公益大家大概以為說做做這些就是公益，其實錯了，公益廣泛來說環保綠能節能減碳，包括我們去清理環境，幫助弱勢等等都是公益，所以有時候大家會在文字上面解說，都會把它去看成公益執著那個國字。我的想法不是這樣，我想法是廣泛的，公益是一個廣泛的，那我們的員工去做了公益幫助別人之後他會覺得說，這個人我們都不認識都是幫助他了，何況經過我們店裡的每一個人，都是我們的衣食父母，所以我們要不要提供更好的服務，所以用這樣子的心，所以現在很多企業也想這樣學習。

這次他們兩岸峰會到金門去開會，都是大老闆，包括許世雄先生，包括蔡明忠董事長，包括王文淵董事長，他們問我，董事長，你這個飯店是跟那一個品牌結合，我說跟昇恆昌品牌結合啦，昇恆昌也不是做飯店的啊！對，我不是做飯店的，我做的還可以嗎？有沒有很好啊？員工比專業的還厲害，你是怎麼訓練的，我說抱歉喔！就是《弟子規》教的，不是我教的，他們又到我的賣場去，他們回來告訴我，嚇死人，我不想要買，你們的員工推銷到非買不可，我說抱歉我們員工給你壓力，他說沒有，你們員工服務真的讓我們覺得很感動，那這種感動服務他們就覺得很好奇，所以這個是發自內心的，我要告訴各位同學，我們熱情從內心，今天你要從熱情開始，聽完演講之後我希望你們回去就對父母親對親人都有熱情，都有關懷都很關心，從今天開始孝敬兩個字keep in mind會改變你的人生，我今天最大的部份跟各位分享，應該是在這個部份。我希望同學我們要用愛關懷，我們人來這個世間，其實都有用、都有價值的。既然上帝創造了人，老天爺創造了你，世界有了你，當然就有你的功能跟價值，那我們必須把這個功能跟價值發揮出來。

我們現在最嚴重的問題，我就舉個例子來講，我從小為什麼我會離開家鄉，這也是老天爺決定的，我一個比我小一歲的叔叔，我阿嬤很寵他寵到最後，他就喜歡喝酒，一天到晚喝酒喝酒，結果我出來當學徒，他在鄉下一天到晚喝酒，喝到最後酒精中毒，大概活到四十歲就過世了，這樣也是人生啊！是不是？昨天那個電臺訪問我，江先生假設讓你重新來過一次，你會不會再去走

這條路？我回答他的問題就說，只要能夠利益大眾能夠服務人群的，我都願意重複來做，這是我的心情。我也告訴各位同學你問我將來再重新來過，你會怎麼做？我只會想到說我能夠利益大眾幫助別人，我不分業別。很多企業尤其外國人他會計算這個公司有沒有profit（利潤），沒有profit一年虧損兩年虧損，他就把他結束掉了，我們現在看到很多保險公司，都是美國人賣出來的啊。曾經紐約人壽來找過我，那我當時心動，他說四十幾億資本額要賣我三億，那有這麼便宜的，四十幾億資本額要賣我三億，他的現金有八百億，有一個朋友去DD（投資風險評估），臺新銀行要買，臺新銀行找他去DD，他去DD之後，他說這家公司結構很好，我就找他請教，我說你覺得他這家公司可以買嗎？這家公司可以買，這家公司很好、資產很好，但是他問我一句話，他說江董你買這間公司要幹嘛？我說八百億的現金，我問你八百億的現金你要幹嘛？我說我很多BOT需要現金，那你BOT大概欠多少？我說大概花五百多億吧！那剩的呢？我說剩的我也不知道。他說你不要買，你不適合買，你絕對不要買，這也是很貴的，他為什麼告訴我不能買？他說第一個保險公司買下去，全家你的身家所有一切都要保證下去，今天南山人壽就面臨這個問題，林總裁他就全家傾家蕩產，一年要虧損很多億，這個朋友告訴我，八百億你現在要賺，起碼要四個％，四個％就要三十幾億，你基本開銷這些員工的開銷最少二十幾億，你一年要賺五六十億，你有沒有辦法拿這八百億去賺五六十億？各位現在要賺四個％，不容易啊！有一家飯店要賣，談了很多家金控都談不成，為什麼？因為他賣的價錢怎麼賺都賺不到三個％。金管會管2.87％以下的那個利率，你這個保險公司都不能買，金融保險都不能買，所以好家在我沒有買。

可見得外國人是這樣做生意，有賺我就做，沒賺我就落跑。這是外國人、西方的人的想法，但是臺灣往往很多企業主，他雖然虧錢很艱辛的他就熬下去，我們今天一樣大家看到，大家看到昇恆昌亮麗的一面、光鮮的一面，但是昇恆昌卻為臺灣這塊土地默默在耕耘，不是每一個機場都賺錢，我們很多機場是賠錢的，我們在離島也是賠錢的，但是我們為了要讓更多人有就業機會，我們還是堅持下去，所以今天企業是要有社會責任的。企業社會責任不是嘴巴講的，是你要落實，我從當時開始做的時候碰到亞洲金融風暴，碰到SARS，我

的原則不裁員不減薪，到現在不能改變，你現在陸客不來，我裁一千個員工綽綽有餘，我不會裁，我能忍受，我還是一樣。讓他們有這個就業機會，所以員工覺得說昇恆昌是一個幸福企業。

馬凱教授在倡導組成這個公道企業聯盟，第一個來找我，坦白講，企業公道聯盟我做的超越了他，他昨天還在考我，在這個電臺訪問的時候，他也是一個隱藏者之一，他就考我，他說昇恆昌做的很好，但是有一點他覺得不夠，他說這環保綠能非常重要，但是你昇恆昌在機場這一塊很困難，說我這邊很困難。我就告訴他，還沒問之前他說要考我，我就告訴馬教授，馬教授你考不倒我，我說你考不倒，結果他提出這個問題，我就告訴他說馬教授，你在二航站看看一個綠色的牆在那邊，有一個臺灣有一架飛機在上面，這個不是一年兩年，這已經做了十幾年，我保持維持在這邊，這是不是綠化，很簡單我用的材質通通都是環保材質，我用的電燈都是用LED燈，我將來還要加上太陽能發電，我要想辦法把他空的地方找出來，跟太陽能發電，我們現在金門飯店、內湖總部，都有跟太陽能發電的公司在結合，怎麼利用太陽能發電，把這個資源可以回收，我已經在做了。他就告訴我說綠化不太夠，我說我承認，今天新加坡蓋了航廈，他們都很新的機場都挑高很高，然後能夠透光，植物能夠生長，我們早期蓋的這個環境真的是沒有辦法，但是我已經在做了，我也會再加強做下去。我告訴馬教授不會讓你失望的。昇恆昌對環保綠能，我們會繼續來努力、繼續來做。

現在我想就有一段人家傳給我的話，這個可以給各位參考。這一段話當然每個人解讀不一樣，我希望這不是我的意思，不要誤會，但是我覺得很好，我跟我的員工分享。我說「每一個折磨你的都是你的貴人」，這一點我真的感觸很深，真的把我操的要死，真的都是我的貴人，我都很感謝！美國作家霍桑（Nathaniel Hawthorne, 1804-1864）曾經說過，困難與折磨對於任何人來說，都是非常寶貴的磨練鬥志和毅力的機會。為什麼拿這一段來跟各位同學分享？同學你們都還很年輕，你們都面臨這個問題，只有承受別人無法承受的折磨考驗，才能夠讓自己成為真正的贏家，這就是我心有所感。我自己就面臨這樣的困頓，每個挫折磨難都是鍛鍊精神意志，增加本身能力的絕佳機會，這個你們

可以參考看看。正因為如此,當我們成功的超越人生困境,首先要感謝的往往不是那些安慰呵護我們的人,而是那些平日折磨我們的人,把我們操的那些人就對啦!讓我們避之唯恐不及的那些人,他把你操得很兇,像是老師也好,你的教授把你操操到你怕他,看到老師就要逃跑,但是你以後你最感謝的就是他。

我前兩天在海大講座,一個檢察官現在正在修博士班,他健康學老師理都不理他,我還幫他勸說,老師跟我講說:他講不聽不要理他,我把那個學生叫來旁邊說,你這個老師脾氣很壞,但是你們這個老師教的很認真。你看現在法務部鄭副處長,他的學生博士畢業,錢楚豪先生他的學生畢業,你要好好讀書你就要遷就你老師的脾氣,你要低下頭來跟老師道歉,再敬他一杯酒,我告訴你,結果聽我的話就敬了一杯酒,好啦!江董你講的我接受,好好用功啦!折磨你的人就是將來會成為你的貴人非常重要。如果沒有這些人的折磨,我們就不可能激發突破人生瓶頸的潛力,沒有這些人的折磨,我們也不可能突破人生的各種逆境;將生命提升到另一個境界,每個人解讀不一樣,我的解讀因為我有這個感觸,所以我的解讀是非常正面的,正能量我們都吸收有好處;不要從負的能量,我們每天儘量接觸好的文章,儘量接觸好的書本,儘量接觸好的朋友,儘量接觸正的能量。我們今天不要看太陽,太陽是正能量喔!每天曬太陽十五分鐘,對人的身體健康非常有幫助,問那個醫生看看,為什麼去曬曬太陽十五分鐘,很多癌症是這樣子能夠把病治好的。所以我們要接觸正能量,正能量使我們人生能夠改變,所以能夠更亮麗。這生活未來前景會更明亮。

十 主持人結語

我們即將從下個學期開始,在臺灣的北中南九所大學,會同步來推動推出江松樺先生的講座,今天江董事長特別專程從臺北下來,那我聽了以後有三點小小的心得,我先拋磚引玉。第一個是董事長特別提出的孝還有敬,因為這兩個概念就是中國傳統文化的,那麼孝其實是內在的、由衷的,打從你心底去做出一個適當的行為,對長輩對父母等等。那麼敬是對同事、同僚、同學,所以它是一個內外兼備,江董事長特別從這裡,從他的一個發展的歷程,在年輕的

時候離開了故鄉到臺北去拼搏，這一段的過程當中，讓我們充分地體驗到。尤其江董事長創辦了很多文教基金會，包括以父親、母親的名字來做為基金會的名稱，幫忙很多的弱勢團體，我想這個都是與公司的經營有關，讓員工參與公益的活動，我想這個是一個孝和敬這兩個概念的延伸。

第二個，江董事長特別提到一個很重要的一個觀念，尤其最後他用霍桑的話，董事長用霍桑的這段話，「每一個折磨你的人都是貴人」，那我們經常在說貴人到底在哪裡？其實我從江董事長的經營事業、待人接物，可以了解一句話，貴人就是你自己。所以會落井下石的人可能是你的貴人，折磨你的人是你的貴人，這個是我今天非常有收穫的一個地方。第三個，他特別提到了，在今天的社會尤其我們在座是大三的同學，一年之後各位就畢業了，畢業就失業這是一個非常殘酷的事實，你不得不接受，那麼江董事長特別提出來誠信立足以及第二個專業，我們在科大這個專業度，事實上來講，我們就可以發現江董事長一開始講，創新又創新，那麼今天是這樣，明天又是另外一個情境了。最後一個董事長特別提到的是投身於公益的活動，也就是燃燒自己照耀別人。這是我今天聽到董事長這個開場，我深有所得的三個心得。

江董事長補充：我現在都鼓勵很多大學建教合作，大學一二三年級可以利用暑假打工，我都鼓勵，那四年級我都鼓勵學校能夠到企業去上班，他們的成績也能夠算在裡面，那這個對將來畢業就業是有很大的幫助的，在這裡有很多師長在，我建議這個是可以參考，我們現在跟很多學校都有建教合作。

十一　同學提問

江董事長您好，我有一個疑問就是，大家都知道這個磨練就是要面對自己的問題，當問題產生時候，就是退一步海闊天空。可是在那個問題發生的當下，因為每個人的經歷不同，所以沒辦法思考到那麼多，所以當下的話也是會以情緒、或自己的經歷去反應這些問題。那有什麼方法能讓我們在這些問題發生的時候，就在那個時候提醒自己如果要去解決這個問題，就是不會說以個人經歷為主，然後把這些道理都忘掉了。

　　江董事長回應：我講過孝跟敬、事緩則圓這幾個字，你有放在心上就夠了，就通了。你想想看，我剛剛講孝、敬其實是很廣泛的意義，孝跟敬是很廣泛的，有時候我們的文字通常就卡在這個地方，敬天敬地敬每一個有情無情，我們佛教講有情無情同圓種智。每一塊石頭都有生命，每一座山都有生命，所以所有東西都有生命，我們要尊重，一棵樹都有生命，所以假如說你把他孝敬兩個融會貫通，其實生活上真的沒什麼困難。那你就記得我講過，孝、敬、事緩則圓。你當下就不會在那個事情上一直憤怒，如果當下你沒有辦法用這個方法去解脫的話，你就在裡面，你就自己畫地自限，把它畫個圈圈，跳不出來嘛！我們要跳出這個圈圈，所以如果說你讓自己冷靜一兩天之後，換個角度、有時候需要換位思考，為什麼叫換個角度？換位思考就是說對方給你這樣講，他動機是什麼？他動機是不好的，我原諒他。我記住我有不對，我檢討自己，如果他不對，我原諒他，我跟他生氣他也不知道，那我自己身體搞不好，你那個氣在裡面不通對身體是不好的。所以你要用這樣的心態，我常常用這樣勉勵我自己，要不然你身體真的沒有辦法，你每天都會氣氣氣，氣結在裡面身體就不好，這個是可以提供你參考。因為我知道年輕人，對這個問題很難去體會，我過去也曾經面臨這個問題，自己也是跟你一樣就是血氣方剛，就是我年輕也跟人家打過架，牙齒還被他打斷。

　　那今天為什麼我會把這個經驗告訴各位？就是說我們不要讓我們的過去重來，好比說我的兒子，我跟他說兒子Pub你要去，你不能說不去，人家說Pub你不知道，但是你不能超過半個小時，最好十五分鐘可以。那個地方是在那裡炫耀有錢、跑車、泡妞的地方，女孩子在那裡釣金龜婿，那是是非之地，那藥頭也在那裡，你飲料被摻東西你也不知道，所以你要去。有一次香奈兒來，他們要去酒店，我就帶我兒子去，我就告訴我兒子這個就是酒店，你在這裡就坐半個鐘頭，所有小姐往你大腿坐，不會往爸爸這裡坐，因為你年輕嘛。我跟老闆說，對不起我跟我兒子要走了，我們還有別的事情，留下經理陪他。後來有一次我看到帳單，當然帳單不會寫酒店，金額看了幾秒鐘，這猴囝仔（閩南語）去酒店，去過一次，你說你怎麼會知道？我也沒去問他，我也沒去告訴他你去酒店，我不應該阻止他，他也有他需要的地方可以去。因為這幾年看下來

他沒有常常跑，常常跑帳單就會看得到，我有一次還問他，你不上當你去幹嘛？所以這些東西你不如去參考一下。所以我們現在年輕人最怕什麼，我們現在最怕是毒品，臺灣其實被毒泛濫得很嚴重。吳念真先生跟這個圓神出版社簡志忠先生跟柯一正導演，他們成立了一個秘密基地，現在大概在臺灣有一百二十個基地，一百零二個基地他們還再增加，這個基地就是在收容一些課後輔導的小朋友，一個基地一年給它一百二十萬，等於一個月十萬塊，幫助這些小朋友下午上課輔導；有時候在鄉下晚上煮給他吃，吃完飯還給他帶便當回去，我覺得非常的有意義。假如我們有很多這種秘密基地，這些小朋友就不會下課之後被人家帶去到處去逛、跑去吸毒。其實我那天去宜蘭，有一天請檢察長跟縣長一起吃飯，檢察長就在現場抱怨說，宜蘭我們這邊都沒有什麼事情，最多的事情就是毒品氾濫，他說縣長我們是不是來成立一個什麼反毒基金還是什麼？你看宜蘭這麼好，可是宜蘭鄉下地方毒品都氾濫，可見臺灣毒品真的氾濫的很嚴重。我們現在所謂毒品並不是海洛因，並不是這個最毒的東西，現在你看K他命這些很簡單，而且現在有些立法委員還要把這個除罪化，如果通過，我告訴你我是非常非常的擔心，臺灣就玩完了。

國學英譯的討論

——以老子《道德經》第一章為例並以吳經熊及林語堂為模本

黎建球

輔仁大學哲學系講座教授

一　前言

（一）緣起

一九八二年蕭師毅教授曾告知在二戰時，他在德國與海德格爾教授常有聚會，曾約定一起翻譯老子道德經，但在翻第一章時兩人就有不同的意見及討論，而一直到戰後蕭先生到臺灣此書都沒有翻成。

蕭師毅教授說：「我與海德格爾在一九四二年結識。當年，在北平完成了心理學和中國哲學學位後，我就到米蘭（Milan）深造。我在聖庫歐勒（Sacro Cuore）大學接受嚴謹的學院派訓練的同時，接觸了另一同樣嚴謹之學問和新的思想深度。我被允許去旁聽海德格爾的講座。從此，我陸續地向他呈交了我的《道德經》義大利文譯本②的一些部分，班內德托‧克羅塞（Benedetto Croce）推薦我出版此譯本。海德格爾也許在我的譯本中發現了在別的譯本中所沒有發現的東西，不然，他又怎麼會建議我們倆合作德文譯本呢。」（蕭師毅著，池耀興譯〈海德格爾與我們《道德經》的翻譯〉，《海德格爾與亞洲思想》（*Heidegger and Asian Thought*），頁93-103）

（二）有關老子英譯本

老子的譯本據考證，從一八八四年化敦出版了最早的英譯本鮑爾弗的《道書》之後就絡繹不絕。

一八九八年，美國芝加哥出版了保羅‧卡魯斯《老子道德經》英譯本，該書附有老子生平介紹、評論、參考書目、索引。

二十世紀初，《道德經》譯本在西方大量湧現。老沃爾特‧高爾恩《老子》譯本，一九〇四年第一版，一九〇五年通行本，一九一三年第三版，一九二二年重印。

一九〇五年賈爾斯《老子言論集》第一版，該書在一九〇六年、一九〇九年、一九一一年、一九一七年、一九二二年五次重印。

一九三四年亞瑟‧韋利英譯本《道和德〈道德經〉及其在中國思想中的地位研究》在倫敦出版，該書系統介紹了中國先秦哲學、老子哲學思想及學說地位。

一九三六年，在成都出版了中國人胡澤齡英譯的《道德經》。

一九三九至一九四〇年，在《天下》月刊第九、十兩期上刊登了吳經熊譯的道德經》。

一九四八年，紐約出版了林語堂的《老子智慧》。

一九五九年，倫敦出版了詹文錫《老子之道》英譯本。

一九六一年，吳經熊《英譯〈老子道德經〉》

一九七七年，密執安大學出版了林保羅的《老子道德經及王弼注英譯》。

一九七七年，臺灣出版出了楊有維和羅傑‧艾米斯的《老子注譯及評介》。

一九七八年，企鵝叢書出版了勞狄哲的《老子道德》。

一九八九年，麥克米蘭公司出版了羅伯特‧亨利克斯的《老子德道經最新發現馬王堆帛書新譯》。

《道德經》譯本眾多；難以統計。

據詹文錫譯本《老子的道》：一九四三年至一九六三年的二十年間，幾乎每隔一年都有一種新譯本問世，其中半數是在美國出版的。林保羅在《老子：〈道德經〉和王弼英譯》序言中指出各種語言都有一種譯本（崔長青〈《道德經》英譯本初探〉，《國際關係學院學報》1997年第3期）。

（三）選取吳經熊和林語堂的翻譯的看法

　　吳經熊和林語堂先生都是當時最有名聲的學者，不但治學嚴謹且學貫中西，甚受當時學者尊重，他們一生都努力於中學西傳，由於他們中英文素養豐厚，作品品質極佳，可信度無出其右，因此嘗試將兩人的作品做一比較。

二　吳經熊的翻譯

（一）生平

　　吳經熊（John C. H. Wu 或 John Wu Ching-hsiung, 1899-1986），一名經雄，字德生，浙江省寧波鄞縣（今鄞州區）人。一八九九年三月二十八日，出生於浙江省寧波府鄞縣（今寧波市鄞州區）。早年父母即先後去世。六歲時，開始接受傳統啟蒙教育，讀文識字，背誦四書、五經。九歲時就開始學習英文。後就讀於寧波效實中學。一九一六年，考入上海的滬江大學，與徐志摩為同窗好友。入讀滬江大學後不久，就轉學入天津的北洋大學（今天津大學）法律科預科。

　　一九一七年，轉學入讀上海的東吳大學法科。東吳大學為美以美會所創辦。一九一七年，吳經熊受洗禮入美以美會。一九二〇年，於東吳大學法科畢業，為東吳大學之第三屆畢業生。隨後，遠赴美國留學。始入讀美國密西根大學法學院（Law School, University of Michigan）。

　　一九二一年，即在頗具影響的《密西根法律評論》（*Michigan Law Review*）上發表了一篇法學論文，題為《中國古代法典與其他中國法律及法律思想資料輯錄》（*Readings from Ancient Chinese Codes and Other Sources of Chinese law and Legal Ideas*），是其法學研究之始。

　　一九二一年，獲美國密西根大學法學院法學博士學位。取得博士學位後，吳經熊受資助開始遊學於歐洲。他曾在法國巴黎大學、德國柏林大學等歐洲著名學府從事哲學和法學的研究。遊學法國期間，著有法語論文《國際法方法論》（*La Methode du droit des gens*）、《成文國際法》（*Le Droit des gens positif*）

和《論自然法》（*Droit Naturel*）。

一九二三年，吳經熊應邀回到美國，在哈佛大學進行比較法哲學的研究。

一九二四年，回國，出任東吳大學法科教授。一九二七年，出任上海特別市法院法官，並兼任東吳大學法學院院長。一九二八年，出任南京國民政府立法院的立法委員。一九二九年，出任上海特別市法院院長。

一九二九年，受邀請出國前往美國哈佛大學和西北大學講學。一九三○年，回國。

一九三三年，出任立法院憲法草案起草委員會副委員長，任上公布有《中華民國憲法第一草案》，被稱作是《吳氏憲草》。一九三五年，吳經熊創辦了《天下月刊》。

一九三七年，改宗派天主教會。

一九四○年，吳經熊和妻子兒女移居義大利羅馬，並同時出任中華民國駐教廷公使。一九四六年出任制憲國民大會代表，一九四九年，受聘出任美國夏威夷大學中國哲學之客座教授。一九五○年，出任美國新澤西州西頓哈爾大學法學教授，

一九六一年，《英譯〈老子道德經〉》。

一九六六年，移居臺灣，出任中國文化學院哲學系教授。

一九八六年二月六日，逝世於臺灣，享年八十七歲。

（二）英譯老子道德經（吳經熊 Wu Ching-hsiung）

Tao can be talked about, but not the Eternal Tao

Names can be named, but not the eternal Name.

As the origin of heaven-and-earth, it is nameless.

As " the Mother" of all Things, it is nameable.

So, as ever hidden, we should look at its inner essence.

As always manifest, we should look at its outer aspect.

These two flow from the same source, though differently named.

And both are called mysteries.

The Mystery of mysteries is the Door of all essence.

（http://home.pages.at/onkellotus/TTK/English_Wu_TTK.html

http://www.fortunecity.com/meltingpot/hastings/1214/id36.htm）

三　林語堂的翻譯

（一）生平

　　林語堂（1895-1976），一八九五年十月十日，林語堂生於中國福建省漳州市平和縣坂仔鎮。父親是林至誠牧師，有九個小孩，林語堂排行第五。

　　一九一二年，林語堂在上海聖約翰大學學習英文，一九一六年獲得學士學位，畢業後於清華大學英文系任教。

　　一九一九年赴哈佛大學文學系留學，並於一九二一年獲比較文學碩士學位，接著他前往法國為 YMCA（基督教青年會：Young Men's Christian Association）工作。

　　同年轉赴德國攻讀語言學，先入耶拿大學，後轉入萊比錫大學並於一九二三年以《古漢語語音學（Altchinesische Lautlehre）》為博士論文獲該校博士學位。一九二○年與廖翠鳳女士結婚，廖翠鳳出生於富裕的基督教家庭，兩人相伴一生。

　　一九二三年回國，任北京大學教授和英文系主任。

　　一九二四年後為《語絲》主要撰稿人之一。一九二六年出任北京女子師範大學教務長，同年到廈門大學任文學院長。

　　一九二七年到武漢任中華民國外交部秘書。隨後的幾年當中，他創辦多本文學刊物，提倡「以自我為中心，以閒適為格調」的小品文，對之後的文學界影響深遠。

　　一九二四年五月將英文的「humor」譯為「幽默」，有人說這是中文「幽默」一詞首次出現，其實並非如此，這只是首次把英文中的 humor 對譯為中文中的「幽默」。

一九三〇年代林語堂所編著開明英文讀本,與張其昀所編初高中地理和
戴運軌所編著初高中物理教科書鼎足而立,成為全國各校通用之教材。一九三
五年後,在美國用英文撰寫《吾國與吾民》(*My Country and My People*,1935
年)、《京華煙雲》(*Moment in Peking*,1939年)、《風聲鶴唳》(1941年)等作
品。《吾國與吾民》介紹和譯述中國的傳統思想、哲學和文化藝術,對中國社
會的發展和中華民族的性格、精神作出了敘述,為當代歐美人士了解中國文化
的重要著作。他的許多著作都被再翻譯成其他語言,作品風行各國。《生活的藝
術》更是所有著作中,譯本最多,銷路最廣的作品。一九四四年到重慶講學。

一九四七年林語堂任聯合國教科文組織美術與文學主任;後到巴黎寫小說
《唐人街家庭》。

一九四八年返回美國從事寫作。

一九五四年新加坡籌建南洋大學,受聘擔任首任校長,但後來由於經費等
問題,與南洋大學董事會意見不合,在大學開學前離職。

有鑑於那個時代的中文檢字技術不夠發達,學術界普遍不滿意康熙字典之
部首檢字法,乃傾家盪產全心研究中文檢字法則,歷經「漢字索引制」、「漢字
號碼索引法」、「國音新韻檢字」、「末筆檢字法」、「上下形檢字法」等,終在一
九四七年,發明了「明快中文打字機」,這架打字機高九英吋、寬十四英吋、
深十八英吋,儲有七千字(常用的漢字約五千字),一九五二年獲美國專利,
歷時長達六年半。「上下形檢字法」後來也用於《當代林語堂漢英詞典》,並曾
授權神通電腦作為其中文電腦之輸入法,神通電腦稱其為「簡易輸入法」。

由於研製打字機導致破產,林語堂曾向賽珍珠告貸遭到拒絕。林語堂和賽
珍珠的合作不融洽已是後話,當時美國出版社一般是拿百分之十左右的版稅;
而賽珍珠代理林語堂的書卻拿了百分之五十,並且版權還不屬於林語堂。林語
堂和賽珍珠打官司,賽珍珠打電話給林語堂的二女兒林太乙問「你爸爸是不是
瘋了」,最後兩人形同陌路,

一九六六年定居臺灣,論古說今的雜文後來收集在《無所不談》一集、二
集(1967)中。

一九六七年受聘為香港中文大學研究教授。一九七五年被推舉為國際筆會

副會長，他於一九七二年和一九七三年被國際筆會推薦為當年諾貝爾文學獎候選人。

　　一九七六年三月二十六日在香港逝世，同年四月移靈臺北，葬於臺北陽明山仰德大道林語堂故居後園中。

（二）英譯老子道德經（林語堂 Lin Yutang, *The wisdom of Laotze*）

The Tao the can be told of

Is not the Absolute Tao;

The Names that can be given

Are not Absolute Names.

The Nameless is the origin of Heaven and Earth;

The Named is the Mother of All Things.

Therefore:

Oftentimes, one strips oneself of passion

In order to see the Secret of Life;

Oftentimes, one regards life with passion,

In order to see its manifest forms

These two (the Secret and its manifestations)

Are (in their nature) the same;

They are given different names

When they become manifest.

They may both be called the Cosmic Mystery:

Reaching from the Mystery into the Deeper Mystery

Is the Gate to the Secret of All life.

四 討論

（一）吳林氏譯本的比較

中文	吳氏譯本	林氏譯本
道可道，非常道；	Tao can be talked about, but not the Eternal Tao	The Tao the can be told of Is not the Absolute Tao;
名可名，非常名。	Names can be named, but not the eternal Name.	The Names that can be given are not Absolute Names.
無，名天地之始；	As the origin of heaven-and-earth, it is nameless.	The Nameless is the origin of Heaven and Earth;
有，名萬物之母。	As "the Mother" of all Things, it is nameable.	The Named is the Mother of All Things.
故常無，欲以觀其妙；	So, as ever hidden, we should look at its inner essence.	Therefore: Oftentimes, one strips oneself of passion
常有，欲以觀其徼。	As always manifest, we should look at its outer aspect.	In order to see the Secret of Life; Oftentimes, one regards life with passion, In order to see its manifest forms
此兩者，同出而異名，同謂之玄，	These two flow from the same source, though differently named. And both are called mysteries.	These two (the Secret and its manifestations) Are (in their nature) the same; They are given different names When they become manifest.
玄之又玄，眾妙之門。	The Mystery of mysteries is the Door of all essence.	They may both be called the Cosmic Mystery: Reaching from the Mystery into the Deeper Mystery Is the Gate to the Secret of All life.

　　雖然兩人都是名家，也都是學貫中西，但對於老子的解讀卻有不同，這也難怪，即使在中文的解讀上也是人言言殊，因此本文祇在比較兩人翻譯上的差異。

　　首先，在道與言上他們都用大寫，Tao and Name，這表示是專有名詞，這在西方用語或基督宗教而言（他們二人都是基督徒），可能是指的是自有的存有者（Being in itself）。

　　在講常時，吳氏用 Eternal，林氏用 absolute，這是一個有趣的用法，大部分的學者大概都是使用 always 這個字，而他們使用 Eternal 和 absolute 這二個字，按個人的揣測在他們的心目中，這個道或名有可能和 Heraclitus（赫拉克利特）心目中的 logos（邏各斯）相似，這也是四部福音中聖若望福音（*St. John the Evangelist*）開頭使用的 Logos 相似，指的是天主聖言，在基督信仰中聖言就是 Eternal 和 absolute 的，但林氏並無此概念。

　　在講到無與有時，都使用了 Nameless 或 nameless，這似乎在說明存在者本身的狀態，而在一般中哲學者的解讀中，似乎對無與有的說明是停留在名詞的說明中，二人的不同之處在大小寫，這也表示主體及一般性的說法。

　　觀其妙，吳氏翻成 look at its inner essence，林氏則譯成 one strips oneself of passion，兩人的觀點大異其趣，似乎 inner essence 更能說明觀其妙，而 one strips oneself of passion 也能表達妙的透徹性。

　　對於玄，吳氏翻成 mysteries，而林氏翻成 manifest，這可能有些爭論，mysteries 在某些意義上和玄有些相近，但 manifest 去和玄對照似乎在說明自有者對自己本性的揭露。

　　對於眾妙之門，吳氏翻成 the Door of essence，而林氏翻成 the gate of the Secret of All life，這可能和眾所理解的方式有異，但似乎也提供了不同的解讀方式，表明了二位心目中自有者的位格性概念。

　　從上面的說明中可以理解到翻譯的不易。

中國哲學的研究與中國哲學的發展

朱建民

東吳大學哲學系客座教授

　　本文論域主要局限臺灣而言，亦即「中國哲學在臺灣的研究」與「中國哲學在臺灣的發展」。這個題目預設的區分是：哲學的研究不等同於哲學本身。中國哲學的研究涵蓋先秦以至當代的既成哲學，研究的範圍、對象、內容大概是已經確定的。中國哲學的發展則是由當代指向未來，它主要的工作是在傳承之外繼續創造新的哲學，如此方稱得上發展。當然，這兩者之間亦非完全隔絕的，足以供後世研究的哲學家，其本身的哲學也大多建構在對過往哲學的研究之上。換言之，一位哲學研究者可成為哲學家，而哲學家亦未必不做哲學研究。

　　一般來說，哲學創造的難度與價值都要高於哲學研究。然而，在當代的學院化趨勢下，哲學創造蒙受更大的阻力。原本就不容易，再加上體制阻力，更難期望哲學創造的蓬勃發展。就臺灣哲學界的實際狀況來看，不論在投入面或產出面，哲學研究還是大宗；同樣，中國哲學的研究在投入面或產出面都遠超過中國哲學本身的發展。因此，如果我們肯定哲學創造對哲學的發展是必要的，則我們必須抱持更友善、更開放的態度來面對哲學創造，予以肯定、鼓勵。

　　廿世紀中葉之前，學院學者與民間學者之間並無鴻溝分隔，故而民國初期梁漱溟、熊十力等人皆可應邀執教北京大學。然而當代學術體系發展至今，已趨定型；未有客觀學位，難入學宮，未依論文規範，難列學術。要省察這樣的學術規範定型態勢對整體哲學發展有何利弊得失，還得先釐清當代學術規範的實質層面和形式層面。首先，就形式層面來看，當代的學術乃是以一種特定的方式與格式加以呈現。這種已為我們熟悉、甚至視為理所當然的學術格式其實是廿世紀後半葉源自西方的產物，而其主導全球學術界亦不過是這半個世紀的

事。按理說，形式是為實質服務的，實質永遠比形式重要。就學術性格的決定而言，實質層面的重要性遠超過形式層面。

當代學術規範最表面的形式部分是學術論文格式上的統一，例如：附註的格式、書目的格式、圖表的格式等等。這只是為了方便讀者，並顧及美觀整齊；此處不涉及學術的本質。不合格式的著作未必不具有學術性或學術貢獻，各個學術期刊在這方面亦可能會有不同的格式要求，此處從眾即可。當代學術規範次表面的部分是其重要組成，例如：研究方法、結論、附註等。這些有其實質的作用，而非僅僅為了美感的考慮。研究方法代表對研究自身限制之反省，結論代表研究是有成果的，附註代表研究是有根據的。由此可以看出，形式的要求並非毫無道理的，亦可有助於實質層面。

其次，就學術規範的實質層面來看，即涉及到學術的本質定義。按照西方學者的講法，「何謂學術？它必須是經過證明的新的知識，並以適切的文獻記錄做為根據。」這種學術規範源自西方，主旨在於透過「眾人」「長期」的努力，不斷「豐富」人類的「知識寶庫」。在此規範中，預設一種特定的知識觀，依之，知識即是經過證成的真的信念。這種知識觀在近代的西方成為主流看法，它未必是傳統的東方所最重視的，亦未必是中世紀的西方所最重視的。依當代學術典範，進入這座學術寶庫的知識必須是新的。學術的寶庫只收藏原件，不收藏複本。此處的「擴大」強調創新，而非重覆。由於旨在實質的「擴大」，因此，既有知識的學習與推廣僅屬「教育」而非「學術」。例如，整理、匯編、選輯、翻譯、教科書等類作品，不論品質多麼高，貢獻多麼大，都不算是真正的學術著作。因為，它們只是協助傳達既有的知識，而未提供「新的」知識，對知識寶庫的「擴大」並無直接貢獻。

知識寶庫的「擴大」預設了此中的「知識」屬於「可累積的」知識，因此，那些「不可累積的」知識即不在其內。例如宋儒張載區分見聞之知與德性之知，並以後者為治學之本。但依西方學術規範，德性之知不在學術之列。又如，亞里斯多德談知性之德時提到的實踐智慧，亦不在今日西方學術之列。又如，程明道以不麻木說仁，此中原有深切之體悟。我今說「程明道以不麻木說仁」，此屬可累積的知識；而程明道之「以不麻木說仁」亦屬可累積的知識。

但至此，皆未及程明道原初之深切體悟。由此可見，程明道原初之深切體悟不屬可累積的知識。我今日獲得「以不麻木說仁」之知識，這並不困難。問題是，我能否由此知識進而體會如程明道原有之體悟。因為，「以不麻木說仁」這句話本身並非程明道說話的最終目標，這句話乃是做為一種「指引」，讓人亦能由此而對仁有深切之體悟。在此，每個人都得自己有一番體悟。數百年前，程明道有過這番體悟，數百年後，我亦有了類似的體悟，但我之體悟未必超過程明道；由此可見此種知識本質上之不可累積。但在「程明道以不麻木說仁」這類可累積知識之外，歷代亦有種種對於仁的不同說法，如此而累積對於仁的更多可累積知識，後人亦可能提出前所未有的詮釋而對此知識寶庫之擴大略盡棉薄。

此外，有命題知識與操作知識之分；如此，詩詞的創作不屬學術，但是對於詩詞的研究則屬學術。又有可言傳和不可言傳之分，如此，後者皆不得入學術之門。

進入這座學術寶庫的知識必須經過審慎的檢驗。進入之初如此，進入之後亦如此。換言之，凡是通不過檢驗的皆會被擋在門外，甚至原先混入的亦會被剔除出門。檢驗的標準在於經驗與理性。在這點上，反映當代西方知識論的趨向，希望經由這種管道而來的知識皆具有普遍性、客觀性、可否證性。

由於有一定的標準和條件，收進這座學術寶庫的知識固然是有價值的。但是，它們未必是人類文化中最有價值的部分。被排除在學術寶庫的東西，未必就是沒有價值的。

學術的根本在於學問，因此，真正的學術必出於學問，亦必符合學問的精神。不過，學問的範圍遠大於學術。因此，有些真正的學問未必能成為學術。由此可見學術的有限性。學問出於問題，對於問題的研究形成了學問。沒有問題成不了學問，沒有真切的問題成不了真切的學問，沒有大問題成不了大學問。

在純粹的實踐活動中，也會出現問題。例如，禪定是一門實踐工夫，此中也有許多的「實踐之知」。例如達賴喇嘛也得向上師請教相關經驗。在實踐活動中，若是埋頭實踐，不發任何問題，其實踐亦不易精進。稍加複雜的實踐活動，如子路之問「有一言而可終身奉行者乎」，其終身奉行「己所不欲，勿施

於人」一言，中間亦不能沒有問題。與此類實踐活動相關之知識乃「實踐之知」；它是學問，但不能發展為學術。

　　魯一士《近代哲學精神》一書區分兩種知識：體察之知與描述之知。魯一士指出，我們對自己經驗的感受乃是一種體察之知，純屬私自所有的。我相信別人跟我一樣有內在的經驗，但是我無法直接感受到別人的經驗；亦即，我對別人的經驗沒有體察之知。儘管如此，我與他人之間還是可以就某些我們以為屬於共同經驗的對象進行溝通；這些經驗乃是可以被各自體察的，而且可以被描述的。經由抽象地描述，原本純屬私有的內在經驗可以讓他人認識。在此，體察之知不屬學術範圍，描述之知方能列入學術範圍。當代學術所處理的知識乃是命題知識，有真假可言者。

　　總之，當代學術規範重點在於追求：創新、有嚴謹根據、真的命題知識。所有的形式只不過是圍繞這個核心目標，保障研究結果符合此一標準。其優點顯而易見，而依此西方知識體系發展出來的學術規範，用以研究西方哲學（尤其是英美哲學），正是如魚得水。然而，其中預設的知識觀是否能夠恰當用於處理東方的學問，或者能否突顯真正的價值，則值得細究。進一步看，何處適合，何處不合，如何調適，皆須深思。

　　一九五八年，唐君毅主導發表〈為中國文化敬告世界人士宣言〉，其中提到：「西方人士研究中國文化之動機，……與西方學者，要考證已死之埃及文明、小亞細亞文明、波斯文明，而到處去發現、收買、搬運此諸文明之遺物之興趣，在本質上並無分別。」他呼籲：「我們首先要懇求：中國與世界人士研究中國學術文化者，須肯定承認中國文化之活的生命之存在。」簡言之，依唐君毅的期許，把中國文化看成活的生命之存在，即不能僅停留在一種客觀理解的觀點上，還須涉及自覺的認同、承擔、實踐與發揚。

　　為了擺脫泛政治化的干擾，今天在臺灣講中國哲學，最安全的做法就是採取價值中立的立場，而這個立場正符合當代西方的學術規範。如此，不僅政治正確，而且學術正確；卻走上唐先生所反對的研究路數。我們在此是用外人的角度去看中國哲學，則能做的只是既有之知識體系的研究，不會再有自我承擔中國哲學的發展使命。因此，要在臺灣談中國哲學的發展，必須先把政治沾染

排除在外，接下來才能討論兩種可能的選項。一是承認自己是中國文化與中國哲學的傳承者與發揚者，以這種態度而有別於外人的態度。另一是以臺灣為主體，但也承認臺灣文化包含了許多中國文化與中國哲學的資產，而我們奠基於這些資產與其他文化給予臺灣的部分相互結合，用以回應我們當前的問題，並為臺灣文化未來的發展提供新的養分。

為什麼不宜完全用外人的角度、客觀地、價值中立地去看中國哲學呢？其中關鍵在於中國哲學的精彩主要來自於生命的學問，而不在於概念的清晰、分析的細密與論證的嚴謹。後面這些是西方哲學的精彩，當然值得學習，用來處理中國哲學的老問題，也能帶來許多益處。但是，生命的學問主要在於回應生命的大問題；小則回應個人生命的安頓與提升，大則回應群體生命的安頓與提升，即所謂安身立命之學。因此，今日講生命的學問，除了講求概念的清晰、分析的細密與論證的嚴謹之外，還須涉及體驗，價值選擇與認同，它不能自外於它的研究對象，也不能一視同仁，平看一切。例如，佛教講求信解行證，學者未必能信能行能證，但若完全不涉及實踐體驗，而專在解上下工夫，亦未能真切理解佛經本義。又如，有人以良知為一種假設，熊十力直斥之而謂良知乃是一種呈現；如此，若以假設說良知，順此而下者皆不相應。又如，「已所不欲，勿施於人」一語，有些當代學者以邏輯檢視之，欲查其內部是否有矛盾之處。依此路數，無論寫了多少論文，都是不相應的。它原本就不是陳述真假的經驗語句，而是指引實踐方向的語句。硬以當代西方狹義的知識觀去套在這類語句之上，看不出中國哲學的精彩，非但不相應，甚至曲解了中國哲學。

生命的學問必關連於生命的體會，未受毀譽糾纏之苦者，難以體會《莊子·逍遙遊》之言：「且舉世而譽之而不加勸，舉世而非之而不加沮，定乎內外之分，辨乎榮辱之境，斯已矣。」在此，如何「定乎內外之分」，才是關鍵。沒有深刻體會，如何說此中工夫。當然，後人讀此段文字，亦不能只停留在這句話而已，而必得接續深化詳言。在這個工作上，唐君毅的《人生之體驗續編》堪為典範，其中第一篇〈俗情世間中之毀譽及形上世間〉充分說明幾個層次的內外之分，析理透徹且對身受毀譽糾纏之苦者頗有助益。

同樣的，以朱熹和王陽明對於格物致知的爭議為例，表面看來是二人對於

《大學》文字的理解詮釋不同，其實是二人在修身實踐過程中的體驗不同。王陽明無法依據朱熹的詮釋而讓自己生命受益，對他來說，朱熹的詮釋就是不相應的。同樣的，今日的我們在看朱王異同時，若仍關注在二人對古代經文的詮釋差異上，則是仍在外圍打轉、隔靴搔癢。今日更要加入當代對於道德修養的研究，對格物致知在修身上的實際作用加以省察，對其未詳言之處，亦應加以補充。換言之，繼承的方式是由此建構一套儒家的修養工夫論，此中顯然不能只靠名言概念或抽象理論，而必須輔以具體之實踐經驗。

生命的學問乃在回應生命的大問題，求此學問亦必以生命相回應。如此，對所研讀的對象必有生命之感應，或欣賞之，或由之而得啟發，研讀者不是把對象當成無關於己的知識系統而已。此乃為己之學，對研讀之對象多有同情的理解，以觀能否有益於己；而在此為己之學的過程中，將心得與體會抒發而供他人參考。在前輩學者身上，可以看到生命的學問之典範表現。他們對所研究者抱著護念之情，而非純然客觀的旁觀者態度。選擇對象時，亦選其認為有價值者，甚至設法進一步提升其價值高度。他們對自己研究者有信念，生命也相應地受其影響。此中是生命的對話，也是生命的實踐，不容空談。例如，熊十力在經書備受貶抑之際，獨於《讀經示要》標舉經為常道不可不讀，其中又異於前賢之輕視《禮記・儒行》，給予同情之理解，闡發立身處世之大義。

總之，今日要強化中國哲學的活力，一方面要學習西方哲學的優點，另一方面要認清用西方哲學處理中國哲學的局限，必須以相應的態度看待中國哲學，將之視為生命的學問。如此，至少能更貼切地理解既存的中國哲學，其次，依此基礎進一步回應生命問題、回應時代問題，在有限的現實世界結構中若能回應以具有恆常意義的問題與思想，自然成為日後中國哲學繼續發展的養分。

《易》醫相資互詮的養生概要

曾春海

政治大學哲學系退休教授

一 前言

中國自古以來就有《易》醫同源互詮的流行說法，就兩者相互聯繫的密切關係而言，確實存在著《易》理與中醫互發互詮的理論。《易·繫辭上傳·第五章》曰：

> 一陰一陽之謂道，繼之者善也，成之者性也。仁者見之謂之仁，知者見之謂之知。百姓日用而不知，故君子之道鮮矣。顯諸仁，藏諸用，鼓萬物而不與聖人同憂，盛德大業至矣哉。富有之謂大業，日新之謂盛德。生生之謂易，成象之謂乾，效法之為坤，極數知來之謂占，通變之謂事，陰陽不測之謂神。

「生生」，乃生命不絕的讚詞，是崇尚生命健旺發展的價值語詞。人生在世活出健康快樂且長壽的生命品質是幸福人生的必要條件。早在《尚書·洪範》中就指出：「五福：一曰壽，二曰富，三曰康寧，四曰攸好德（好的社會名聲），五曰考終命（享足天年）。六極（生命的侷限）：一曰凶短折（夭折），二曰疾，三曰憂（精神苦悶），四曰貧，五曰惡，六曰弱」總而言之，精神飽滿，心情愉悅，身體健康是人生幸福所在。問題是，天地萬物何以有生靈？生命與時序的順序和生態環境有何對應的養生法則？如何透過《易》與醫的互詮來理解？由《易》、《老》、《莊》及陰陽學說所融會貫通的養生學，其關鍵點在如何養氣。本文旨在針對這幾個大問題來概述《易》醫相通互詮的養生要領。

二　地球何以能維持生命和四時的運轉？

　　一陰一陽所以迭運不息是萬物生生不息的推動力。就大自然的律動而言，地球自轉一周而有晝夜，亦即陰陽轉移不停的動態。地球繞太陽公轉一周形成春、夏、秋、冬的四時時序，其所以然之理是因地球的自轉軸與太陽形成斜的二十三點五度之夾角，再加上地球本身為橢圓形，故繞太陽運行而有春、夏、秋、冬，乾卦大象所言：「天行健」。相較之下，月亮與太陽形成一點五度的夾角，幾乎呈垂直狀態，故無像地球般的春、夏、秋、冬。陽光、空氣、水、土壤是生命的四大元素，其中氧氣對維持人類生命（當然也包括動物的生命）至為重要。地球有百分之七十的表面被海洋覆蓋，陸地上也分佈不少湖泊、河流、溪水，不少科學家相信地球溫度保持恆常性，是因液態水至少已存在了三十八億年，生物將空氣中的大量二氧化碳封住，致使地球不會過熱和海洋不會大量被蒸發，這是我們得以維持生命的水元素之原因。漂浮在海洋中，得藉顯微鏡才見得到的浮游植物，也為地球製造出一半的氧氣，對全球氣候和大氣狀態具有顯著的影響，誠如《易經》所言：「天地之大德曰生」。人是有機的生命體，大自然是一整合性的有機體。當代臺灣著名的哲學家方東美確認中國的宇宙觀，特別是《易》乃「機體主義」（Organism），他說：「機體主義旨在統攝萬有，包舉萬有象，而一以貫之。……宇宙萬象賾然紛呈，然就吾人體驗所得，發現處處皆有機統一之跡象可尋。」（《中國哲學精神及其發展》上冊，頁108）

　　蓋天地萬物皆有機的存在，相輔相成，和諧共生，當代醫學有倡導自然療法派，例如生物學家愛德華・威爾遜（Edward Wilson）宣揚「親生命性」（biophilia）概念，指出人類有熱愛大自然的本能，大自然的生態對人類的健康至為重要。人文心理學佛洛姆也說：「親生命性是人對一切生命的熱愛，它含有再生長的冀望。每一生命體基於本能皆欲求其自身的保存和自己生命的完善化，也具有繁衍生息，使代代生命相延續的潛在欲望。

三　易學與中醫學融通的養生學

　　易學與中醫學在漢代相互滲透，形成陰陽交感互補與五行相生相剋的有機思想。陰陽五行說不但解釋人的生理，且以陰陽失調和五行相剋的觀點來解釋人的病情，探究病因，得出病理，約成書於漢代的《黃帝內經》是最早的一部中醫學經典。這本書吸收了《易》機體論，透過陰陽這匹對的概念範疇，在自然現象上解釋日月、明晦、陰晴、風雨的成因和屬性，在人體結構上解釋人身之正面、背面體質屬性的虛實、熱涼。五行依水、木、火、土、金的運行秩序，在氣候方面分辨風、暑、溫、燥、寒的表徵，在生命歷程上解釋生、長、化、收、藏，在臟腑器官上分別出肝、心、脾、肺、腎，在人的心理情緒上分別了喜、怒、憂、悲、懼，在互動上表現相資互補及相互克制的關係。從人的生理結構而言，經脈是運行氣血、調和陰陽的通路，若陰陽協調互濟，則人體的五臟六腑功能正常，身體健康如常。從五行相生相剋的關係來源，若某一臟器功能太強而失衡，則克制它的臟器功能亦隨之而強，以達平衡適中，不過也不及，可免於疾病。扼要言之，《黃帝內經》的醫理講究調理陰陽之平衡，和諧五行的正常關係來養生治病。

　　明代張介賓著《醫易義》一書，謂《易》中的象數學可應用為研究生理、病理和醫理的根據。他發揮了中醫學中以陰陽五行理論資源解釋人體及病理，認為人體各器官皆有陰陽的兩重性。他根據易學中天人為有機的整體，同類相感應地促成陰陽流轉，差異互補的理論，論述了人體內五行（五臟）相生剋的互動關係是一循環且平衡的動態過程。他將北宋邵雍先天圖中陰陽消長的循環思維發展成一套生命發展規律的模式。他的《醫易義》一書將中醫學和易學之間互動的血緣關係妥當釐清而明確化、系統化。

四　頤卦表述易學養生論的基本範式

　　中國傳統中的名醫多言醫理通易理，六十四卦中第二十七卦的頤卦，最足以據卦象言卦理，詮釋易學養生論的核心思想。就卦象的觀察而言，上下二陽

爻包著中間四陰爻，象徵人嘴內上下齒列咬合，咀嚼食物的狀態。攝食養生，廣泛的涵蓋了養氣血、身、心、精神。從儒家內聖外王而言，由養生自身，進而推己及人地去養民、養賢、養天下眾生。在陰陽迭運互轉的原理下，若頤卦初爻由陽爻變成陰爻則頤卦變成剝卦☶，上爻的陽爻變成陰爻則為復卦☷，剝盡復返，意謂著剝極而復的新陳代謝作用，正是養生的常理常則。二爻的陰爻由爻變變成陽爻則變成損卦☶，五爻的陰爻由爻變變成益卦☶，損卦象曰：「損剛益柔有時。損益盈虛，與時偕行」大象辭有言：「損，君子以懲忿窒欲。」斟酌損益，節制嗜慾以適中之度的適度為調整判準，應適時而行，與時機同步進行。就養生而言，君子應本著平衡性、和諧性的原則在延年益壽的健康養生法上懲戒忿怒，消解欲望的高漲，以切合因時制宜的美德。損卦九二小象辭曰：「九二利貞，中以為志也」意指堅定中正平和之原則是實現趨吉避凶的養生志向。益卦象曰：「利有攸往，中正有慶，……凡益之道，或時偕行。」頤卦象辭曰：「頤，貞吉，養正則吉也。觀頤，觀其所養也；自求口實，觀其自養也。天地養萬物，聖人養賢以及萬民。頤之時大矣哉！」健康養生法的核心原則在於與時偕行，或與時俱進地實踐大中至正，中正平和的正理常道。「中」是陰陽和合，剛柔互濟的概念涵義，「時中」不意謂中道是一成不變的靜止狀態，而是針對天、地、人、事交感時進行綜合判斷，應針對時、地、人、事而制宜，務求「唯變所適」的獲致整體效益的最大值，乾卦象辭說：「乾道變化，各正性命，保合大和，乃利貞。」《易・繫辭下傳・第一章》曰：「天地之大德曰生」其第二章有言：「《易》窮則變，變則通，通則久。」其第八章有言：「《易》之為書也，不可遠，為道也屢遷，變動不居，周流六虛，上下無常，剛柔相易，不可為典要，唯變所適。」

五　以氣化流行明有機的養生法

乾卦象傳曰：「大哉乾元，萬物資始」，乾元是啟動一切生命的萌發且暢通的根源性力量，乾文言傳曰：「陽氣潛藏」意指乾剛健不息的創生歷程由陽呈現。坤是乾創生萬物的載體，依乾所賦予萬物的性命，由氣化流行而凝結成具

體的萬物。陰陽兩氣協調運作，體現了天地交感，萬物生命資始資生且生長成熟的歷程和規律。乾卦以「龍」為生命圖騰和本體意符，象徵中國人對生命根源的無比敬畏和崇拜。《易》書崇尚愛物惜生的至上生命價值意識，表徵著中國人對生命根源感，以及對天地交感所賜予人和萬物生命的珍惜、信賴和喜悅。同時，養生保健的動力源自人對生命美好的願景，對所熱愛的生命充滿積極、樂觀的健康心態，期望身、心、靈的安頓與幸福人生的實現。

　　《易》認為天地間一切事物皆由陰陽兩氣相互吸引、交感，達成渾全性的生態平衡與和諧，才能有元、亨、利、貞的完美生命。「養生」，一詞早見於《老子》所說：「以動之徐生」、「是謂深根固柢，長生久視之道。」《呂氏春秋》〈喪節〉解釋說：「知生也者，不以害生，養生之謂也。」《莊子》則言：「吹呴呼吸，吐故納新……，為壽而已矣。」此說衍生發展出發展出「氣功」，意指藉調整身體經絡、穴道、氣血使體內的「氣」流行通暢的工夫，以達到健康養生，平安喜悅為人生目的。道家專氣致柔，抱一守中，養精蓄銳的養生觀，與相呼應的易學陰陽五行的生態平衡構成了中華文化中的養生智慧寶典。

六　中正平和的順時養生法

　　由《易》、《老》、《莊》、陰陽五行結合古代地方方士，尤其是上古齊學所形成的養氣養生學。就內養而言，衍生了通調血氣、養氣保精、調和臟腑、動靜得宜、形神兼養，攝生綜合調理等養生功法。就練家的外在動作而言，則發展出多樣而豐富的功法，諸如：氣功與導引、太極拳、八段錦、朝陽氣、易筋經、五禽戲、松靜功、太極扇……等。

　　攝食養生是最基本的功法，民以食為天，中國自古以農立國，維生物質有賴農業經濟的運作。《易》第五卦「需」卦，據〈序卦傳〉的解釋是：「需者飲食之道也。」為滿足人民民生經濟的需求，當權主政者最基本的政治責任就在於生生不息的繁養五谷菜蔬，改善飲食攝生水準，率領人民走出蒙昧時期，進入文明世界，產生具中華傳統文化特色的飲食養生法。《易‧繫辭上傳》曰：「陰陽之義配日月」、「變通莫大乎四時」蓋乾坤交感，四時輪轉做為農業經濟

法典的二十四節氣循環，依時序而有客觀規律。因此，萬物榮枯有時，不僅在攝食養生上，一方水土養一方人，且農耕生產順時令而有當季的蔬果時鮮。在天生人成的順天時、地利及人和的繁養生息之順時攝食養生法，特別注重依時令攝食。綜觀六十四卦彖辭中，因「時」、「時義」、「時用」和「隨時」，而贊以「大矣哉」者，共十二卦之多。可見勿違農時，順時耕作，攝時鮮養生的重要性。

《黃帝內經》汲取《易》〈乾文言傳〉所言：「夫大人者，與天地合其德（好生之大德），與日月合其明，與四時合其序」，認為大自然的森然有序及其順時律動，是人隨時序養生的天律，係順時養生的理律。因此《黃帝內經》強調：「順四時而適寒暑」「服天氣而通神明」的論述，確立了順時序運轉來養生的大律則，例如：春季：生機盎然，生命萌發，人應晚睡早起，舒暢氣機；秋季：陽氣漸衰，人應早睡早起，收斂神氣；冬季：陽氣深沉，應早睡晚起，勿擾陽氣。總結出「春夏養陽，秋冬養陰」之祛病延年的養生原則。在陽宅的選擇方面，〈素問〉曰：高者其壽，下者其氣夭」，因為地勢較高的山林地帶，空氣清新，氧氣濃，負離子多，不積水，比地勢低窪處較符合養氣保健的養生原理。在飲食方面，應攝取合乎季節時令的新鮮食物，且宜多樣而有互補性。時至今日，猶流行有機食物，天然最好，新鮮至上，不吃醃漬、罐頭等不合時令的不新鮮食物。

七　唯變所適，適中有度

《易》經文中有三個卦的爻辭言及「中」，在〈易傳（十翼）〉中言及「中」者達五十六卦，養生隨四時二十四節氣唯時變之宜把持時機，因時制宜。同時，攝食養生及日常生活活動，應動靜交替協調，以無過無不及的適中有度為宜，例如：不可暴食暴飲，不但會導致各種腸胃病且因營養過剩而會罹患各種文明病。同時，攝食養生也不可太節儉而導致營養不足。《易》第六十卦節卦卦辭曰：「節，亨，苦節不可貞。」以攝食養生而言，放縱嗜欲當然要制約，然而過於苦苦節制物質生活，亦將傷害健康。唯適度與持中，適中而有

不過不及的節度才是可貞定的正道。朱熹在《朱子語錄‧卷六十七》說：「蓋事之斟酌得宜合理處便是中。……此中未有不正，而正未必中也。」清儒惠棟說：「時中者，易之大要也。」《黃帝內經》認為精、氣、神是人身三大寶。人的健康與否取決於保養腎中精氣是否「適中」、「有度」，這也是形神交養的原則。東漢華佗在《華氏中藏經》說：「陰陽平（和順平正），則天地和而人氣寧」、「陰陽逆（相衝突而不調和）則天地否而人氣厥（虛）」因此，飲食有節度，營養均衡，陰陽調和（人體酸鹼值調和至平衡狀態）是養生不可違逆的原理。

八 結論

《易‧繫辭下傳‧第十章》曰：「《易》之為書也，廣大悉備，有天道焉，有人道焉，有地道焉。兼三才而兩之，故六爻者，非它也，三材之道也。」《易》之哲理統攝天地之道和人道，其所以涵蓋廣大悉備，係因《易》所探究的是天地人三才的根源性原理。此一涉及一切存在之根源性原理的內核本質為何？《易‧繫辭下傳‧第一章》說：「天地之大德曰生。」反映了作《易》者仰觀俯察天地運行，萬象流轉的動力在乾坤交感生生相續，實現其生物氣象為本質，這是以生命價值為中心的形上學。人的在世生命彌足珍貴，《易》以人的生命為本，啟示我們應該崇尚生命至上的價值。天地運轉有二十四節氣，人的攝食養生也得配合自然法則，因時地之宜，調養生息我們維持生命的日用糧食。《易》與《黃帝內經》不但是中華民族傳承不息的經典智慧且其間有血脈相聯的內在聯繫關係，健康的身體是人生幸福的一項必要條件。

《易》與中醫同源，《易》與陰陽五行所交融互攝的陰陽調和，適中有度，因時宜而調整起居飲食且合乎無過不及的大中至正的機體和諧平衡原則是《易》醫一以貫之的養生哲理，本文為形神交養的通論，且較側重生理的健康，此乃篇幅所限。俟他日，或能以養心安神為養生主題，另作一文，不周之處，尚祈方家不吝賜正為盼。

越南使節文獻研究的意義

陳益源

國立成功大學中國文學系特聘教授

一　前言

在清代，由越南國王派遣到中國北京進行歲貢、賀壽、告哀、求封、請兵等任務，或者派遣到廣東、福建等地公幹的越南使節團，前後有近百次之多，傳世的越南北使詩文集已有七十九部被收入《越南漢文燕行文獻集成（越南所藏編）》於二〇一〇年五月由上海復旦大學出版社公諸於世，如果再加上越南所藏而被遺漏者以及越南以外地區所藏而尚未收入者，總數約在一百部之譜。

關於這近百部越南使節文獻研究的意義甚多，說來話長，我們這次講座的重點只能擺在兩個話題：一是這些越南使節帶了什麼回去？二是這些越南使節留了什麼下來？配合這兩個話題，本人將分享的是「清代越南使節在中國的購書經驗」和「清代越南使節在中國的刻詩立碑」。

二　清代越南使節在中國的購書經驗

中越關係淵遠流長，從中國傳入越南的漢籍甚多，歷來中國的僧侶和道士，官吏和士兵，僑民和商人，越南的僧侶和讀書人，都是重要的媒介者，其中的「讀書人」，更準確的講法應該是越南的「使節」，這些勤讀中國書籍的越南使節，在中國書籍流傳越南的過程中，扮演過極其重要的角色。為了證明這個說法，我曾舉二位越南著名使節為例，一位是黎貴惇（1726-1784），他的《北使通錄》記載清乾隆二十六年（1761）十一月初七日，越南赴清貢使團返經廣西桂林時，被中國官府沒收了一批沿途採購得來的二十幾部中國書籍，書

目俱在；另一位是阮攸（1765-1820），他在清嘉慶十八年（1813）出使中國，沿途賦詩一百三十首，結集成《北行雜錄》一書，書中第一一五首詩，即阮攸膾炙人口的名作〈讀《小青記》〉（《小青記》記明代名妓馮小青故事，青心才人編寫《金雲翹傳》時曾予參考），如今越南雖然未存《小青記》，也沒有青心才人《金雲翹傳》的早期版本，但阮攸在翌年返國時必曾將這兩部小說攜回越南，並且完成了長達三二五四句《金雲翹傳》敘事長詩的改編再創作。（陳益源〈明清小說在越南的流傳與影響〉，《中越漢文小說研究》，頁1-15）

現在，我們不妨再來看看幾個清代越南使節在中國的購書經驗，以加強印證使節是中國書籍傳播越南的重要媒介者的說法。

（一）一八三〇年代，汝伯仕在廣東購買官書

越南皇帝酷愛中國典籍，阮聖祖「好觀北書」是出了名的，明命十一年（清道光十年，1830）他曾諭示派遣如清瞻觀賀壽的正使黃文亶、甲副使張好合、乙副使潘輝注：

> 朕最好古詩、古畫及古代奇書，而未能多得。爾等宜加心購買以進。且朕聞燕京仕宦之家，多撰私書實錄。但以事涉清朝，故猶私藏，未敢付梓。爾等如見有此等書籍，雖草本亦不吝厚價購之。（《大南實錄正編第二紀》卷六十九，頁2390）

阮聖祖不僅如此慎重地諭示如燕使節，他只要有機會派官到中國，大概都會作此要求。

明命十三年（清道光十二年，1832）冬天，中國廣東省廣州府有一艘水師梁國棟帶領的巡海船被風漂到越南廣南省沱瀼汛（即今峴港），次年（1833）明命皇帝命李文馥、黃炯、汝伯仕等官員分乘威鳳號、平一號兩大船，護送清國官兵七十餘人回廣東，他們自二月待命，四月二十八日放洋，海行七日夜抵達廣東，之後就住進羊城公館萬孚行，停留了半年多，直到臘月才啟程回航。

這次廣東公幹，因緣際會，促成了中國文人繆艮、劉文瀾及其公子劉伯

陽、伯陽師梁毅庵與「越南行价六人」在珠江泛舟唱和的一場「中外群英會」；之後李文馥、黃炯各撰有一部同名為《粵行吟草》的詩集，汝伯仕則撰有《粵行雜草》，都是此行的記錄。今黃炯《粵行吟草》已佚，李文馥《粵行吟草》、汝伯仕《粵行雜草》尚存。汝伯仕晚年（嗣德十年，1857），其子汝以烜協助他重新整理成《粵行雜草編輯》，補充了許多原本《粵行雜草》所未見的材料。

汝伯仕《粵行雜草編輯》中，有一首〈夏日旅懷呈李鄰芝文馥〉提到「詩少成吟因有病，書多欲購奈無金」，書中附錄的黃炯〈無題二首〉則有云「購書喜得黃金百，對鏡驚看白髮三」，乍看之下，我們還不太能夠察覺什麼玄機；直到看到汝伯仕〈秋懷二首〉「公事僅堪開卷閱」句下有註云：「余與健齋專辦檢買書籍事」，以及他在〈聯課〉一目說道：「余在公館，主辦購買官書，每出街，遇諸書籍筆紙等庸暫憩……」，這才發現他們此行任務並不單純只是護送廣東失風官兵歸國而已，「檢買書籍」、「購買官書」乃是他們如清的一項重要公務。

那麼，汝伯仕與李文馥、黃炯此行是如何「檢買書籍」、「購買官書」的呢？且看汝伯仕《粵行雜草編輯》卷下〈書目〉的詳實記載：

> 余在廣東購買官書，每訪書庸，見環城者二十餘，皆堆積書籍，重架疊級不知數，問其名目，則彼各以本庸書目示，皆至一二千餘名。間經數月揀購，惟筠清行為多，余於還價日得書目一本，今并錄之。（越南漢喃研究院圖書館藏 VHv.1797/2號抄本）

彌足珍貴的是，他所費心抄錄的這份《筠清行書目》，凡一六七二筆，意外地替我們留下了一八三三年廣州一家書店的銷售清單，這無疑是研究中國書坊史、清代出版史的珍稀史料，竟賴越南使節神來之筆而得到保存，令人有如獲至寶的喜悅。

（二）一八六〇年代，阮思僩在北京看買書籍

清咸豐七年（1857）、咸豐十一年（1861）、同治四年（1865），因太平天國之亂，陸路交通斷絕，四年一次的如清歲貢展緩，到了同治七年（1868）六月，越南嗣德皇帝特別選派署清化省布政使黎峻（1819-）為正使，鴻臚寺少卿辦理戶部事務阮思僩（1823-）為甲副使，兵部郎中黃竝（1822-）為乙副使，率團進貢，四禮並進。次年（1869）正月二十九日到達燕京，四月十日自燕京回程，十一月十三日返抵南關，前後歷時約一年半。

嗣德二十二年（1869）這次歲貢的經過，甲副使阮思僩撰有《燕軺筆錄》，前有「公文」，後有「日程記」，加以記錄。我們從他的記錄之中可以看到沿途常有中國官員贈送圖書，包括《小學》、《協時憲書》、《築寨圖說》、《十三經集字》、《包孝肅奏議》、《孝經》、《太上感應註案》、《暗室燈》、《是人便讀》等等。至於越南使節自購圖書的情況呢？阮思僩《燕軺筆錄》僅見以下二處二月在燕京的記載：

> （十八日）巳刻，同三陪臣往書肆看閱書籍。據各店主云：「江南書板為多，自兵火之後，刻板散亡，未及重刊，書目日闕而書價日高，職此之故。」

> （二十日）富陽縣員蘇完成瑞來館拜會，因恃他看買人參、海狗腎、冰片、空清各項。……並問奇書、秘書諸書目，良久辭去。（越南漢喃研究院圖書館藏 A.852號抄本）

值得注意的是，越南使節一次如清行程往往有不只一種的記錄，一八六九年例貢除了阮思僩《燕軺筆錄》之外，尚有黎峻、阮思僩、黃竝三人共同署名的奏本《如清日記》存世。

經查《如清日記》二月十八日、二十日的內容，並沒有阮思僩、黃竝一同去北京的書店看閱書籍、和店主聊天，以及向人打聽奇書、秘書書目的記載；

不過它在三月有三天，倒是記載了《燕軺筆錄》所沒有交代的購書活動：

> （拾參日）……午刻，接尚膳司楊永福、宜連奎等，遞將羊肉各項餅就
> 館，傳稱奉大皇帝頒賜，臣等具朝服于館中拜領訖，仍給發差人銀兩土
> 物錢文；又給發車夫錢文，**買書籍載回**，並買藥材服用。

> （拾五日）委行人通事遞將土儀銀兩送好委員王復吉登盡，給發車夫錢
> 文；**又買書籍載回公館**，給發車夫錢文。

> （拾玖日）飭行人往諸舖戶**看買書籍，載回公館**，給發車夫錢文，並換
> 兌銀兩取錢需用。（越南漢喃研究院圖書館藏 A.102 號抄本）

至於他們在北京究竟買了多少書？什麼書？還是沒有明確交代。不過，我們可
以確定他們在京期間所費不貲，因此需要不斷兌換銀兩支應。他們所購買的書
籍數量絕對不在少數，最明確的證據出現在《護送越南貢使日記》。

　　《護送越南貢使日記》的作者馬先登，是當年協助護送越南貢使的中國官
員之一，他所寫下的這部日記，有序云：

> ……迺其陪臣等，亦復文雅好學，**買京師書籍滿二十簏以歸**。（《歷代日
> 記叢鈔》第79冊）

這滿滿二十箱的京師書籍，乃越南使節在北京書肆自由選購而得，看樣子是連
同沿途獲贈的眾多圖書一起都被運回越南去了。

（三）一八七〇年代，陳文準歸梓版行《五類遺規》

　　被使節買回越南去的中國書籍，私人購買者當然會自己留著，若用公帑購
置的官書當置於內閣書樓供皇帝閱覽，此外，使節們還會將它們拿來作怎樣的
利用嗎？會的，他們有的會予以重刻，以廣流傳，嗣德二十三年（1870）集賢

院編修陳文準「奉使如燕，得陳氏《五類遺規》，歸梓版行」（《大南正編列傳二集》卷三十八，《大南實錄》第20冊，頁8041），就是一個典型的個案。

按所謂《五類遺規》，中國原書本名《五種遺規》，越南因避「種」字乃改之為「類」。《五種遺規》係清朝重臣陳宏謀（即陳弘謀，1696-1771）所編，是《養正遺規》、《訓俗遺規》、《從政遺規》、《教女遺規》、《在官法戒錄》等五種書的合集，收入《四部備要》子部儒家類。嗣德二十三年（1870），集賢院編修陳文準擔任乙副使，與正使阮有立、甲副使范熙亮「奉使如燕，得陳氏《五類遺規》」。他重刻《五類遺規》的時間是在嗣德三十一年（1878），刊刻的地點是在興安省關聖廟。現據越南漢喃研究院所藏《五類遺規》以觀，陳文準重刻時還做了摘錄和改編的工作（增入《訓俗遺規補編》，刪去《在官法戒錄》）。

陳文準歸梓版行《五類遺規》的影響是比較大的，我們發現越南另一位曾與潘清簡、魏克憻一同出使富浪沙（即法蘭西）、衣坡儒（即西班牙）的使節范富庶，他也在一八七〇年代捐刻過《五類遺規》中的《從政遺規》。甚至直到成泰六年（1894），尚有輔政府群臣倡言《陳氏五規》「嘉言善行，洵堪考鏡」，其中的《從政遺規》「尤為當官切要」，但礙於「卷帙繁多，難於遍讀」，於是找人又加以「摘要約鈔」，詳加訂正之後，奏請皇帝用石印《從政遺規》一卷（書名作《從政遺規約鈔》），頒給國子監與清化以南並北圻諸省，「飭各府縣並諸學堂傳鈔」。

一部書被越南使節帶回去之後，竟在中國域外一再翻刻，受到如此高度的重視，這種現象在陳宏謀編輯《五種遺規》時是怎麼也預料不到的吧！

（四）一八八〇年代，阮述在中國各地書局買書

關於清代越南使節在中國的購書經驗，最後的一個例子理當落在阮述（號荷亭）身上，因為他是最後一位奉使到北京朝貢的越南正使（甲乙副使為陳慶洊、阮懽），時間始自嗣德三十三年（清光緒六年，1880）六月，同時他也是越南在被法國全面佔領之前最後一次被派遣到天津求援的使節團副使（正使為范慎遹），時間始自嗣德三十五年（清光緒八年，1882）十二月。

　　阮述第一次出使中國的路線，一仍舊往，循陸路由諒山入廣西，經湖南、湖北、河南抵河北，此行著有《每懷吟草》三卷。在他的《每懷吟草》裡，我們可以看到他往返途中都曾獲贈圖書，而購書記錄則只有一筆，見於卷上的〈梧州十首〉，這組詩寫到他在廣西梧州的生活見聞，包括當地水程近通廣東，市面洋貨頗多，有商店懸掛「不二價」招牌的社會情況，其第十首作：

> 玻璃窗裡燦珠璣，悅目雖多愜意稀；
> 獨喜街頭書價賤，再來應購滿船歸。（越南漢喃研究院圖書館藏 VHv. 852號抄本）

看來阮述乃嗜書之士，玻璃櫥窗裡的明亮珠寶他不中意，最吸引他的還是廣西梧州街上那些便宜販售的中國書籍；而他當時正在赴京的路上，攜帶不便，無法多買，若是回程再經此地，應當會大肆採購，購得滿船而歸才對。

　　阮述第二次出使中國是採水路，由峴港入香港，經上海抵天津，此行撰有《往津日記》，書中把他在各地書局買書的情況交代得很完整：

> （十二月廿九日，香港）至文裕堂買書。

> （一月初七日，廣州）是晚至五雲樓買書，樓已失火，移居他店，書籍亦多殘缺。

> （三月初六日，天津）至見得齋書店，見有搨賣名人字蹟。余乃買李中堂、李文田所書楹聯二對攜歸。

> （四月初二日，天津）晚與黎碧峯散步至書畫舫。（書畫舫係鋪號，為裝裱書畫之所。主人姓李名壽彭，字紫卿。）

> （九月初九日，天津）在館悶甚，乃與杜富肅步至書畫舫。又至官書

局，買書數本而回。該局於去春開設，李中堂以北地書少，乃委派員人準領公銀，販運江、浙以南諸省（江南、江西、浙江、湖南、北、廣東）書籍至天津，依原價出售（由招商局輪船搭載至津，不取船腳，並免關稅），俾寒士易於購買，或請就局領書稽考者亦有，惟不准攜歸，誠惠士林之善舉也。局內董辦為補知府謬宜，並司事數人，薪水之費，則另由官給。

（十一月初九日，上海）至掃葉書房買書。（陳荊和編註《阮述〈往津日記〉》）

透過阮述在各地書店買書經驗的記錄，我們多少可以知道在一八八〇年代香港、廣州、天津、上海有哪些著名的書店在營業，特別可貴的是他對天津「官書局」原價售書和開放現場借書的描述，這對於我們了解晚清名臣李鴻章創辦「官書局」的情形提供了很大的參考價值。

三 清代越南使節在中國的刻詩立碑

介紹清代越南使節在中國的購書經驗，知道他們如何想方設法地把中國書籍帶回越南之後，我們再來說說另一個有趣的話題，那就是他們在中國留下了什麼東西？

本人先前曾撰〈清代越南使節於中國刻詩立碑之文獻記載〉一文，初步發現至少在中國廣東清遠的飛來寺、廣西桂林全州的湘山寺、湖南祁陽的浯溪碑林、江西南昌的滕王閣、河南湯陰的岳王廟、河北邯鄲的呂仙祠，以及山東鄒縣的亞聖（孟子）廟、山東濟寧的仲夫子（子路）廟等八處，現場都曾有越南使節在該地刻詩立碑的記錄。這些中國各地現存的越南詩碑，是越南使節於中國題詩的早期版本，有助於越南北使詩文的精確校勘，並且了解使節詩作的修改過程；同時，經過大量燕行文獻的整理與現場的田野考察，一定也很有機會發現更多中國各地現存的越南詩碑及其相關作品，可以充實當地的傳統文化資

產，進而發揚其在中外文化交流史上的人文價值。（《中正漢學研究》2017年第1期，頁173-202）

後來我就是在上文的基礎上，開始著手進行現場的田野考察，上述八處大致都先走過了一遍，獲悉有些地方因天災或人禍，文物嚴重毀損，越南詩碑已不復可見，在遍尋不著的情況下，不免令人感到失望惆悵；有些地方則符合原來的越南文獻記載，當親眼見過越南使節詩碑仍完好地豎立在現場時，儘管碑刻出現風化或斑駁的狀況，倒仍令人發思古之幽情；另外有些地方，根據原始的文獻記載線索追蹤至現場，結果想找的沒找到，但卻意外又發現了當地另有更多越南使節詩碑的存在，直教人驚喜不已！現在我就挑選我在河南湯陰岳王廟的新發現來與大家分享。

（一）越南使節題寫湯陰岳王廟詩文與立碑記錄

為了讓大家對清代越南使節與河南湯陰岳王廟的關係有個比較全面的了解，我們有必要復述並增訂越南方面相關文獻記載如下：從清道光五年（1825）潘輝注行經湯陰在他的《華軺吟錄》留下〈岳武穆王祠〉詩作開始；同時，黃碧山《黃碧山詩集》（1825）有〈過湯陰（縣）岳武穆故里〉；其後，潘輝注第二次北使詩集《華軺續吟》（1831）又有〈謁岳王祠〉；黎光院《華程偶筆錄》（1833）有〈過岳武穆王廟〉；李文馥《周原雜詠草》、《使程遺錄》（1841）都有〈謁湯陰岳武穆王祠〉；范芝香《郿川使程詩集》（1845）有〈題岳武穆王廟二律〉、〈再題岳武穆王廟〉；裴櫃《燕行總載》、《燕行曲》（1848）也都寫到「湯陰岳廟松楸古，正氣昂昂彌宇宙；誤宋權奸階下囚，天理人心公好惡」；阮保《星軺隨筆》（1848）有〈經岳飛祠〉；阮文超《方亭萬里集》（1849）有〈岳武穆王故里瞻謁靈祠感成〉；潘輝泳《駰程隨筆》（1853）有〈謁岳王祠〉；黎峻、阮思僩、黃竝《如清日記》（1869）和阮思僩《燕軺筆錄》都有關於他們經過岳武穆王廟進香的日記，另外阮思僩的《燕軺詩文集》也有一首〈謁湯陰岳武穆王祠敬題〉；此後，范熙亮北使詩集《北溟雛羽偶錄》（1871）有首〈謁岳王祠〉，其《范魚堂北槎日紀》在往程與回程也都有所記載；裴文禩《萬里行吟》（1876）有首〈湯陰謁岳武穆王廟敬題〉；阮述《每懷

吟草》（1881）也有首〈陽（湯）陰謁岳武穆王祠〉。

我們一開始會認定河南湯陰岳王廟必有越南使節詩碑，乃是根據范熙亮《范魚堂北槎日紀》自己的記錄。越南阮朝嗣德二十三年（清同治九年，1870）冬十月遣使如清，以署工部右侍郎兼管翰林院阮有立充正使，光祿寺少卿辦理刑部事務范熙亮充甲副使，侍講領按察使陳文準充乙副使（《大南實錄正編第四紀》卷四十三，頁6616）。此行甲副使范熙亮說他於嗣德二十四年（清同治十年，1871）七月初一日午經湯陰縣，謁岳王祠，提到它「廟制壯麗，庭前松柏參天，石刻題咏甚多」；返程時，十二月十二日午抵湯陰縣，再入謁岳王祠，「觀前日所囑豎題詩石碑（自註云：高弍尺五寸，闊一尺五寸），已完，立於庭上之左，字刻亦精美（自註云：詩錄別集），因留工銀。」（《范魚堂北槎日紀》，頁64a）這則日記說他曾「自費」在湯陰岳王廟立了一塊詩碑，連碑的尺寸大小都記載得很清楚，至於是誰同意他在岳王廟前庭立碑的，日記並無交代。外國使節居然能夠自費在中華大地上刻詩立碑，此事恐非尋常，箇中緣由著實讓人感到好奇。

（二）范熙亮〈謁岳王祠〉詩碑已不見於河南湯陰岳王廟

為了一睹范熙亮〈謁岳王祠〉詩碑的廬山真面目，二〇一七年六月十七日，本人在河北師範大學文學院霍現俊和河北工程大學中文系楊國玉、文物與博物館學系杜獻寧三位教授的陪同下，從河北邯鄲驅車到一小時車程距離的河南省湯陰市岳王廟進行現場勘察，行前內心是充滿無限期待的。

根據設於湯陰岳王廟內的岳飛紀念館在一九九〇年統計，湯陰岳王廟存有明、清石刻二〇一塊，這次我們去到現場，猶如看到了一八七一年范熙亮所言「石刻題咏甚多」的相似畫面，差別在於這些石刻的位置可能都被挪動過了，因為一一九六六至一九六八年冬天「文化大革命」運動以「破四舊」之名對岳王廟進行了嚴重的破壞，「廟內所有匾額、楹聯被摘掉……；大部分碑碣被推翻，部分被砸。」一九六九年春天縣文化館占用岳王廟改為「毛澤東思想宣傳站」，同年，文化館工作人員「將廟內遺留的重要碑刻，外部砌成平面，寫上標語及毛澤東語錄」，始得倖存。（殷實學、陶濤主編《岳飛廟志》，頁55）這

些倖存的碑刻，現在有許多都是被不規則地重砌在山門與儀門之間左右兩側的牆上。

遺憾的是，經過我們四人一方一方仔細檢視，不斷地尋尋覓覓，卻始終找不到那塊原高二尺五寸、闊一尺五寸、字刻精美的范熙亮〈謁岳王祠〉詩碑的蹤跡，不禁大失所望。

當然，找到會有找的喜悅，找不到呢，其實也有找不到的意義，這樣更加證明了范熙亮《北溟雛羽偶錄》所錄〈謁岳王祠〉詩的獨一無二的文獻價值，因為反過來說，河南湯陰岳王廟舊庭之左已消失的那方外國使節詩碑，正是靠越南北使詩集的存在而獲得了絕無僅有的記錄，詩曰：

> 十二金牌宋國虛，千秋浩氣礴扶輿。
> 英雄屈死心何怨，廟社平沉事莫如。
> 河北書生勞扣馬，湖西老子穩騎驢。
> 誰人聚鐵還成錯，剷盡奸形恨有餘。（《越南漢文燕行文獻集成（越南所藏編）》第21冊，頁67-68）

這塊已在湯陰岳王廟現場消失了的石碑上，曾鑴刻越南使節范熙亮在旅途中熟練運用「河北書生勞扣馬，湖西老子穩騎驢」的典故，足見其對岳飛掌故的瞭若指掌，這位宋代民族英雄的諸多故事無疑已深深烙印在越南文人的心中。

（三）意外的發現之一：王有光〈謁湯陰岳忠武王廟〉詩碑

雖然這次的田野調查，范熙亮〈謁岳王祠〉詩碑已不見於河南湯陰岳王廟的狀況令人遺憾，不過皇天不負苦心人，我們竟然意外地在現場發現到另外六塊與越南使節有關的碑刻。

其一是王有光的〈謁湯陰岳忠武王廟〉詩碑，位於山門入口右側牆背，碑刻的內容為：

〈謁湯陰岳忠武王廟〉

宋家鸎孼罪人謀，終古紛紛論未休。

遺恨兩宮勞百戰，精忠一節足千秋。

河山不逐鶯花改，風雨猶聞草木愁。

天為英雄長解甲，燕雲今是帝王州。

道光戊申嘉平月中浣天南陪臣王有光拜題

　　根據《大南實錄》的記載，王有光曾兩度出使中國（《大南實錄正編第三紀》卷四十六，頁5348；《大南實錄正編第四紀》卷一，頁5708），第一次是在紹治五年（清道光二十五年，1845），由內閣侍讀陞授侍講學士充乙副使，與正使禮部左侍郎張好合、甲副使鴻臚寺卿范芝香同行，此行他曾在行經湖南祁陽浯溪留下了一塊詩碑（詩曰：「三五往事老元君，到處湖山獨爾聞。近水亭臺千古月，橫林花草一溪雲。崖懸石鏡留唐頌，雨洗苔碑起梵文。題詠曷窮今昔概，滿江煙景又斜暉。」尾署：「道光二十五年孟冬月上浣／越南使王有光題」。）；第二次是在紹治七年、嗣德元年（清道光二十八年，1848），由已任禮部右侍郎的他和光祿寺卿阮保擔任甲乙副使，陪正使刑部右參知裴樻（曾名裴玉櫃，至是改回原名裴樻），往告國恤，並攜帶阮登楷奏摺奏擬懇請清廷派使於富春（順化）舉行邦交鉅典，這一次他又在河南湯陰岳王廟留下了第二塊詩碑。

　　紹治七年、嗣德元年使華的正使裴樻，此行留有《燕行總載》、《燕行曲》，乙副使阮保也寫下了一部《星軺隨筆》，但他們兩位關於岳王廟的詩作，並未出現在廟內；在越南，我們並未見到王有光的詩文集存世，因此這次在湯陰岳王廟發現王有光留在中國的第二塊詩碑，確實彌足珍貴。

　　我們細看這塊〈謁湯陰岳忠武王廟〉詩碑的左下方，尚刻有「奉祀生岳奇對督工」等幾個小字，值得注意。

（四）意外的發現之二：枚德常〈湯陰謁岳忠武王廟〉詩碑

　　其二是枚德常的〈湯陰謁岳忠武王廟〉詩碑，位於山門入口右側拱門邊的

牆面上，碑刻的內容為：

〈湯陰謁岳忠武王廟〉

痛飲黃龍志未伸，金牌奸檜促何頻。

兩宮遺恨淪沙漠，三字奇冤泣鬼神。

宋室長城真自壞，岳家正氣浩難泯。

風雲為護叢祠在，桑梓千秋薦澗蘋。

道光己酉越南使鴻臚寺卿枚德常貞叔拜題

《大南實錄》載：「帝以開年屆如清歲貢，命禮部右侍郎潘靖充正使，鴻臚寺卿枚德常充甲副使，翰林院侍講學士阮文超充乙副使。」（《大南實錄正編第四紀》卷三，頁5756）這趟出使中國歲貢於嗣德二年（清道光二十九年，1849）啟程，乙副使阮文超此行撰有《方亭萬里集》、《如燕驛程奏草》等書，據《方亭萬里集》載，他們啟程之初，還在廣西桂江見到了前部如清告哀返國的使節裴樻、王有光、阮保三人，彼此賦詩唱和。

今查阮文超《方亭萬里集》，其中有〈岳武穆王故里瞻謁靈祠感成〉詩，我們在湯陰岳王廟現場未見，但找到了甲副使枚德常留在中國的〈湯陰謁岳忠武王廟〉詩碑。枚德常未見詩文集存世，即使一八四八年和一八四九年的二部使節團曾在廣西唱和，我們也未能從中尋獲王有光和枚德常的其他詩作，因此發現鴻臚寺卿枚德常的這塊詩碑，也是很有價值的。

（五）意外的發現之三：潘輝泳、范芝香等人之捐銀碑

其三是潘輝泳、范芝香等越南使節的捐銀碑，與枚德常〈湯陰謁岳忠武王廟〉詩碑隔一拱門砌於牆上，碑刻無題，內容作：

癸丑（咸豐三年，1853）夏，前中堂訥公視師懷慶，過先祠，見神像楦楹俱形闇淡，倡義捐廉，令對塗艧，對敬延鄉耆督工修理，旬月告竣，謹將捐賚姓氏勒石垂後，以誌不朽云。

大學士直隸總督訥爾經額　　捐銀壹佰兩

　　　　　　　　　劉　亮　　　　　　　　李錫□

　　　恩　　　　武文俊　　　　　　　　張榮封

越南國　貢部陪臣　潘輝泳　捐銀貳拾兩　　督工　唐炳元

　　歲　　　　　范芝香　　　　　　　　蘇喬年

　　　　　　　　阮有絢　　　　　　　　楊大同

　　　　　　　　阮　惟　　　　　　　　蘇佩訓

咸豐七年歲次丁巳仲秋二十四世奉祀奇對泐石謹記

　　越南嗣德六年（清咸豐三年，1853），國王阮福時命二部同時如清，一部是謝恩使部，派吏部左侍郎潘輝泳充正使，鴻臚寺卿劉亮、翰林院侍讀武文俊充甲乙副使，答謝嗣德二年「邦交禮成」（清廷命廣西按察使勞崇光往封），二年正派嗣停，到了六年始與癸丑貢例併遣；這年，歲貢正使是時任禮部左侍郎的范芝香，甲乙副使是侍讀學士阮有絢和阮惟二人。（《大南實錄正編第四紀》卷八，頁5858）正由於是二部同行，所以湯陰岳王廟捐銀碑才會一次出現六位越南國使節的姓名。

　　倘若我們單看潘輝泳的《馹程隨筆》，其中有〈謁岳王祠〉一詩，可以確定一八五三年二部使節團曾拜謁湯陰岳王廟，但他們捐銀二十兩助修湯陰岳王廟的事情，則是靠現場這塊捐銀碑才得到佐證的。

　　在這塊岳王廟捐銀碑的末行，署「咸豐七年歲次丁巳仲秋二十四世奉祀奇對泐石謹記」，可見岳家第二十四孫岳奇對是在大學士直隸總督訥爾經額、越南使部於咸豐三年（1853）聯合捐資重修岳王廟的四年後（咸豐七年，1857）才予以立碑紀念的。

　　這位岳奇對，曾出現在上面介紹的王有光〈謁湯陰岳忠武王廟〉詩碑上，如此看來，王有光題於一八四八年的〈謁湯陰岳忠武王廟〉詩、枚德常題於一八四九年的〈湯陰謁岳忠武王廟〉詩，極可能也是一八五三年重修之後甚至是到一八五七年泐捐銀碑時，才由「奉祀生岳奇對督工」所立，當事人（王有光、枚德常、潘輝泳、范芝香等越南使節）自己應該並不知情。

（六）意外的發現之四：阮思僩無題詩碑

其四是阮思僩的無題詩碑，目前砌於枚德常〈湯陰謁岳忠武王廟〉詩碑所在的右邊牆上，碑刻的內容為：

> 漫把杭京作汴京，十年竟自壞長城。
> 中原豪傑英雄淚，當日君臣父子情。
> 湖上跨驢無舊友，軍前叩馬有狂生。
> 祇今河朔瞻祠廟，萬樹松風怒未平。
> 己巳春正月上吉　越南阮思僩敬題

此處之己巳年，即越南嗣德二十二年（清同治八年，1869）。自從嗣德六年（清咸豐三年，1853）二部同時如清之後，中國發生了太平天國之亂，道路受阻，繞越無從，為了保障越南使團的安全，也為了保存清廷的顏面，丁巳（咸豐七年，1857）例貢、辛酉（咸豐十一年，1861）例貢、乙丑（同治四年，1865）例貢連續三度展緩，到了嗣德二十一年才奉准合併己巳例貢，於次年四貢並進。這次派遣的使團，以署清化布政使（實授翰林院直學士）黎峻充正使，鴻臚寺少卿辦理戶部（授陞鴻臚寺卿）阮思僩為甲副使，乙副使是兵部郎中（改授侍讀學士）黃竝。（大南實錄正編第四紀》卷三十八，頁6516）

此行，黎峻、阮思僩、黃竝共同署名的《如清日記》記載：「（正月）初陸日早，給發湯陰縣辦差土物錢文，進行。巳刻，經過岳武穆王廟，進香，給發岳王貳拾五世孫岳秀寔銀兩。」甲副使阮思僩個人的《燕軺筆錄》也說：「初六日早發……，抵湯陰縣城，入謁鄂岳武穆王岳公祠……，古來題詠刻石列庭前，並于牆外嵌石，不可勝紀。……謁悉，小坐客舍，王二十五世孫生員岳秀寔，出《家譜圖》相示，明太學郭樸為之序，蓋留守湯陰祖廟者，岳霖之後，餘皆散處江浙嶺表。」對照湯陰岳王廟阮思僩詩碑左下方小字所署「二十五世奉祀岳秀寔勒石」，可知為越南使節刻詩立碑者，仍是岳家祖廟新一代的守廟者。

這塊阮思僴詩碑雖然無題，不過該詩收入阮思僴的《燕軺詩文集》，詩題原作〈謁湯陰岳武穆王祠敬題〉，越南漢喃研究院所藏編號 A.199抄本有朱筆改原抄詩題「汾陰」為「湯陰」，這是對的。阮思僴這塊詩碑的發現，對於該詩的正確校勘也有作用，例如 A.199抄本改原抄「英傑淚」為「英雄淚」，也與岳王廟詩碑內容一致。不過，抄本尾句原抄作「萬樹松風怒未平」，與岳王廟詩碑所刻相同，後來「樹」字又被以朱筆塗改為「壑」，則不知是何依據？

湯陰岳王廟阮思僴詩碑的發現，還提供了一個我們深入理解范熙亮作品的機會。首先，范熙亮《北溟雛羽偶錄》所錄〈謁岳王祠〉詩的第五、六句「河北書生勞扣馬，湖西老子穩騎驢」的用典，應該正是參考阮思僴〈謁湯陰岳武穆王祠敬題〉的第五、六句「湖上跨驢無舊友，軍前叩馬有狂生」而來。其次，范熙亮《范魚堂北槎日紀》在往程同治十年（1871）七月初一日對於湯陰岳王廟的種種描寫，也很明顯有「抄襲」阮思僴《燕軺詩文集》的嫌疑。再者，《范魚堂北槎日紀》也寫到「王二十五世孫生員岳秀寔，蓋霖之後，守祖廟者」，這不免讓我們聯想到范熙亮極可能是親眼看到了二年前阮思僴的題詩石碑被岳秀寔刻豎在廟裡，所以他也興起了支付工銀、如法炮製的念頭。

（七）意外的發現之五：阮述無題詩碑

其五是阮述的無題詩碑，現位於山門入口左側拱門右邊的牆面上，其內容為：

> 巍巍鄂王祠，鬱鬱湯陰里。停輿拜遺像，拂石讀銘誄。
> 鴻文耀奎壁，餘音奏商徵。惜王遽班師，悲王被讒毀。
> 椎胸慟二帝，擢髮罵佳士。逝者自貽名，作者苦殫技。
> 嗟嗟豪傑才，遭遇每如是。矧當宋運微，會屬賢人否。
> 弔古豈勝哀，論功難盡美。惟王報國心，精忠獨自矢。
> 王神雖在天，王言猶在史。生平勞政慕，今日式筵几。
> 碌碌世途中，令人覥然恥。雕蟲曷足云，效顰聊復爾。
> 願將王訓辭，告我百君子。文臣不愛錢，武臣不惜死。

佩此十字銘，奉作千秋軌。流芳辟銅臭，敵愾清郊壘。

庶幾挽頹波，貪廉懦亦起。天下見太平，潛靈諒有喜。

光緒七年四月二十六日　越南阮述孝生拜題

　　越南嗣德三十三年（清光緒六年，1880），遣使如清，由吏部右侍郎充辦閣務改授禮部銜的阮述擔任正使，侍讀學士充史館纂修改授鴻臚寺卿的陳慶洊擔任甲副使，兵部郎中改授侍讀學士的阮懽擔任乙副使。（《大南實錄正編第四紀》卷六十三，頁7073）正使阮述於次年（光緒七年，1881）四月行抵湯陰岳王廟，題了這首名為〈湯陰謁岳武穆王祠〉的五言古詩，該詩收入阮述的《每懷吟草》，見於《越南漢文燕行文獻集成》第二十三冊頁六十五至六十六。可惜《越南漢文燕行文獻集成》選用漢喃研究院編號 A.554的抄本並不精良，題目與內容二處「湯陰」均誤抄作「陽陰」，又如詩碑「嗟嗟豪傑才，遭遇每如是」二句它作「嗟嗟豪傑才，遭逢多如是」，詩碑「佩此十字銘，奉作千秋軌」二句它則作「佩此十字銘，餘觀可止止」，岳王廟現存阮述詩碑上第一手的詩句可供作校勘之用。

　　此外，岳王廟現存阮述詩碑左下角有小字刻署「二十六世奉祀生岳永昌」，這也是應該留意的地方。

（八）意外的發現之六：陳慶洊〈謁岳忠武祠〉詩碑

　　其六是陳慶洊的〈謁岳忠武祠〉詩碑，它現在擺放的位置就在山門入口左側拱門左邊的牆面上，與阮述詩碑隔門並立，其內容為：

〈謁岳忠武祠〉

四字銘心一字和，二杭氣數奈天何。

中原父老香盆在，五國君臣雪窖過。

半局已成金世界，豐碑猶勒宋山河。

當年不扑生秦檜，終古英雄飲恨多。

光緒辛巳清和月　越南陳慶洊子震拜題

　　清光緒辛巳（七年，1881）清和月（四月），侍讀學士充史館纂修改授鴻
臚寺卿的陳慶溎擔任甲副使，與正使阮述一起來到湯陰岳王廟，一起題詩歌詠
岳飛故事，一起被刻詩立碑在現場，直到現在仍然被擺放在一起，這真是難得
的事。阮述此行著有《每懷吟草》，陳慶溎則未見詩文專集存世，因此他被保
留在中國的這首詩也顯得格外珍貴。

　　湯陰岳王廟所存陳慶溎〈謁岳忠武祠〉詩碑，其尾端雖然未署勒石者或督
工者姓名，不過合理推測，這塊詩碑應該也是「二十六世奉祀生岳永昌」所為
才對。

　　范熙亮〈謁岳王祠〉（1871）詩碑，最初是本人鎖定河南湯陰岳王廟做為
清越南使節於中國刻詩立碑考察地點的惟一線索，出人意表的是它已在當初立
碑的現場消失，不過由於現場另有王有光等詩碑的存在，也讓我們終於解開了
范熙亮得以非比尋常地「自費」在中國刻詩立碑的謎團，原來這一切都跟岳家
祖廟的奉祀生有關。各代湯陰岳王廟的管理者（二十四孫岳奇對、二十五世孫
岳秀實、二十六世孫岳永昌），似乎格外重視越南使節對岳飛故事的題詠與捐
獻，所以清道光、咸豐、同治、光緒年間至少立過七塊（含消失的范熙亮的
〈謁岳王祠〉）以上的越南使節碑刻，為數不少，而且大多數是守廟者事後所
為，當事人自己可能大都並不知情，故未普遍出現於越南漢文燕行文獻之中，
若非進行現場考察，單靠文獻記載是絕對掌握不住的。

四　結語

　　以上分享的「清代越南使節在中國的購書經驗」，讓我們看到一八三〇年
代、一八六〇年代、一八七〇年代、一八八〇年代出使中國的汝伯仕、阮思
僩、陳文準和阮述等越南的「讀書人」（身兼官員、詩人等多重身分），他們在
使華之路上經常可以結交中國文官或朝鮮使節，獲得這些朋友饋贈詩文集與各
式圖書，而且還有機會在中國親自選購典籍，博覽群書，成為北書南傳的重要
媒介者。這些經由使節運回越南的官書，不是商品，同一種書的數量必定有
限，但為求擴大影響，使節會自行捐刻或奏請皇帝頒行，而好觀北書的皇帝也

樂於用這種方式來解決國內進口中國書量少、價高的問題，並藉以訓練官員、教化百姓。我們考察清代越南使節在中國的購書活動，留意他們於十九世紀穿梭於各地書局的經驗，絕對有助於我們認識當年中越文化交流的真相，同時也可以提供了我們建構中國書坊史、清代出版史的珍稀史料。

再者，透過「清代越南使節在中國的刻詩立碑」的介紹，我們可以看到一些遺留在中國的越南文學史料，以河南湯陰岳王廟地意外發現為例，這些越南使節詩碑的存在，為我們揭開了他們在中國刻詩立碑的若干謎團，同時無論是對越南北使詩文的挖掘、校勘，或對中越文化交流的歷史記憶，都具有寶貴的學術價值。當我們了解到除了官方的禮遇立碑之外，另有私家碑刻的豎立模式之後，我們等於也接收到一個重要的訊息：在越南使節燕行路線之上，說不定還有不少私家事後為越南使節刻詩立碑的處所，猶待中國各地學者繼續努力發掘。

由此可見，越南使節文獻研究的意義的確不小，值得我們加以高度重視。

後記：此一講稿內容，主要出自本人二篇學術論文，讀者若有興趣，可詳參全文：〈清代越南使節在中國的購書經驗〉，收入陳益源：《越南漢籍文獻述論》（北京：中華書局，2011年），頁1-48；〈清代越南使節於中國刻詩立碑之現場考察：河南湯陰岳王廟〉，胡志明市人文與社會科學大學文學系主編：《越南與東方思想文化交流》（2017年），頁956-975。

東坡人生的意外旅程

王偉勇

國立成功大學名譽教授

一 認識東坡

　　蘇軾，字子瞻，號東坡，四川眉山人。出生於宋仁宗景祐三年（1036），卒於宋徽宗建中靖國元年（1101），享年六十六。他的形象，我曾作一首五言絕句予以概括：

　　　　變中存不變，知足度人生；觀物無拘執，心空氣自平。

所謂「變中存不變」，是指東坡對於一切現象，常兼顧「變」與「不變」兩面向，予以思索，所以較常人看得透徹。譬如二十六歲，第一次任官，赴陝西鳳翔時，寫了一首〈和子由澠池懷舊〉，詩中清楚的告訴弟弟蘇轍（字子由，自號潁濱遺老，1039-1112），雪泥鴻爪、老僧、壞壁等，只要有形的東西，一定會「變」；但與這有形之人、物相處的往事，則長駐心中，永遠「不變」。而人就是要記取「不變」的美好，又何必為會變的「形體」而苦惱呢？到了四十七歲，被貶黃州的東坡，在〈前赤壁賦〉中甚至說出了：「蓋將自其變者而觀之，則天地曾不能以一瞬；自其不變者而觀之，則物與我皆無盡也。」二十年的宦海生涯，讓東坡更清楚的說出「變」與「不變」的道理，也讓人領受到東坡的理性！

　　也就因為了解人間事物存在著「變」與「不變」的現象，因此東坡對於當下的生活，總能「知足」相待，所謂「知足度人生」是也。話說東坡三十八歲

任杭州通判時，前往於潛綠筠軒去拜訪一位僧人，這位於潛僧見到通判來訪，一再為自己修身地的寒傖，感到不好意思。沒想到東坡先以「無肉令人瘦，無竹令人俗」寬慰他，接著告訴他，人的一生，想要「腰纏萬貫，騎著仙鶴，去揚州追求功名」，也就是期待「富貴壽考」俱全，是不可能的。所以能夠安身修道，期許自己像竹子一樣，守節自持，凌空無心，便是人生一大享受，這就是「知足」。三年過後，任密州太守的東坡，填了一闋〈水調歌頭〉，更說出了：「人有悲歡離合，月有陰晴圓缺，此事古難全。但願人長久，千里共嬋娟。」可知人生未必盡如人意，就像月亮不可能永遠晴明圓滿；只要逆來順受，知足常樂，自然可以長久共嬋娟了！

至於「觀物無拘執」，是強調東坡觀物的態度，不會拘泥固執，因此總能發現它的美好。譬如三十八歲擔任杭州通判，曾寫下〈飲湖上初晴後雨〉的詩。一般而言，飲酒湖上，當然天晴最起興，天雨必掃興。但東坡卻說「水光瀲灩晴方好，山色空濛雨亦奇」，就是教大家要懂得欣賞西湖晴光瀲灩之美，也要懂得欣賞它雨奇空濛之美；甚至將西湖比天生麗質的「西施」，無論「淡粧濃抹」，總是那麼教人心曠神怡！到了四十歲，任密州太守時，東坡寫了一篇〈超然臺記〉，起首便道：「凡物皆有可觀，苟有可觀，皆有可樂，非必怪奇偉麗者也。餔糟啜醨皆可以醉，果蔬草木皆可以飽，推此類也，吾安往而不樂？」充份道出了世間萬物皆有可取之處，一花一世界，一草一天堂，只要存有「民吾同胞，物吾與也」的情懷，心無罣礙，自然可以無入而不自得了！

最後說到「心空氣自平」，是總結東坡的整體素養，我認為「心空」足以當之！眾人皆知東坡的氣度，很難以一家論之；說他儒、道、釋融為一體，應該是最適切的了！而要將三家融在一塊，若非「心空」，何能致之！也就是要取儒家的「學而優則仕」，積極致君堯舜，兼善天下；不能如願時，何妨「獨善其身」，取道家的超然物外，安頓一顆不平之心；但芸芸眾生，率為生、離、死、別所苦，一位「獨善」的士大夫，也必須懷有佛陀「普渡眾生」的襟度，才無愧所知、所學！東坡就是一個這樣的人，因此在面對陽壽將盡，〈自題金山畫像〉時，說道：「心似已灰之木，身如不繫之舟。問汝平生功業，黃州惠州儋州」，從世俗的眼光看，為官貶謫是件痛苦的事，東坡竟認為那是他

「平生功業」所在。為何如此？端緣東坡此心已「空」，其「氣」自平，斷不受「塵埃」半點侵了！

二　東坡人生的意外旅程

對東坡其人有了如上的認識，接著就分段介紹他人生的三次意外旅程：

（一）黃州

神宗元豐三年（1080）二月迄元豐七年（1084）四月。

宋神宗元豐二年，東坡年四十四，被控「以文字訕謗君上」；七月二十八日，中使皇甫遵到湖州追捕，逮東坡赴京城開封，下御史臺獄。歷經一百三十餘日之會審，東坡被判：「責授檢校水部員外郎，黃州團練副使，本州安置，不得簽書公事」，這就是有名的「烏臺詩案」。對東坡而言，元豐三年二月的黃州之行，無疑是人生中的第一次意外旅程，也著實讓他驚嚇到宦海波濤，凶惡至極。除了自嘲的寫了〈初到黃州〉詩，說道：「自笑平生為口忙，老來事業轉荒唐」，還意有所指的填了一闋〈卜算子・黃州定慧院寓居作〉：「缺月挂疏桐，漏斷人初靜。誰見幽人獨往來，縹緲孤鴻影。　　驚起卻回頭，有恨無人省。揀盡寒枝不肯棲，寂寞沙洲冷。」詞中明顯以「孤鴻」自比，寫出「孤獨」、「驚嚇」、「有恨」、「寂寞」的處境；但也宣誓自己寧願品嚐這份孤獨，也不願棲宿「寒枝」，這就是東坡——不諱言訴說他的確被驚嚇了，但也不妥協這莫名的打擊！

其次，依宋代法令，文官三年考核一次，武官五年考核一次。因此，四十四歲貶黃州的東坡，在三年之間，也就是四十七歲之前，是很認命地想辦法安頓自己，才能安頓家人。尤其面對折騰他的判決，如果沒有豁達的胸襟，超脫的思想，務實的態度，任誰都難以承受。其一，依貶官之例，通常是遠離京城、遠離家鄉，可是東坡被貶的湖北黃州，偏偏與故鄉四川為鄰；又來個「本州安置」之禁令，也就是限制居住，以致「故鄉」真成了「可望不可及」的場域，何其折騰！其二，東坡是文職人員，偏安排在「水部」備位，又「不得簽

書公事」，擺明讓你閒得發慌！但這樣的折騰，東坡經由注《易》、注《論語》、手抄《漢書》等日課，以及躬耕東坡，自食其力的操作，竟也能夠安之若素！東坡於〈致范子豐書〉說：

> 臨皋亭下，八十餘步，便是大江，其半是峨嵋雪水，吾飲食沐浴皆取焉，何必歸鄉哉。江山風月，本無常主，閑者便是主人！

這是寫給范鎮（1007-1088）第三子范百嘉（字子豐）的信，信中所提的「臨皋亭」，就是東坡在黃州的住家所在；而每天「飲食沐浴」的水，就是從故鄉流過來的，可望而不可及的鄉心，可想而知。後三句道出，自然風光，亙古長在，只有「閑者」，才有空欣賞它，成為它的主人，也印證了他在黃州的「閑」！這個「閑」字，固然是無事可做的閑，也是「安之若素」，慢慢練就的閒意態！尤其四十七歲，在黃州度過三年，朝廷仍無進一步消息的情況下，東坡漸漸把一些期待，看淡看開，無形中也把心境提升了。大家熟悉的名作：〈前赤壁賦〉、〈後赤壁賦〉、〈念奴嬌・赤壁懷古〉，皆作於此時。茲更舉〈定風波・三月七日沙湖道中遇雨。雨具先去，同行皆狼狽，余獨不覺。已而遂晴，故作此〉為例：

> 莫聽穿林打葉聲。何妨吟嘯且徐行。竹杖芒鞋輕勝馬。誰怕。一蓑煙雨任平生。
> 料峭春風吹酒醒。微冷。山頭斜照卻相迎。回首向來蕭瑟處。歸去。也無風雨也無晴。

此詞特藉山中下起的一場驟雨，道出自己已然將人世的風波擺平，可以隨著樵夫、漁父逍遙度過餘生；甚至肯定這才是一種沒有憂喜、沒有負擔，夠平靜、夠自在的生活。

　　有趣的是，這些名作絕大多數都是「夜生活」的產品。或許白天為名為利的奔波生活，對東坡而言，已成過去，只有夜間的靜謐，才足以提供自己「夜

省」的契機。四十七歲如此，寫於四十八歲的〈記承天寺夜遊〉文、〈東坡〉詩、〈臨江仙・夜歸臨皋〉詞，無一不是完成於夜間，東坡在黃州儼然成為夜遊的愛好者。承天寺夜遊，是趁夜拜訪同貶黃州的張夢得（字懷民，又字偓佺），以慶幸成為「閑人」的互慰之作。〈東坡〉詩，道出「市人行盡」後，自己才得以欣賞雨後的清月，聽著手杖鏗然脆響於坡頭路的寧靜。至於〈臨江仙〉詞，上片先敘寫夜飲東坡晚歸，聽見童僕皆已鼾睡雷鳴，不便驚擾，只好「倚杖聽江聲」。下片轉而遣情，先激動的感慨此身非我有，何時能得了卻人間汲汲營營的生活？等情緒沉澱又灑然的表示，真想乘一葉扁舟，縱浪江海，度其餘生！但這僅是奢望，貶謫之名未除，「本州安置」未解，東坡那裡也去不得！

　　元豐七年（1084）四月，東坡年四十九，終於等到「量移汝州」之命，也終於能夠離開待了四年二個月的黃州。雖然一切罪名未除，只是從湖北黃州，移往河南臨汝，但地點接近京城，多少讓東坡可以有新的企盼！可是已然習慣的黃州生活，熟悉的人、事、物，在臨別之際，東坡仍不免說出了：「好在堂前細柳，應念我、莫翦柔柯。仍傳語，江南父老，時與曬魚蓑。」（〈念奴嬌・歸去來兮〉）似乎已把黃州當成了第二故鄉，甚至和黃州父老約定：後會有期。這就是東坡！即使面對的是人生中的意外旅程，他總能夠認真的看待；或許剛開始難免有些抱怨、不平，但經過自我調適之後，終究能與當地的人、事、物緊密連結，融為一體。也難怪凡是東坡經行之地，當地百姓也都會永遠的懷念他。

（二）惠州

　　哲宗紹聖元年（1094）十月迄紹聖四年（1097）五月。

　　宋哲宗紹聖元年，年輕的哲宗皇帝親自理政，以章惇為相，盡復王安石新法。於是由太皇太后高氏任用的元祐大臣，幾乎都以變亂成法、譏毀先帝得罪。時年五十九歲的東坡，在前一年九月，得知高太后崩逝，朝局將變，就以端明殿學士兼翰林侍讀學士的身分，出知定州（今河北保定市管轄）。誰知沒幾個月，就謫英州（今廣東英德），尋降一官；行至南康軍（今江西廬山），再貶寧遠軍（今廣西容縣）節度副使，惠州（今廣東惠州）安置，完整的詔令是

「責授寧遠軍節度副使,惠州安置,不得簽書公事」。

　　以上所記的貶官歷程,都發生在紹聖元年。一年之間,東坡從河北、江西奔波到廣西、廣東,顯然是有心人刻意「整」他,讓他攜家帶眷,棲棲遑遑,席不暇暖,誠可謂「八千里路雲和月」呀!但豁達的東坡,依舊不改本色,八月七日,進入江西,途經贛江最驚險的「惶恐灘」時,先敘寫眼前的場景:「七千里外二毛人,十八灘頭一葉身」,末乃自嘲的說:「便合與官充水手,此生何止略知津」,幽默夾雜著諷諭,知之者唯有天乎!十月二日抵惠州,東坡渾然忘了辛勞,說出了「彷彿曾遊豈夢中,欣然雞犬識新豐;吏民驚怪坐何事,父老相攜迎此翁。」真是樂天,也難怪當地父老會喜歡他!

　　儘管東坡可以灑然看待朝廷對他的處置,但畢竟是意外的旅程,如何安頓同來的家眷的確折騰了一陣!先寓居嘉祐寺,後遷居合江樓,經兩年的時間,終定居在「歸善縣」(是惠州治所所在)白鶴峰下,稱之為白鶴新居。此期間,東坡常閒遊之地,是嘉祐寺附近的松風亭,還為它寫了一篇〈記遊松風亭〉:

> 余嘗寓居惠州嘉祐寺,縱步松風亭下。足力疲乏,思欲就亭止息。望亭宇尚在木末,意謂是如何得到?良久,忽曰:「此間有什麼歇不得處?」由是如掛勾之魚,忽得解脫。若人悟此,雖兵陣相接,鼓聲如雷霆,進則死敵,退則死法,當恁麼時也不妨熟歇。

文中對於是否能攀上山頂,起了疑惑,也有所頓悟,於是藉兩軍對陣為喻,啟示大家面對憂患,進退維谷之際,不妨讓自己好好歇一歇,你就頓時能得到解脫,輕鬆自在!不只調整心境,面對嶺南瘴癘之地,東坡偏能欣賞它的風物之美,尤其唐代貴妃喜歡品嚐的荔枝(按:貴妃所嚐者,乃四川荔枝),東坡不只一次歌頌它,六十歲所寫的〈四月十一日初食荔枝〉,既寫它的表象:「海山仙人絳羅襦,紅紗中單白玉膚」,也寫了它的果肉:「似開江鰩斫玉柱,更洗河豚烹腹腴。」到了六十一歲所寫的〈食荔枝〉詩,除了標榜廣東「羅浮山下四時春,盧橘楊梅次第新」之外,更誇張說出:「日啖荔枝三百顆,不辭長作嶺

南人！」似乎因為能嚐到荔枝，自己也願意永遠居住廣東！

　　東坡自己或許真能隨遇而安，但畢竟是六十歲的人，又貶謫瘴癘之地，許多朋友（如詩僧參寥子）都表達想來談訪之意，考慮到大家都上了歲數，東坡這些詩篇，多少也有向關心他的朋友宣告：「本人一切安好，幸勿掛念」之意。但看在政敵的眼中，恐怕就不是那麼一回事了。試讀六十二歲所寫的〈縱筆〉這首詩：

　　　　白頭蕭散滿霜風，小閣藤床寄病容；報道先生春睡美，道人輕打五更鐘。

明明是貶謫，也有病容，東坡筆下卻寫得如此恬靜，睡得如此美好；道人還體貼的「輕打五更鐘」，怕驚醒他的春夢！看在政敵眼裡，是可忍，孰不可忍，於是哲宗紹聖四年五月，也就是東坡六十二歲時，朝廷忽有再貶謫海南之命：「責授瓊州別駕，昌化軍安置，不得簽書公事。」

　　話說東坡貶惠州之際，陪伴身邊照料他的是侍妾朝雲。她十二歲入蘇家，年屆花樣，蘇家想為她找對象，就是不依；二十一歲，在黃州時，為東坡生了一個兒子蘇遯，不幸夭折。到了廣東，朝雲三十四歲，有次東坡飯飽閒步，撫摸著肚子問道：「此中何所有？」眾人都說：「滿腹經綸」，唯朝雲回應：「一肚子不合時宜」，多敏銳的觀察與遣辭，當然獲得東坡深深讚許！也或許有著敏銳善感的性情，初抵惠州的她，不待白鶴新居完成，就因疫疾而卒，東坡將她安葬在棲禪寺大聖塔前，並建個亭子覆蔭她，名曰六如；當然是取自《金剛經・應化非真分》：「一切有為法，如夢幻泡影，如露亦如電，應作如是觀。」對東坡而言，世事之空幻無常，真如夢、幻、泡、影、露、電；朝雲之去來蘇家，亦當作如是觀。當下，東坡也充分了解朝雲，只是彩雲易散琉璃碎，朝雲是回不來了！

　　六十二歲的東坡，從此真成孤獨老人。儘管那年五月，長子蘇邁移官廣東韶州仁化縣令，挈家來惠州相會；弟弟也被貶廣東雷州（今屬湛江市），兩人相會藤州（今廣西藤縣）後，一路相伴至雷州。但陪他渡海赴儋州（今海南省西北部）的，就只有蘇過一人了！也就在臨別期間，東坡寫了一首〈吾謫海

南，子由雷州，被命即行，了不相知；至梧乃聞其尚在藤也，且夕當追及，作此詩示之〉，一共四首，末首云：

> 天其以我為箕子，要使此意留要荒；他年誰作輿地志，海南萬里真吾鄉。

此詩前兩句，以殷商的箕子自況，或許老天要我躲禍避海南，待雨過天青，也能像箕子遇賢君周武王，武王還向他徵詢治國之道一般！末兩句，就東坡而言，當然是告慰弟弟，此去海南一切隨遇，那地方真能成為我的歸鄉。但聽在弟弟或送別的親友耳朵裡，這句話無疑是「死別」的況味，大有一去不知何年再見之意。詩的感發力，可見一斑！

（三）儋州

哲宗紹聖四年（1097）七月迄元符三年（1100）六月

東坡父子抵海南時，原租住官舍，但章惇政府有「流人不許占住官屋」的命令，所以派其爪牙呂升卿、董必按察兩廣；其中董必負責廣南西路，督察雷、瓊、儋、崖四州，因此派了手下小吏渡海，依令將東坡父子逐出官舍。無屋可住，兩人便於城南南汙池側桄榔林下，結茅屋而居，東坡了無慍色，還為它取個名字叫「桄榔菴」。並在〈與程秀才書〉（按：程秀才即程天侔，是東坡在惠州結交的友人，與其子程儒先後寄日常用物、食物給東坡）中說：「尚有此身，付與造物者，聽其運轉，流行坎止，無不可者」，還是慣以逆來順受、聽天由命的態度面對它。或許這種正能量感動了當地的朋友及前來受教的學生，因此當他就近買地起屋的時候，竟也得到不少的幫助。〈與程儒書〉中，他說道：「賴十數學生助工作，躬泥水之役，愧之，不可言也。」天助自助者，斯可為證！

東坡在海南的日課，仍舊勤讀經典，續成《易傳》九卷、《書傳》十三卷。尤令人注意的是，儘管他自出守杭州時，就曾和過陶淵明的詩，但真正懂得淵明「豪華落盡見真醇」的境界，畢竟是來海南之後，因此全面和陶詩，從此開始，茲錄六十三歲所作〈和陶擬古九首〉之一如次：

有客叩我門，繫馬門前柳。

庭空鳥雀散，門閉客立久。

主人枕書臥，夢我平生友。

忽聞剝啄聲，驚散一杯酒。

倒裳起謝客，夢覺兩愧負。

坐談雜今古，不答顏愈厚。

問我何處來，我來無何有。

這首詩寫得既立體又虛無，說它立體，是我們看到一位訪客，和一位酣睡主人生動的在對話；東坡也似乎在為陶淵明「我醉欲眠卿可去」作翻案文章，寫出「倒裳起謝客」、「坐談雜今古」的熱情。說它虛無，是末結說出：「問我何處來，我來無何有」，典出《莊子・逍遙遊》：「今子有大樹，患其無用，何不樹之於無何有之鄉，廣莫之野」，如此既入又出的敘述，正道出東坡無入不自得的心境。

實則東坡到海南，何止是朋友不定時的來訪，他也經常到處「闖空門」，所以作品中，即可見類似的題材。如六十三歲所作詩，題云：「海南人不作寒食，而以上巳冢。予攜一瓢酒，尋諸生，皆出矣。獨老符秀才在，因與飲，至醉。符，蓋儋人之安貧守敬者也。」又如六十五歲所作詩，題云：「被酒獨行，遍至子雲、威、徽、先覺四黎之舍」，此組詩凡三首，其一云：

半醒半醉問諸黎，竹刺藤梢步步迷；但尋牛矢覓歸路，家在牛欄西復西。

詩中很明顯的看出，東坡根本不清楚拜訪的對象與自家居住的方向，必須尋問當地黎民；得到的答案竟是跟著「牛矢（屎）」走，歸路就在「牛欄西復西」，真是妙不可言！也就因為如此廣結善緣，所以面臨「非常時期」，東坡也自信會有人幫助他。如六十四歲所作〈縱筆三首〉之三云：

北船不到米如珠，醉飽蕭條半月無。明日東家當祭灶，隻雞斗酒定膰吾。

那年，顯然遇到青黃不接，處在他鄉異地的東坡，仍自信「東家」祭灶後，一
定會與他分享祭品；更不必說程天侔等朋友，也會老遠的從惠州寄日用品過
來！

　　此外，東坡對海南的風物、節令活動也充滿新鮮感。除了隨著當地人嚼
「檳榔」，吃「生蠔」外，也有不少記寫節令的文字。如六十四歲所作〈書上
元夜游〉：

> 己卯上元，予在儋州，有老書生數人來過，曰：「良月嘉夜，先生能一
> 出乎？」予欣然從之，步城西，入僧舍，歷小巷，民夷雜揉，屠沽紛
> 然。歸舍已三鼓矣。舍中掩關熟睡，已再鼾矣。放杖而笑，孰為得失？
> 過問先生何笑，蓋自笑也。然亦笑韓退之釣魚無得，更欲遠去，不知走
> 海者未必得大魚也。

文中充分顯示他已融入海南當地的生活，還提及韓愈在〈贈侯喜〉詩中，以釣
魚為喻，認為低濕的沮洳之地雖釣不到魚，仍然不放棄赴大海垂釣之心意。東
坡則以為，人應該面對現實，該放下就放下，「走海者未必得大魚也」；或許這
是粹然儒者，與雜揉儒、道、釋者，對於得失取捨不同之所在。至於書寫風物、
節令活動的作品，可以六十四歲所填〈減字木蘭花〉（己卯儋耳春詞）為例：

> 春牛春杖。無限春風來海上。便丐春工。染得桃紅似肉紅。
> 春旛春勝。一陣春風吹酒醒。不似天涯。捲起楊花似雪花。

此詞既寫了立春日，海南人以春杖鞭春牛，告知「土牛兒載將春到也」的氛
圍，也寫了人們剪「春旛」、「春勝」迎春的喜樂；更告知熱帶地區的海南，立
春日已然「桃紅似肉紅」、「楊花似雪飛」，鮮紅紛飛的情景，不必待到暮春三
月，豈不新鮮！

　　就在東坡陶醉在海南人物、風物的當下，也曾負著大瓢，行歌田畝，與
「春夢婆」灑然相對的時候，竟意外以赦得「量移廉州安置」（廉州，今屬廣

西），時當元符三年，年六十五。同年秋，又自廉州移舒州（今屬河南）節度副使，永州（今屬湖南）居住，甚至尚未到位，再復朝奉郎，提舉成都玉局觀，任便居住；並於歲末過大庾嶺。就當東坡要離開海南時，寫了〈澄邁驛通潮閣二首〉詩，其二云：「杳杳天低鶻沒處，青山一髮是中原」，告知中原就在眼前了。上了船行走海上，還寫了〈六月二十日夜渡海〉詩：

> 參橫斗轉欲三更，苦雨終風也解晴；
> 雲散月明誰點綴，天容海色本澄清。
> 空餘魯叟乘桴意，粗識軒轅奏樂聲；
> 九死南荒吾不恨，茲遊奇絕冠平生。

讀到此詩的後兩句，我想他的政敵恐怕也要甘拜下風了；東坡不但活著回中原，還大聲的說：我這輩子最奇絕的旅遊，就是赴海南了！甚至途經大庾嶺的時候，寫了〈贈嶺上老人〉詩，很自許的問住在嶺頭的老人：「曾見南遷幾箇回？」等於鄭重宣告：南遷沒什麼了不起，能活著回來，才是好漢！

三　結語

人的一生，遭逢意外，勢所不免。凡是不在規劃之內，不在料想之內的事，都可以稱作「意外」。這種意外，當然有幸有不幸，幸運的意外，足教人驚喜；不幸的意外，就看你如何看待了。以東坡一生而言，自神宗駕崩，太皇太后高氏臨朝聽政起，已奉准常州（今屬江蘇）居住，竟遭遇到一連串幸運的意外。時間從神宗元豐八年（1085）八月，到哲宗元祐元年（1086）八月，也就是行年五十步入五十一歲的一年之內，他竟然從復官知登州（今屬山東），一路升遷入朝廷，擔任禮部員外郎、起居舍人、中書舍人、翰林學士知制誥等官職，恐怕連他自己都意想不到！但此後這樣的「意外」就不再出現，反而是不幸的意外，接連不斷，也就本文提到的貶謫黃州、惠州、儋州。

就貶黃州而言，我們發現東坡一生最為人傳頌的文章、詩、詞，幾乎都作

於此時，包括〈前赤壁賦〉、〈後赤壁賦〉、〈寒食詩〉、〈念奴嬌‧赤壁懷古〉、〈定風波‧三月七日沙湖道中遇雨。雨具先去，同行皆狼狽，余獨不覺。已而遂晴，故作此〉等。而且這些作品絕大多數都作於夜間，飽含人生哲理，耐人再三品味。

就貶惠州而言，面對瘴癘之地的環境，朝雲辭世後的孤獨，東坡還是灑然地走出困境。放下了一肚子不合時宜的執著，體悟世事之空幻無常，再也不必計較區別了。至於面對「盧橘楊梅次第新」的惠州，東坡偏愛品嚐荔枝，取它並配「江鰩柱」（干貝）、「河豚腹」，視之為人間美味！

就貶儋州而言，東坡充分展現「民吾同胞，物吾與也」的情懷，既能結交新朋友，也能教育黎族後生；更能融入他們的生活，記寫了不少風物民情。還充分體悟陶淵明「豪華落盡見真醇」的生活境界，和作了陶淵明所有的作品。怪不得他在北還中原之際，能夠呈現「天容海色本澄清」的心境，並說出「茲遊奇絕冠平生」的豪語！本人有鑑於此，亦為東坡人生的意外旅程，作七絕一首予以總結，詩曰：

　　最愛黃崗趁夜遊，嶺南丹荔愈珍饈。儋州奇絕人情好，被酒獨行勤訪求。

中國古代思維方法與推理應用

李賢中

國立臺灣大學哲學系教授

一　邏輯與思維方法

　　由於人類的理性運作有其共同性，因此「邏輯」不僅存在於西方，中國與印度的文化傳統中，也有各具特色的推理思想。西方的 Logic 在印度稱為「因明」，在中國則曾被稱作名學、辯學、或名辯學。從中國思維方法與西方邏輯相通的一面看，固然有一些相同的要素，不過，由於自然、人文環境的不同，中、西思維方式也有其特殊性的一面，像：推理的目的不同、推理表現的方式不同、以「推類」為主的主要推理類型也不同於西方。（溫公頤、崔青田，《中國邏輯史教程》，頁5-6）在西方所發展的邏輯系統，重視推論的必然性、正確性，而中國的思維方法相對來說，則較著重實用性、有效性，像說服或改變君王的想法、論辯治國之道以及倫理、教化等問題。在表現方式方面，有時相同類型的推理，在不同文化背景下的具體特徵也不會完全相同。古希臘最早的邏輯研究受到幾何學與數學的影響，因此亞理士多德的三段論式，既有明確的論式，也有系統的推演規則。中國古代不同於希臘的這種純演繹的推理方式，而是以類比推論為主。這些差異源於不同的文化背景和社會條件，思維方法也與人們的生活方式有密切的關係。

　　雖然許多人並沒有意識到思維方法的重要性，但每個人的生活中，經常都要運用推理，解決問題。當我們進行問題思辨或道德推理時，除了學習西方邏輯之外，也要了解中國古代思維方法與與推理應用。

二 儒家的思維方法

（一）重視思維的推知作用

　　孔子認為學習與思考是相輔相成，缺一不可的，光學習而不思考，反而容易被誤導，若只是自己思考而不學習新知，則會自以為是而停滯不前。孔子說：「學而不思則罔，思而不學則殆。」（《論語・為政》）其中的「思」就是一種自省與推理。正如我們可從過去的經驗推知未來將要面臨的事情。《論語・學而》所謂：「告諸往而知來者。」此外，藉由推理，也可以使我們溫習以往的知識，推知新的知識；如《論語・為政》所謂：「溫故而知新。」思考推論是從已知的知識推導出新的知識，可以擴充人的知識領域，如《論語・公冶長》篇指出的：「聞一以知十。」從上述節錄《論語》的內容可知儒家是非常重視思考推知的作用。

（二）推論方法

　　儒家的推理方法基本上為推類法，也就是透過主客兩方面性質、人物感受、企圖或需要的類似性，如《孟子・告子上》篇指出：「故凡同類者舉相似也。」由於兩方的相似性，因此可從已知的一方進行比較以推論對方的性質、感受、期待或需要。例如：從自己的一方推知對方或他人的情況，進而賦予關懷，幫助對方；如子曰：「夫仁者，己欲立而立人，己欲達而達人。能近取譬，可謂仁之方也已。」（《論語・雍也》）又如：「己所不欲，勿施於人」（《論語・衛靈公》）這就是以自己為判斷標準，去推知別人的期待與需要。在倫理知識、道德修養方面，孔子也說：學生必須要有強烈的學習動機與真誠的努力，如果不知道多方面推理思考的話，就不再教他了。所謂：「舉一隅不以三隅反，則不復也。」（《論語・述而》）因此，儒家的推論方法，簡而言之就是：「能近取譬」與「舉一反三」的類比法或推類法。

三　道家的思維方法

（一）正言若反的表達形式

在現實的世界中，事物不斷變化，道家對於變化事物的觀察不是僅觀察其當下的情況，而是擴大視野，觀察一段變化歷程；因此在表達上就會有變化階段的前期狀況與變化歷程中的後期狀況，或觀察事物角度的轉換，而出現正言若反的表達形式。如所謂：「大成若缺，其用不弊。大盈若沖，其用不窮。大直若屈，大巧若拙，大辯若訥。」（《老子・第四十五章》）亦即圓滿的成功，看起來有所欠缺，但是他的作用卻沒有弊病；真正的完滿其中卻似有所空缺，但它的作用卻不會窮盡。其他，像曲直、巧拙、辯訥這些相反的語詞也都用「若」聯繫起來。再者，由於老子觀察到萬物都有陰陽兩面，就事物的發展而言也有剛柔、強弱或有無相生的律則，因此指出了變化歷程前後的因果關係，而有類似：「曲則全，枉則直，窪則盈，敝則新，少則得，多則惑。」（《老子・第二十二章》）這種相同事件卻出現相反的描述方式。

（二）思維方法

首先，是觀點的自覺，莊子指出人們看事物的立場或根據不同，所觀察到的結果也不相同。「夫自細視大者不盡，自大視細者不明。」（《莊子・秋水》）正如一個人要觀察大海潮汐變化，卻用顯微鏡；一個人站在高山上卻要觀察山腳下村莊中巷弄裡的小孩一般，都是徒勞無功地。

其次，是強調變化歷程的整體觀，「合抱之木，生於毫末；九層之台，起於累土；千里之行，始於足下。」（《老子・第六十四章》）切不可只看到別人最後的成功，而無視於其過程中，一步一腳印的努力。

再者，從人的主動性來說明，「天下難事，必作於易；天下大事，必作於細。」（《老子・第六十三章》）有了變化歷程的整體觀之後，人要完成一件大事就必須由簡入繁、從易入難，經微小而偉大。

四 名家的思維方法

我們以名家最早代表人物鄧析子的「兩可說」為例。（李賢中《先秦名家「名實」思想探析》，頁122-123）這「兩可說」是切割觀察範圍後在各自論域中，雖然看似合理，但是從事態的連續整體性觀察則出現荒謬的情況。如《呂氏春秋‧審應覽》：「洧水甚大，鄭之富人有溺者。人得其死者。富人請贖之，其人求金甚多，以告鄧析。鄧析曰：「安之。人必莫之賣矣。」得死者患之，以告鄧析。鄧析又答之曰：「安之。此必無所更買矣。」夫傷忠臣者有似於此也。夫無功不得民，則以其無功不得民傷之；有功得民，則又以其有功得民傷之。」有一條河流水勢湍急，有一個富翁過河時不慎溺斃，他的屍體被人撈了起來，富翁的家屬前往贖取，但撈到屍體的人索價甚高，於是富翁的家屬去請教鄧析，要如何解決。鄧析回答：「放心吧，那屍體除了賣給你還能賣給誰？」言下之意，對方一定會降價的。之後，撈到屍體的那個人開始憂慮了，也跑去請教鄧析要怎麼辦？鄧析回答：「放心吧，那屍體除了向你買還能向誰買？言下之意，對方一定會付錢買的。」綜合兩方面的「安之」，這整個情況是荒謬的，而這正是作者要用這種荒謬的情況來類比忠臣的處境，忠臣被人中傷陷害的情況與此類似，如果沒有事功、不得民心，則以此為理由中傷他；但若他有功而獲人民擁戴，則又會以其功高震主，意圖謀反來中傷他。

於此，我們可以看到類比法與兩難推論的交互運用。

五 法家的思維方法

（一）韓非的「矛盾之說」

> 客曰：「人有鬻矛與楯者，譽其楯之堅，物莫能陷也，俄而又譽其矛
> 曰：『吾矛之利，物無不陷也。』人應之曰：『以子之矛陷子之楯何
> 如？』其人弗能應也。」以為不可陷之楯，與無不陷之矛，為名不可兩
> 立也。夫賢之為勢不可禁，而勢之為道也無不禁，以不可禁之勢，此矛
> 楯之說也；夫賢勢之不相容亦明矣。（《韓非子‧難勢》）

有人賣矛與盾，吹噓他的盾多麼堅硬，任何東西都不能刺破它；一會兒又誇讚他的矛多麼銳利，任何東西都可以刺破。旁觀的人說：「用你的矛去刺刺你的盾如何？」那個賣矛、盾的人就無話可說了。「矛盾之說」的由來就在這個典故，韓非用這個例子作為一種推論的規則，應用在治理國家上，如果有人同時認為「賢」的力量無人可擋，又主張「勢」的力量可禁絕一切，這就是不能兩立的矛盾之說。

（二）多維思路發展方式：連珠體

　　韓非子推論老子的「禍福相倚」，從「禍」推出「福」的因果關係，於是形成如連珠般的推論形式。我們如果將《韓非子》原文編號，再將他推論的順序以編號呈現，就可以看出韓非子進行推論時的多線發展。

> 1.人有禍則心畏恐，2.心畏恐則行端直，3.行端直則思慮熟，4.思慮熟則得事理。5.行端直則無禍害，6.無禍害則盡天年；7.得事理則必成功，8.盡天年則全而壽。9.必成功則富與貴，10.全壽富貴之謂福。而福本於有禍，故曰：『禍兮福之所倚。』以成其功也。(《韓非子・解老》)

$$\nearrow 4. \to 7. \to 9. \searrow$$
禍　1. → 2. → 3.　　　　　　　　10.福
$$\searrow 5. \to 6. \to 8. \nearrow$$

六　墨家的思維方法

（一）三表法

> 何謂三表？子墨子言曰：有本之者，有原之者，有用之者。於何本之？上本之於古者聖王之事。於何原之？下原察百姓耳目之實。於何用之？發以為刑政，觀其中國家百姓人民之利。此所謂言有三表也。(《墨子・非命上》)

　　三表法是墨家檢證言論以及思想的三個標準。三表法在時間上含括著過去、現在與未來，本之者是根據過去聖王的經驗效用；原之者是根據過去的及現在眾人的五官經驗；用之者則是以現在和將來的經驗效用為準則。（李賢中《墨學理論與方法》，頁53）在推論上，符合三表者為正確，不符者為錯誤，三表法已有歸納法與演繹法的推理形式，如：原之者，是歸納眾人耳目之實的結果，而本之者，則視古者聖王之事為演繹推論的大前提。

（二）故式推論

　　　　〈經上〉：「故，所得後成也。」

　　　　〈經說上〉：「故，小故有之不必然，無之必不然。體也，若有端。大故有之必然，無之必不然，若見之成見也。」

　　「故」式推論，是墨家由果溯因的推論方法。所謂「故」是指產生結果的原因或理由，在推論中「故」也可視為論證的前提。小故，指的是必要條件，有了這樣的原因不必然產生某一結果，但沒有這樣的原因，則必不能產生某一結果。例如：端點是組成某一物之部分的必要條件。大故，是指充分必要條件，有它必定產生某一結果，沒有它必不產生某一結果。例如：眼能見物需要合宜的光線、適當的距離、正常的視覺官能及專注力……等等相關因素的整體，此為完成「見」的充分必要條件。

（三）推類法

1　援式：「子然，我奚獨不可以然？」（〈小取〉）

　　「援」是援引對方所說的話來作類比推論的方法，亦即援引對方所贊同的，來論證對方所不贊同的，以證成自己的論點。其類推的原則即〈小取〉：「有諸己不非諸人」。自己有的觀點不能反對別人也持相同的觀點。如莊子與惠施于濠上論「魚之樂」即是。

　　　　莊子與惠子遊於濠梁之上。莊子曰：「儵魚出遊從容，是魚樂也。」惠

> 子曰：「子非魚，安知魚之樂？」莊子曰：「子非我，安知我不知魚之
> 樂？」惠子曰：「我非子，固不知子矣；子固非魚也，子之不知魚之樂
> 全矣。」（《莊子・秋水》）

惠施認為莊子不是魚，不能知道魚是否快樂。這種「主體不是客體即不知客
體」的觀點就是「然」，於是莊子也用這種觀點反駁惠施，指出「你不是我，怎
知我不知魚之樂。」這就是墨家「子然，我奚獨不可以然？」推論原則的運用。

2 推式：「推也者，以其所不取之，同於其所取者，予之也。」（〈小取〉）

就「推」而言，推論過程中，對方所贊同的，卻是我方所反對的；於是先
構作一與其所贊同之論點同類之主張，但此一主張必須為對方所反對，如此構
成矛盾以歸謬，反顯我方所反對的論點無誤。如：《墨子・公輸》載墨翟對公
輸般說：「北方有侮臣，願藉子殺之。」公輸般說：「吾義固不殺人。」墨翟就
指出公輸般造雲梯幫楚國攻打宋國，必將殺害許多無辜的宋國百姓，這是「義
不殺少而殺眾，不可為知類」公輸般終為墨翟所折服。此處就用了「推」的方
法。公輸般「不取」殺人，卻「取」協助楚王攻打宋國，由於其「所取」與
「不取」是同類之事，而公輸般其一取，其一不取而顯示了自相矛盾，因此他
必須調整作法。

七 現代生活的推理應用

人是理性的動物，既然與動物的最大不同在於人有推理的能力，因此這種
能力也就在不同文化中運用發展，而使人類成為地球的管理者。所謂文化是人
們生活方式所產生的器物、制度、政治、文學、藝術等各方面成果的總和。推
理思考深藏在我們每天的生活之中。每個人也在生活中有意識或無意識地運用
著思維方法。人們在生活實踐的層面上，常用演繹、歸納、類比等思維方法，
進行表達、溝通，乃至於說服別人以彰顯自己的主張。本講次介紹了先秦各家
的思維方法，包括：推類法、正言若反、兩可說、兩難式、矛盾說、連珠體、

三表法、故式推論等等，具有相當的實用性與說服力。

　　今日世界，民主、法治已經成為普世的價值，民主預設著人的理性與道德性，選舉的制度肯定人們運用其推理的能力，來判斷哪一個候選人才是合適的領導者，有能力為民服務。候選人透過政策辯論的方式端出自己的牛肉來說服選民；政策辯論時也需要嚴謹的邏輯思維。媒體中各名嘴在論述自己的觀察或批判時事之時，也需要有嚴密的推理。人民道德品行的養成，也須懂得道德推理的方法。因此民主時代的公民，都必須具備應用思維方法及推理的能力。

　　但是多元的社會人人都有自己習慣的推理方式，所「推」的是哪一層次的「理」？我們藉由傳統思維方法以及古代的各種「所推之理」，也可以幫助我們分辨與應用，當我們與不同背景的人們對話時，也可藉由「事理」的分析了解他們思想世界中所有……、所是……、所因……、所會……、所要者為何？（李賢中〈中國邏輯史研究方法探析〉，《哲學與文化》第517期，頁75、79）進而在深度理解的情況下帶出正面的價值與健康的生活態度。

　　只要活在人群中，有一定的人際關係，有必然的人際互動，食、衣、住、行、教育、娛樂生活的各方面，都與思維、推理分不開。因此，我們必須重視傳統思維方法與推理應用，使更多的人意識到時代的進步、生活的改善，都與充分發揮人的理性有密切的關係，而思維方法與邏輯推理、是人人都必須學習、熟練的公民素質。

貞下啟元的中華文化

洪孟啟

前文化部部長、銘傳大學講座教授

一　前言

　　中國文化不同於西方處有二：第一，近乎一元化的持續綿延（sequence），有別於西方的分段分節（sections）；第二，中國對於「文化」與「文明」並無嚴格的區分，是一種文化取向的態度，重視的是整體生活方式，看到的是具體而非抽象的人，個人與社會不相分割、對立，如唐君毅先生所說：「中國文化之原始精神，先只是求實際上之人群組織，得存在於直接所接之自然，而被安頓於世界。」（《中國文化精神價值》，頁23）

二　中國文化傳統之美

　　我們自古以來談歷史都會從堯舜禹湯文武周公，或更早溯及三皇五帝，這種持續綿延的觀念是民族的集體記憶。固然在嚴謹的史學範疇，信史應起自商周，但是在此信史之前必然有一個演化的歷程，或許堯舜是當時部族領袖的綜合概念，也應當是先儒心目中的理想國；而至於夏禹王在書經洪範（《尚書·洪範》：「我聞在昔，鯀堙洪水，汩陳其五行，帝震怒。不畀洪範、九疇，彝倫攸斁，鯀則殛死，禹乃嗣興。」），和山海經「海內經、鯀禹治水」都述及洪災與克服水患的事蹟。在人類的歷史發展上學者傾向於以「灌溉型」或「水利國家」來描繪亞細亞諸古國（日本學者柄谷行人分文明古國為四類：灌溉型〔西亞、東亞、秘魯、墨西哥〕，海洋型〔希臘、羅馬〕，游牧型〔蒙古〕，商人型……〔伊斯蘭〕。柄谷行人著，林暉鈞譯：《世界史的結構》，頁230），此類

國家藉治水進行民族融合並建立世襲王朝，因此夏禹王藉由治水成為世襲相傳的共主，一則經由社會政治聯合各邦國，使中華民族走向中心凝結；一則亦開啟一元化持續綿延的民族發展和史觀。（錢穆《中國文化史導論》，頁18-27）

中國自古以來並不存在涇渭分明的民族區分，也不強調狹義的國家觀念，往往是天下觀念超越國家。借用柄谷行人的「交換模式」觀念（《世界史的結構》，頁42-52、227-233），周王朝經由封建制度氏族間的「互酬式交換模式」（交換模式 A），再借助禮治精神逐步邁向共同體（天下），當時知識分子以及民眾率多抱有此認知，孔子的大同思想可為縮影，並化為中華民族內在精神的宗教情懷，也是柄谷行人所謂的「交換模式 D」（心理認知和理念），中國歷朝歷代的士大夫階層，多祈望藉此超越權利掠奪與階級對立（交換模式 B 和 C）。這種我民族精神代代相傳理念的核心，有四個面向：天道、正名、無為、易理。

（一）天道

中國人是一個內觀的民族，將個人和社會渾為一體，一體的本源是「天」，天是大宇宙，我是小宇宙，大小宇宙彼此平衡是每個人追求的理想境界，即是謂「天人合一」，中國人是務實的民族，理智上並不追求一個天國，追求的是在現世裡的永恆，例如立德、立功、立言，既然放眼的是現世，因此他的宗教情懷發展的是人文倫理，即便篤信鬼神的商周，「天」仍然是藉人文倫理規範人生義務，亦即是遵循自然法則：「昊天有成命，二后受之。成王不敢康，夙夜基命宥密。於緝熙，單厥心，肆其靖之。」（《詩經·周頌·清廟之什·昊天有成命》）；「敬之敬之，天維顯思，命不易哉。無曰高高在上，陟降厥士，日監在茲。」（《詩經·周頌·閔予小子之什·敬之》）

（二）正名

列維-斯特勞斯（Claude Levi-Struss）的「亂倫禁忌」，莫斯（Marcel Mauss）的「禮物論」（互酬交換），索緒爾（de F. Saussure）的「語言組合」，此三者構成結構主義（Structuralism）的元素。「亂倫禁忌」是文化的生成過程，也是人倫規範形成的過程，通過此過程建立社會關係以及集體信念；莫斯

的「禮物論」就互酬交換說明婚姻的文化功能，從儀式所在的位置，顯現角色並構成社會秩序，成婚之後形成的親族血緣關係，則成為一種給定的共同體；索緒爾的「語言組合」藉語言結構建構「指涉」（reference），將語詞和文句的組合類推為家庭與社會，衍生對偶組織（dual organization），並從組合關係、關聯關係或聚合關係的差異，發展為共同的文化記號。結構主義的三組元素呼應涂爾幹的社會事實（social fact）方法論，有時且更進一步以整體社會事實或整體社會結構作為論述的範疇。（關於結構主義的論述頗豐，若為求簡潔易知，可參閱：費朗索・百多著，季廣茂譯：《結構主義史》，頁13-65頁。麥克・甘恩著，李康譯：《法國社會理論》，頁152-155。Turner, R.S. *The Blackwell Companion to Social Theory*. pp.160-190. 245-269. Giddens, A & Jonathan H. Turner. (ed.) *Social Theory Today*. pp.273-208. Cutrofello, A.*Continetal Philosophy*. pp.134-142.）

重視家庭價值與人倫關係，已內化為我們民族集體信念的大傳統。根據前述的理解，吾人當更加自我肯定，在家庭、人倫傳統信念的維護與實踐上，中華民族對人類文化發展所擁有的價值和貢獻。家庭成立原始之初係依於生理關係，唯自殷周始行敬祖禮教，於儒家復始為宗法制，我們是一個務實的民族，凡百皆追求名實相符，因此正名的觀念乃首現於倫理關係，此倫理關係即是一切秩序與義務的根本：「觚不觚，觚哉觚哉!」（《論語・雍也》）；「聖人有憂之，使契為司徒，教人以人倫：父子有親，君臣有義，夫婦有別，長幼有序，朋友有信。」（《孟子・滕文公上》）

處春秋亂世，孔子欲撥亂反正，認為治本之道以恢復文王周公禮教制度為本，而嚴倫理為要，並以自上始。因此正名思想其核心在倫理，其要旨為寓褒貶、正名分。

1 寓褒貶

孔子作「春秋」其根本所思是通過文字的記載，藉史事作史評，以寓褒貶，明是非，達到正名的目標。有謂：「昔者禹抑洪水，而天下平；周公兼夷狄，驅猛獸，而百姓寧；孔子成『春秋』而亂臣賊子懼。」（《孟子・滕文公下》）

孔子作「春秋」對後世文化思想影響頗深：

第一，對用字遣詞的嚴謹要求，此種嚴謹的態度，對於文學發展，從修辭、文理、文義的通順優雅，至個人的人生體悟與修養都融為一體，王國維先生於其「人間詞話」以「境界」名之最為貼切。

第二，史觀的影響，於後世論史者，雖仍脫不開帝王將相，但總能從個人氣節、操守作評斷，所謂蓋棺論定，不重勳業彪炳，而重個人人格。因此我們不作英雄崇拜，反映於日常生活，神話、詩詞、小說、戲曲往往是敬重失敗者的人格情操，我們民間信仰的神祇，皆是以其對眾生的貢獻為考量，非自爭伐之功者，因此我們可以從人昇華為神，此亦反證我們文化裡，對於人的尊嚴是普遍存在於生活中。

第三，由於以氣節操守為大的史觀影響，也使士大夫重視現世的一言一行，其自愛自重者，於殿堂論事、論政莫不以國家社稷，黔首庶民之福祉為大。

第四，源自我文化古學研究從未終絕，孔子的春秋傳統乃使歷代歷朝皆設史官，雖非盡能秉董狐之筆，但也恪守本分；再則亦影響後世訓詁之學，清章學誠有言：「『易』以天道而切人事，『春秋』以人事而協天道。」（文史通義.易教下），「六經皆史也。古人不著書，古人未嘗離事而言理，六經皆先王之政典也。」（《文史通義‧易教上》），是期望藉典籍考證以致事理更明。

2　正名分

於「正名分」方面，強調倫理並言行舉指應恰如其分，即其名也必有其實，使名實相符，是甚麼像甚麼，於是有正名分：「子曰：必也正名乎！」、「名不正，則言不順；言不順，則事不成；事不成，則禮樂不興；禮樂不興，則刑罰不中；刑罰不中，則民無所措手足。故君子名之必可言也，言之必可行也。君子於其言，無所苟而已矣。」（《論語‧子路》）；「制名以指實，上以明貴賤，下以辨同異。貴賤明，同異別，如事則志無不喻之患，事無困廢之禍，此所為有名也。」（《荀子‧正名》）

比較上孔孟其「正名分」較偏重自我要求，諸如修身、齊家、治國、平天下；子帥以正，孰敢不正；吾日三省吾身；其身正，不令而行；持其志，勿暴

其氣！等等；而至荀子則主張制名以指實，要分辨同異，明是非，所謂：「名無固實，約之以命實。約定俗成，謂之實名；名有固善，徑易而不拂，謂之善明。」（《荀子‧正名》），主張將已約定俗成社會通行之名，制定法令且不任易更改，此一見解日後法家循之。

總體而言，法家源自道儒二家，將道家靜虛之理轉為現世治理之術，出發點皆求制「暴」，但法家欲以明確的法規，制權力之暴、制語言之暴；與儒家同主變古，但不循儒家託古立言以改制之途，而主張：「前世不同教，何古之法？帝王不相復，何禮之循？……禮法以時而定，制令各順其宜。」（《商君書‧更法》）。因此，於正名主張上乃強調「審合刑名」，即使是名也，必有其實。

（三）無為

「無為」和「為」具有一種辯證關係，對於這種辯證關係，或可藉阿多諾（T. W. Adorno）「否定的否定」（The Negation of Negation）辯證來理解，即藉否定以認知自己的拘限，然後藉此認知進入否定面的肯定面，即進入社會機制、國家、客體或絕對精神，形成一個「肯定的否定」（positive negativity）新模式。（*Lecture on Negative Dialectics.* pp.14-18）藉著上述邏輯吾人可以如此發展：假設「無為」是最後目標，但是它有其侷限性，即所治非一人，並且人性非善，「為」固非吾人所好，它是一個否定，為克服之，乃進入其自身的肯定面，定其所欲的「法治」，待法治既行，達到「名正法備，則聖人（君王）無事」，於是「無為」可成。從此一角度當可理解，何以法家思想乃源出儒、道。

「無為」是儒、法、道的共同目標，皆期望抑止強橫暴力，儒家欲藉道德力教化之；法家則是「與狼共舞」；道家寄望於人間世的自然化，欲人與萬物為一體，此是三家中境界最高者，由莊子發皇，亦影響後世人生修養最厚者，也是中華文化最唯美的一角。

先說儒家，關於「無為」儒家是寄寓於人生修養，其中以孟子之說最為貼近，馮友蘭先生以「神秘主義」名之，稱其與莊子相呼應，值得注意的是特別點出「恕與仁」又為其核心，因「恕與仁皆注重在取消人我之界限；人我之界

限消，則我與萬物為一體矣。」（馮友蘭：《中國哲學史》，頁165-166）

> 萬物皆備於我矣。反身而誠，樂莫大焉。強恕而行，求仁莫近焉。（《孟子·盡心下》）

> 天命之謂性，率性之謂道，脩道之謂教。（《中庸》第一章）

次說法家，「無為」是對「為」的否定，所謂「為」乃指暴力和武力，在法家止暴必有賴充分掌握權柄，韓非認為君王的權柄有二，即賞與罰，而人之本性自私且趨於惡，若君王能善用此二柄，明法度，嚴刑德，不失國法，則足可治民及抑制豪強，屆時「無為」方是真。

> 虛靜無為，道之情也；參伍比物，事之形也。（《韓非子·揚權》）

> 明主者，有法度之制，故群臣皆出於方正之治，而不敢為姦；百姓知主之從事於法也，故吏所使者有法，則民從之。（《管子·明法》卷二十一）

> 各處其宜，故上下無為。使雞司夜，令狸執鼠。皆用其能，上乃無事。（《韓非子·揚權》）

關於「無為」思想，儒家的重點置於個人道德修養，法家作為治術的立論基礎，而道家則昇華至生命存有的終極追尋。

「無」與「有」在道家，尤其於老子的論述裡，更是滿溢著辯證思維，是一種二律背反（antinomy）的對應統一。「無」並非物質性的一無所有，或者抽象的根本不存在。茲綜合其要旨如秩：

1.「無」是無限大，無所不在：「無名，天下之始；有名，萬物之母。」（《道德經》第一章）；「天下萬物生於有，有生於無。」（《道德經》第四十章）

2.藉「無」以祛除「有」及無謂之為：「天地之間，其猶橐籥乎？虛而不

屈，動而欲出。多言數窮，不如守中。」（《道德經》第五章）

3.「無」即是「有」：「三十幅，共一轂，當其無，有車之用……故有之以為利，無之以為用。」（《道德經》第十一章）

4.以「無」克服主觀，和諧共生：「不知常，妄作凶。知常容，容乃公，公乃王，王乃天，天乃道，道乃久，沒身不殆。」（《道德經》第十六章）

5.通過對「無」和「有」關係的平衡，獲得心靈的自由：「曲則全，枉則直，窪則盈，敝則新，少則多，多則惑。是以聖人抱一為天下式。不自見，故明；不自是，故彰；不自伐，故有功；不自矜，故長。夫唯不爭，故天下莫能與之爭。古之所謂曲則全，豈虛言哉!誠權而歸之。」（《道德經》第二十二章）

海德格（M. Heidegger）頗心儀老莊思想，他哲學最核心的「存在」（Sein／Being）即如老子的「道」，是不可知、是無限大：「有物混成，先天地生。寂兮寥兮，獨立不改，周行而不殆，可以為天下母。」（第二十五章），「道可道，非常道。名可名，非常名。」（第一章），並將「無」與「存在」劃上等號。在海德格看來「存在」被錯用，主要發生在幾個方面：被本質化、被固著為普遍概念、予存在以定義，以及化存在與非存在為必然相對的邏輯。如此發展乃是庸人自擾之，事實上只要「讓存在存在」。庸俗的自以為是，反令我們成為「我」的囚徒，我們失去了「家園」，而更可悲的卻是不自覺，並反過來要作一個以「我」（人）為中心的主宰者。海德格認為，假如這就是「人文主義」（humanism），那麼不要也罷！（陳嘉映：《海德格爾哲學概論》，頁30-51、81-87頁。滕守堯：《海德格》，頁162-182。黑澤爾‧E‧巴恩斯著，萬俊人等譯：《冷卻的太陽》，頁442-454。Lawlor, L. *Derrida and Husserl*. pp.37-40. Sedwick, P. *Descartee to Derrida*. pp.106-136. Cutrofello, A. op.cit. pp.48-58.）

（四）易理

周易代表中華文化的精髓，基本上它展現大宇宙（天），和小宇宙（人）辯正關係的縮影，反映的是我們欲以究天人之際，通古今之變，獲取智慧，使在不同的時空之中得能善處的企圖。是謂：「易與天地準，故能彌綸天地之

道。仰以觀於天文，俯以察於地理；是故憂明之故。原死反終，故知死生之說。」（《繫辭上傳》第四章）

我們民族代代相傳的四個核心理念，尤其以「周易」（易理）與我們生活最親近，也因此影響我們日常思維者也就相對的深。

「周，代名也。易，書名也。其卦本伏羲所畫，有交易、變易之義，故謂之易。其辭則文王、周公所繫，故繫之周。」（朱熹《周易本義》卷一）；「『易』有聖人之道四焉：以言者尚其辭，以動者尚其變，以制器者尚其象，以卜筮者尚其占。」（《繫辭上傳》第十章）

我們是一個務實的民族，表現於生活上的是，好問天、問命，於是周易成為我們的人生辭典。其知識一般者，藉卜卦問生活週遭的諸種人生際遇，從解釋卦爻的象和象裡尋找解題，或者求問於解課者，由於易理之辭總循著此邏輯推演：所占的卦吉／不吉，但會是吉中帶凶或凶中帶吉，解決之道，要知否極泰來或滿招損之理，並存善積德。通過此一推演乃坐了一趟心理療癒，和道德教養列車。是謂：「聖人以此洗心，退藏於密，吉凶與民同患。神以知來，知以藏往。」（《繫辭上傳》第十一章）

其知識較高者，則企圖自易理中追尋宇宙人生哲理，並進而導人心致中和，使天地安居正位，萬物順遂生養。於是儒家乃將孔子關於周易的闡釋編為「繫辭」，將涵詠於周義之中的動靜剛柔之道系統化，使百姓「知周乎萬物而道濟天下，故不過。旁行而不流，樂天知命，故不憂。」（《繫辭上傳》第四章），化育眾生「安土敦乎仁，故能愛。範圍天地之化而不過，曲成萬物而不遺，通乎晝夜之道而知。」（《繫辭上傳》第四章）。胡適之先生有言：「孔子學說的一切根本，依我看來，都在一部『易經』」（胡適：《中國哲學史大綱》，頁53）也因此周易乃為我民族共享的精神寶庫。

周易另一個影響我們人生觀的，是它「反映事物對立面矛盾轉化的變動規律」。（黃壽祺、張善文：《周易譯注》，頁22）這種辯證歷程所顯現的動的哲學，時常很自然的出現於我們日常生活語言之中：剛柔並濟，陰陽合和、是福不是禍，是禍躲不過、敬我一尺，還人一丈、窮則變，變則通等兩兩相對卻互為印證。這些生活語言，反映我們不走極端，不為已甚，不為強梁，寬厚待

人，平和處事的人生觀。特別值得一提的是，固然我們也重視矛盾，也以一種辯證的態度理解天地人事的種種，但卻不儘然同與黑格爾將個體視為「絕對主體」載體，並進而號召放棄個體的特殊性，達到絕對的超越境域的邏輯。（胡適：《中國哲學史大綱》，頁53）於此辯證過程中，一直是自己否定自己，自己與自己相矛盾、相交戰，於是人類必須藉異化揚棄（aufhebung），建立一個新的精神主體，並把自己納於其中。（唐君毅：《中國文化精神價值》，頁156-161。Taylor.C. op.cit.178-188）

我們的辯證邏輯裡，「人」（仁）是所以為人的目的，而不是使你為人的手段和工具。周易六十四卦，三八四爻辭，每一卦是一組辯證運動，三八四爻辭則互為辯證運動，我與自然皆參與其中，不細分主、從。六十四卦，可作為一個小宇宙，通過小宇宙吾人理解「人間世、人間事」；三八四爻，則綜合為大宇宙，吾人不惟理解人間日常，並且由「天」與萬物，苟日新，又日新，天行健的自然循環道理，跳出「我執」，不與大自然對抗，視萬物與我平等共生，抱一為天下式的天人合德哲學，不但是我民族珍貴的文化資產，也更是人類文明發展的定心樁。

三　民族文化的貞下啓元

唐君毅先生以元、亨、利、貞，描述中國民族文化精神的發展。以孔子立仁教，所開啟的先秦文化，為元；以秦漢建立大帝國，為禮制之實現，為亨；以魏晉隋唐文化多端發展，旁皇四達，為利；宋元之文化精神為智，欲由貞下啟元，惜乎頓挫，尤其清末以來面對西洋文化，徒居退守之勢，動盪於新舊間與諸新間，為中國文化千古未有之變局。（《中國文化精神價值》，頁71-73）

雖然君毅先生基於民族大愛，慨歎宋明以後應有貞下啟元之事，若尚渺不可期，然而現在正是我民族文化貞下啟元的契機，凡我炎黃子孫焉可獨缺於此民族復興大業壯容。有謂：「貞者，事之幹也。」「貞固，足以幹事。」（《周易·乾卦·文言》），因此「貞下啟元」之意，即是在原本厚實的基礎上再創新局。我民族文化一直未曾中斷，以仁為本的人本思想也一直一以貫之，如此深

厚的文化底蘊,為其他文化或文明體系所未嘗有,今日吾人談民族復興,祖先留予我們的文化遺產,正是外人企之而不可得者,坐擁珍貴寶藏的我們何需捨本逐末,至於其等而下之呼哮「去中國化」之徒,實乃無知的令人同情。野人獻曝,謹獻芻蕘之見:

第一,面對現代分工與專業取向的發展,整個社會結構,從家庭到群體關係皆面對挑戰。以家為中心,以孝為本,擴充為整個政治、社會乃至信仰體系,並反映為一個共同體的集體秩序,此與西方以基督教信仰體系構成集體秩序,有其相似處。其差異處,基督教是一個父親的宗教,有一個天父(上帝)予人律令,督促人人為善,照顧行善者,懲罰違規者,為此,以明確律令和獨立個體為基礎的集體法治結構與秩序(倫理)體系得成,因此或可謂西方文明是一個基督教自我馴化的過程。

反觀我們是一個內觀的民族,強調個體內在的自我修養,重視督促個人進行內自省的人倫關係,小至家庭,大至社會乃至國家,都是此人倫關係的延展,其優點是以人為中心的人本精神,關注人與人之間的和諧關係;其弱點則是重情而疏法的親母思維,此種思維表現於民間信仰最明顯,每個信眾有如被寵壞的小孩,只知不斷索求,反映於社會的則為享權利高於盡義務。有鑑於此,吾人首要之務,培養一個情與法平衡,權利與義務相當的新價值體系。

第二,當代西方文化研究的主要趨向,不再謳歌理性與進步為人類社會,由蒙昧至文明的加速器,轉而反思在啟蒙思想神格化之後,何以理性的非理性(irrationality of rationality)使反客為主,這種主奴關係讓現實中的個人(完整的人),完全脫離(estrangement)其生活經驗,形成與勞動產品、生產活動、人類本質,以及人際關係之間的異化。(Ollman, *Alienation.* pp.77-81.131-156)尤有進者,啟蒙理性成為激進化的神話恐懼,而恐懼則假詮釋以表現,習慣性的表現為,將生命者等同於無生命者、令人與自然分離、把差異排除於理論之外、藉冷血取代屬於第二天性的憐憫心、藉集體與個體的對立進行欺詐、家庭不再是社會的核心等等。(Horkheimer, M & T. W. Adorno. *Dialetic of Englightment.* pp.21-28.32-34.63-93)起於這種「恐懼的詮釋」,於是納粹德國可已通過完全符合「目的理性」(goal-rational)的程序進行猶太大屠殺

（Judenfrei）而毫無罪惡感，眾聲謳歌的理性國度同時出現兩個歷史：既是進步，又是宰制；既有貝多芬，又有大屠殺的精神分裂。（Ritzer, G. *The McDonaldization of Society*. pp.22-28. Smart, B (ed.). Resisting McDonaldization. pp.222-224. Zizek, S. *The Plague of Fantasies*. pp.68-73. 紀傑克稱納粹的無罪惡感是拉康所指的爽（Jouissance）是一種偽巴赫汀嘉年華（Pseud- Bakhtinian "Carnivalesque"））

上帝是創世主（creator）祂通過耶穌基督中介，完成了由聖入凡的「俗世化」（secularization）歷程，將超凡世界和塵事世界接合，並藉由教會的詮釋讓兩個世界平衡相處。十八世紀啟蒙運動乍起，先趨的思想家似已感知即將面臨失衡的挑戰，針對預設的挑戰，例如黑格爾以絕對精神作復歸，康德藉理性的批判使保持原知的清明，海德格以「此在」（Da-sein）使在這個本即領前的存在（道）（being ahead of itself），協助彼此相容（融）（being-with-one-another）。（Heidegger, M. "*Being and Time*". pp.229-336.）

如何為之？他們留給我們選擇權，相信人會是自由的、理性的，但是發展的結果是「人」的無限自我膨脹，自由變成濫權、理性成為任性，文化危機浮現。這個文化危機我們也難躲過，當下西方學者皆在苦思解決之方，吾人固不可不識，但不能囫圇吞棗，中西文化發展背景不同，此其一；文化不能機械式的挪移，此其二。我人要作的，首先要對民族的文化傳統有信心；其次要好好認識我們文化之美；再其次經此真與美，求其善。例如，同樣為求取超凡與塵事兩個世界的平衡，中國的文化精神是：

第一，兩個世界本無分離；第二、因為不需俗世化歷程「人」和「仁」本即一體，人本來就是自由而且有尊嚴的；第三、於是保持心性的澄明，即可擁有澄明之智（有如康德的 pure reason）；第四、因此我們維持「為仁由己」、「正心誠意」、「己所不欲，勿施於人」、「人皆可以為堯舜」，人人皆能自修不假外求。（余英時《中國思想傳統的現代詮釋》，頁9-33）當然於民族復興之事，亦自非一二人之責，斯乃天下人人有責。

第三，進入二十一世紀，面對資訊科技的跳躍發展，完全翻轉了傳統經濟發展三部曲（勞力密集、資本密集、技術密集）的邏輯，推動文創產業或內容

產業即成為新產業革命趨勢下的經濟轉型大戰略，所強調的主軸是文化底蘊和資訊運用的接合，文化創新是必要中的必要。我們具有豐富的文化資產，綿延一以貫之的文化傳承，深厚的文化底蘊和文化精神，這種獨步世界的文化條件，再加上於科技創新和運用能力的不斷提升，我們必須在文創產業大戰略上將「戰略意願」與「戰略能力」作最有效能的資源整合。在文化產業的範疇裡，戰略意願包涵文本元素、創意目標；戰略能力包涵創新擴散、價值鏈和產業鏈組構。

四 結論

與西方世界諸如基督教和伊斯蘭教不同的，他們是各以其宗教形成單一體文化，而我們是儒釋二者互為表裡，儒家以人為核心的倫理思想，早已隨著民間以人為本的哲學，天人合一的宇宙觀，以及士人以天下為己任的宗教情愫成為唐帝國的文化磐石，民族精神，再經宋明理學的歷程，儒釋道合為一體，既是中國的也是東亞諸國的思想體系和信仰系統。此一世界體系以中華文化尊重人格平等，追尋和諧和平的文化基因，促發東亞文明的陽光面，維持近千年的文明、富裕及和平，成為人類歷史發展的典範。（華勒斯坦以世界體系之核心、次邊陲、邊陲及孔氏週期（Kondratieff circle）理論解釋世界歷史發展，其不適於中國及東亞者有四：第一，以歐洲短短六百年發展經驗，作為全人類模式；第二，以單數型文明之歐洲中心史觀，忽略人類文明的多樣型態；第三，以粗糙的經濟決定論為理論依據，形成單線邏輯；第四，忽略文化因素，陷入近代西方意識形態泥淖。）千百年來老祖宗們、古聖先賢，已經為我們紮好文化的根，方容得吾等享此欣榮，餘蔭重責在身，豈容吾等蹉跎，貞下啟元，民族文化復興此其時矣。

儒家的生命情懷與超越

吳進安

國立雲林科技大學漢學應用研究所教授

一 前言

感謝黃薈院長的邀請，讓我有機會重回母校華岡，舊地再遊的心情真是令我雀躍萬分。首先讓我向大家說明「江松樺先生講座」的由來，這個講座的發起人江松樺先生有感於今日社會對於傳統文化逐漸淡忘，年輕人缺乏對中華傳統文化的正確認識，難免在進入社會之後，由於認知及行為實踐上的侷限，使得他們無法學習到優質傳統文化的精髓，不免造成在待人接物、處事上認知的不足與實踐上的遺憾，這是非常可惜的事。因此江先生特別以他成長的經驗與經營事業的心得，提出呼籲重視傳統文化的價值，於是他委託雲林科技大學漢學應用研究所規劃在大學校院推動中華傳統文化講座，邀請專家學者現身說法，分享給年輕的朋友以為借鑑參考。

今天我以「儒家的生命情懷與超越」為題作發揮，研究中國哲學，主流思潮當為儒家，是學界的共識，是影響我們政治文化與行為模式的重要因素，也是我們的文化基因，其影響力不容小覷影響深遠。如果我們將視野放到一個更大的視野世界，即是在禮壞樂崩、文化沒落的時代，如何重建一個有秩序（order）的環境，即是儒、墨、道、法、名、陰陽六家競逐的時代，也是一個文明重建的時代，即可得出「諸子之學，皆起於救世之弊，應時而興。」這是每個學派思考如何文明重建，必須面對及提出對策的課題。儒家自孔子以降，其關注與熱情也是企及此一思維高度，其中最為特殊的一部分，即是「士」的身分改變，貴族的特權不再，平民知識分子的出現，為這特殊時空的

「黃金年代」帶來蓬勃的生機。儒家對於生命才情的熱切投入，即表現在「朝聞道，夕死可矣。」（《論語・里仁》）的瀟灑和豪情。

從儒家傳世的經典而言，包括《論語》以及後起的《孟子》、《荀子》和歷代其他學者典籍中，宋儒學者朱熹也特別依其理念所編纂的《四書集注》，成為後世研習儒家必讀的經典，皆可以看出儒家所欲建立的人生目標是「人品」、「人格」與「生命意義與價值」的學問。即如《論語・衛靈公》所說的「君子謀道不謀食，憂道不憂貧」的「君子儒」境界。進而超越物質慾望的羈絆，直達聖人之心，成就「君子儒」，而非墮於「小人儒」的層次。這也是儒家給予我們很清楚的人生座標及定位，也是不同於其他學派主張的特質。

本講座的主題扣住在「生命情懷與超越」的議題上，個人認為「生命情懷」即是個人才情、熱情與抱負展現的過程，也是生命主體在展現意義的過程中，必當思考的三個對象，此三個對象缺一不可，思考之後所選擇的價值導向。它的內容包括三個層面，一是「天人關係」，是在說明人與自然的互動關係，是征服／誠服的對抗關係；二是「人我關係」，是在說明自我與他者的關係，是獨占／分享的互動關係，第三是「自我關係」的構建，即在說明人與自我是在何種關係範疇中，是衝突／和諧的辯證關係。因此，我們即依此三脈絡展開鋪陳及說明，或可為今日我們在面對這三個問題時，有一個清晰的思維進路，避免處理不當，形成英國哲學家羅素（Bertrand Russell, 1872-1970）所說的「人的一生所面臨的三個敵人」之情境，而造成生命的困境與窘境，如果能正確因應，或許就可見到生命的光彩與躍動。

二　天人關係

自古以來，在中國文化傳統的語境中，我們經常說到「四海一家」、「四海之內皆兄弟」、「與天地並生，與萬物一體」、「一體之仁」、「民胞物與」、「天人不二」、「與天地同遊」、「參贊天地之化育」、「親親仁民而愛物」……等等的名言佳句，說明了人與天地萬物彼此有一種內在緊密的相互聯繫性，可以相互同情共感，相輔相成，休戚與共，共存共融。說明了自先秦以來，探索天地本

質、人與萬物所以存在與活動的共同根脈是各家學派共同關注的焦點，呈現的是多樣而豐富，深刻且玄奧。

　　儒家探討「天人關係」時給我們開出「天道貴生」的價值理念，這是從形而上的高度反思我人生命的意義與價值，用「為生民立命」的概念來說明，這是對生命的高度肯定，人之命由天之命而來，而天道即是在「生生」，重視生命創造的意義，以及賦予生命的價值，展開不悔的人生歷程，因而有「天地之大德曰生」的提醒及點化。儒家為我們的天人關係定位在於「天道」層次，而天道即在「貴生」，看待自己生命的可貴性與可塑性，人的生命賦予來自於天道，於是珍惜生命，愛惜自己脆弱的軀體不使其違背天道，天道的「生生」價值即在顯現自身生命的價值與意義，成就完整的一生而無缺憾。

　　理性的我認知肉體生命是有限，但是精神生命卻是無窮的，與宇宙天地同為一體也與造物者遊，人的二重生命之一的肉體生命是會消逝而死亡，但是精神生命即如與天道的合一而長存，肉體生命有限，而精神生命可以長存而影響深遠，這是人可以把握的部分，因此珍惜生命，體現「天地之大德曰生」的美德，「生生之謂易」的哲理，由此儒家開出生命是有機體，人與天地萬物為一體，期許自己發揮天賦才華，盡一己之力而做到參贊天地的化育，也就是珍重自己、不看輕自己。

　　因此，人是萬物之靈而且最為秀異者，但在天地的角度來看，儒家也提醒我們，人不能自滿、自傲，應該要有一種「萬物並育而不相害」、「正德、利用與厚生」的持平心態與理性認知，方能參贊天地的化育而使萬物欣欣向榮，展現天道之德與天道之美。歷代的哲學家如孟子、董仲舒、程頤、程顥、陸象山、王陽明、王夫之等人，無不把「天人關係」當成是思考開創個人生命意義的首要前提，如此一來，讓我們看到論「天」不隔離「人」，論「人」不割裂「天」，「天人不二」方是我人存在的依據和價值的根源。

三　人我關係

　　「人我關係」的建構及思維是儒家在人倫世界優先處理的問題，以「仁愛

為懷」成就人我關係和諧的基礎，南宋儒者朱熹即言：「天地別無勾當，只以生物為心；如此看來，天地全是一團生意，覆載萬物。人若愛惜物命，也是替天行道的善事。」（《朱子文集・仁說》）。孔子提出「仁」、孟子講「義」，「仁義並行」是人內在與外在的合一與和諧，以「愛」為出發點，內以自我聖化，外以德行實踐，仁義之途獨君子可樹典範，由此開出「人人皆可為堯舜」、「塗之人可以為禹」、「仁者愛人」、「克己復禮為仁」的期勉，仁是最高的道德，是德行德目的總稱，是普遍性的道德原則，人人皆有此仁心仁術、仁心仁德，因此仁乃是自我生命的價值立基，也是與他人互動、外推的動力，每個人皆可如此，不宜妄自菲薄，而有「人而不仁如禮何？人而不仁如樂何！」（《論語・里仁》）之期待。因此，人我關係之可能建立，即是立基於「仁」，動力則是「愛」，只有彼此同心、同仁、同愛，人我關係有了基礎共識，人我和諧是指日可待。

其次，儒家要人實踐仁德仁行，如何實踐？則以孝為起點。家庭關係的和諧，長幼有序，入則孝，出則悌，這是建立社會穩定與和諧的第一步，因而《論語》云：「君子務本，本立而道生。孝弟也者，其為仁之本與！」，五倫即是此種以仁為中心而發展起來的道德意識與行為實踐，由內而外，以自我的道德孕育陶成為中心，發展一種和諧的倫理關係，由自我至他人，包括血緣親情、友情朋友以至於家國天下，於是在由以仁為核心的發展格局中，家國、天下、四海之內，天下大同的目標及範圍逐漸地擴大，這些倫理關係的建立與擴大，皆離不開仁體、仁心的作用，成就了儒家所欲建立的和諧的大同世界。

人我關係的起點在於我人之內在的仁，而非在外在的形式框架上，孔子提出「禮」的道德規範及要求「為仁由己」，孔子說：「非禮勿視，非禮勿聽，非禮勿言，非禮勿動。」（《論語・顏淵》）的自我要求，於是我們看到這一脈絡是一以貫之，由「為仁為己」的自我惕厲為起點，開發出人倫秩序與社會價值導向，這個人我關係的實踐途徑，是啟發、貞定人心當中的「仁」的價值意識，以迄建立「禮」的秩序世界。這個境地即是勉人要有一種自我品性的提昇，「道之以政，齊之以刑，民免而無恥」，這僅是初級的社會秩序要求，建立在「政」、「刑」的法度準則上，不免流於只是懼於外在的形式的強制，而人的

內在心性仍然未能彰顯，如此作為只是因害怕刑與罰，而不得不服從，這並不是儒家所希望的，儒家要我們朝向「道之以德，齊之以禮，有恥且格。」以「德」和「禮」作為建立自尊與自重的人格尊嚴，並且實實在在從內心建立是非善惡判斷的基準，由此樹立了一種更高價值的「公平」、「秩序」、「自我立法」、「自我遵守」的道德情操與嚴謹律求，確實有令人耳目一新之感，這也是對人的一種高度肯定與期許，為仁由己，是我們從實踐中，導出人我和諧關係的可能建立，如此我與他人是互為主體。至於分配的原則，儒家亦有著墨，但是僅限於道德分配原則，相信人性為善，可以做到「我為人人，人人為我」。近代西方社會講求的「權益法則」儒家較不予重視。

四　人與自我的關係

　　儒家從「內在的超越」的角度，而非訴諸於一種外在權威的啟示或是救贖方式，而是鼓舞人心選擇提昇自我的道德意識，來反思人與自我的和諧關係的建立途徑，「自我」從儒家的觀點來說是務實而不是抽象，是當下活著的自我，但是人的限制即在於我是有欲望、有感情、有理性、有意志的主體，儒家為我們揭示人與禽獸差異之處何在？這是儒家直指人心所欲建構的道德倫理的基礎問題，孔子講出「性相近，習相遠」，這是一個比較含蓄的看法，孔子看到人人的起點皆是站在平等立場，但在最後的終點卻有很大的差異，不可不慎！而孟子點出人與動物在本質上的差異問題，稱人有四端，發現四端，包括惻隱之心、羞惡之心、辭讓之心、是非之心擴充四端，知言養氣之工夫實踐，加上後來《中庸》所發展起來的「誠」的工夫，透過「誠」的動力，自我一方面通向天地宇宙，與天地萬物為一體，人不能自外於此世界，與天地參，參贊天地的化育，方能顯現人的價值；人是理性的動物，並能善用感情、發揮理性，辨識真偽善惡，而在另一方面則是藉由自我的反思、反省與他者的和諧共處，通向外在的人倫世界，方能頂天立地、己立立人，這種向上、向下、向左右的縱向與橫向展開，即是宋儒程明道所言「萬物靜觀皆自得，四時佳興與人同」的寫照。自我是在與他人的關係中得到存在之感，也在與天地萬物的關係

中存在，更是在「反身而誠」、「反求諸己」的修身作為中，建立了自我的品味、人品、格調與生命豪情。

　　人與自我的關係的展開，由誠而敬，是看重自己，珍愛自己，不自大也不自卑，所以孔子才會有「德之不修，學之不講，聞義不能徙，不善不能改，是吾憂也。」（《論語・述而》）的呼籲，自我的人格要求也是如同「如臨深淵，如履薄冰」的戒慎恐懼的態度，從中而有一種內在的生命深刻自覺、自主的實踐力，於人與自我的關係不會是疏離、僵化與衝突矛盾，明確的自我價值與方向的挺立而有道德人格與穩健的生命態度，這也才是頂天立地、胸懷大志之人。

五　生命的超越

　　面對生命中無可奈何的那一部份，就如同「無可奈何花落去」一樣，但是也可以創造「落花水面皆文章」的瀟灑與淡然。孔子很早即用一種理性思維的方式來看待，他看重的生命是君子所知的「命」，乃是「天之所以命」，是「人受命於天，超然而異於群生」，此「命」是生命中可以努力，可以創造，可以發揮的精彩生命，亦即是勞思光先生所說的「義命分立」的觀念見解，這即是持「義」而行；至於生命中無可奈何的那一部份，孔子認為那是屬於自然生命的一部分，是人不可能逃避，避之即是形成畏死，是「死生有命」不可逆反的自然規則，有生必有死本是自然，但把生命的實然看成是自然律，因此，才有「未知生，焉知死」、「死有重於泰山，輕於鴻毛」的豪情壯志。因此，儒家告訴我們人有三種命，一是自然生命，知生命的有限與無可奈何的限制，即如佛家所稱的「生、老、病、死」的四種自然現象，亦即是「死生有命，富貴在天」的客觀面對。二是偶然生命，生命中的富、貴、貧、賤皆是偶然，不可泥於偶然。三是應然生命，擇於應然價值之所期許，有使命感，有莊嚴地活著，是故，才有前述「朝聞道，夕死可矣」、「志於道，據於德，依於仁，游於藝」的踏實感，也才有「知其不可為而為之」的認知、執著與拚搏，培育豪氣做自己的主人，是認真看待生命中的大小事，是勇於承擔生命中未知的挑戰。

六　結語

　　從儒家的立場來說，生命中的一切事物充滿多樣性與豐富內容，有時候是雲淡風輕（曲肱而枕，富貴於我如浮雲），恰似鴻毛一片人生浮沈（道不行，乘桴浮於海），但總有一些值得認真看待、勇於接受承擔的事情發生，它鼓勵著我們要有熱血、要有情懷、要有初心，甚至是衣帶漸寬終不悔，只問耕耘，不問收穫，在乎過程的付出與心得，而不必太在乎最後的結果會是如何！生命的熱情生生不息，生命就是豪情、壯志、品味、風格、承擔與令人感動，是光和熱，並且明白生命的有限，而人生事業的創造與綿延（立德、立功、立言）則是無限生命。人生的風光無限，美景處處，我們豈能坐井觀天，引喻失義，忘卻生命中美好的一刻，若將視野朝向自然天地，即有《乾卦·象》曰：「天行健，君子以自強不息。」《坤掛·象》曰：「地勢坤，君子以厚德載物。」的哲學智慧，儒家勉人成為君子，力求進步，發憤圖強，也應增厚美德，容載萬物。因此，儒家不寄望於來世之浪漫與憧憬，而是腳踏實地地行走於人生正確的道路上，消極地說是「得之我幸，不得之我命」，理解生命中的三個必須要與之和平共處的三個對象——自然、他人與自我，運用知識與智慧，克服種種難關，不求天邊美麗彩霞，而求自我人格品味的提昇與超越，親君子而遠小人，己立立人，己達達人，不藏私而勇於分享生命中的酸、甜、苦、辣，繁華落盡之時如此方能告訴自己：這趟人生旅程，我沒有空手而歸！

人在生活世界中的位置

蕭宏恩

中山醫學大學通識教育中心教授

一　對「人」的思考

　　無論中、西哲學對人的思考，往往先以外在世界及人的行動為探討對象，然後才逐漸將注意力轉移到人自身。而在以人本身為思考的對象時，也是以宇宙及存有整體的思考為背景及基礎。最早，在西方，先蘇時期（約西元前600-400），人與宇宙（自然）之間是沒有分隔（主客分野）的親切感，此時期沒有如今所謂之人的定義，人就是個小宇宙。此與中國南宋心學家陸九淵（1139-1193）所言「宇宙便是吾心，吾心即是宇宙」相契合，所不同的是，先蘇時期哲學家是通過人自身之理性（Logos）而達至對大宇宙之理（Logos）的認知，而陸九淵心學的宗旨卻在於「宇宙內事乃己分內事，己分內事乃宇宙內事」。直至亞里斯多德（Aristotle, 西元前344-322）標舉人的「理性」，而其後人有將「人是有理性的動物」作為人之定義之說法。然而，如果「人是有理性的動物」是一個定義，即「人＝有理性的動物」，反過來說「有理性的動物＝人」應該亦然，但是，如果看不出一個人具有或失去了理性的作用（如胎兒、植物人），無法肯定這個人具有或仍具有理性，那麼，這個人是不是或還算不算所謂的「人」？在西方，直至目前為止，任何關於「人」的定義皆無法完全表達人之所以為人的存在。在中國思想中，對人的思考並未真正作出定義，卻是無法脫離天、地、宇宙而講人，如詩書（指《尚書》和《詩經》）時期，人是完全從屬於天或上帝；孔子「知天命」；墨子從「天志」；老子「人法地，地法天，天法道，道法自然」；莊子「天地與我並生，而萬物與我唯一」；《中庸》

「天命之謂性，率性之謂道，修道之謂教」；朱熹「性者，人所受之天理」；近代牟宗三「天道性命相貫通」等等。雖說中、西哲學對人的思考是以宇宙及存有整體的思考為背景及基礎，而由以上論述可見得，中國哲學傳統以降，對「人」的思考，是確實將人視為天、地、宇宙大道中一份子的關照。

以上種種，顯然，「人」是我們不可能單憑理智而能清楚認識的「奧秘」（mystery），理智僅能不斷地趨近人之所以為人的真實面貌，但我們不可能面對一個抽象的「人」而去認識，必須有一相應具體之「他者」（the other，包括：他人、自然及超越界），藉由彼此（即使是兩個陌生人）存在關係中所呈現的相對位置而去掌握人的存在，當然，我們也無法單憑直觀所獲得的形象而能透徹他者。所以，要探討人在生活世界中的位置，必須由對「我存在」的掌握開始。

二　我存在（我在）

每一個人皆可藉由不同方式或管道覺察自身的存在，如法國哲學家笛卡爾（René Descartes, 1596-1650）之名言「我思故我在」（Cogito, ergo sum, I think therefore I am），即是通過「思」（Cogito）而肯定無可懷疑之思惟主體（我）的存在。可是，笛卡爾認知的「我存在」似乎孤獨了些！這令筆者想到務實的墨子，「我」是在當下共同存在情境內的存在，因此將當時在戰亂之下，似乎已無自我存在感的平民組織起來，而成墨家團體。「我存在」絕非一個如同站在鏡子前面，鏡中之我這般孤伶伶的虛相，而是自我在生活世界的實存關聯。

（一）往昔

朝向當時還不清楚且無所確定而困難重重的目標逐漸深入。博士畢業，三十四歲，在輔仁大學醫學院創院院長朱秉欣教授的邀約下，毫不猶豫地捨哲學系而投入醫學院，開始了醫學人文的教學與研究。晃眼已六十歲，只因對朱院長的「承諾」而堅持至今，如同墨家因「兼愛」之信念，而「為義」不輟。

（二）參與

面對此一全然陌生卻又與每一個人息息相關的醫學領域，我又當如何參與其中呢？同處戰國亂世，同樣周遊列國，唯墨家出自平民，真正明白百姓之需求，務實地且不分彼此，具體地提出方法與切實作為，以解百姓之苦。那麼，我既無醫療專業，就作為一個病人的角色與之對話。

（三）詢問、體驗、答覆

詢問，就是使一種猶疑狀態明朗化所做的努力。對自身疑惑地詢問，必須藉由體驗方得以尋得答案。墨子遵從「天志」，推行「兼愛」，就是因為體驗到天對天下百姓無所差別的待遇。墨子體驗到天能夠明瞭世上每一個人，而知天之愛世人；體驗到天能夠撫祐萬民，而知天之明瞭世人；體驗到天供給人們一切食物，而知天撫祐萬民；觀察到四海之內的人民皆餵養牛羊豬犬，預備潔淨的祭品來祭祀上帝鬼神，而知天能供給人民一切食物。（墨子・天志上）而且墨子體驗到天如此（兼）愛了世人，也要世人之間彼此相愛而為義，如果率領天下之百姓為義之事，就是在做天所意願之事，做了天之所願之作為，天即會賜我等福祿，否則就會降災禍於我等。（墨子・天志上）墨子體驗天（志）如此，於戰國亂世招集平民組成墨家團體，形成一股足以撥亂反正之力量，重新參與這原令自己朝不保夕的世道，與各國君主對話。如此，墨子答覆了「如何承平此戰亂之事以得治？」之自我生命的詢問。

那麼，參與醫療專業之對話如何可能？這是我對自我生命的詢問，我以「作為一個病人」的角色投入以實踐為目標之醫學人文的探究，作為此階段之生命詢問的答覆，只要我存在，還沒離開這個領域，我就時時必須答覆這個生命的詢問。答覆生命的詢問必須是一種實踐，如同墨子（墨家團體）一樣，而非只是心想。那麼，在現階段，我生病，我必須體驗作為一個病人，這番體驗主要是面對「人」（包含自我），而非針對「病」；我逐漸好轉以致痊癒，我必須有成為一個病人的體驗，否則體驗將被遺忘，如同不少人生病時深切感受健康的重要，痊癒後卻故態復萌，不愛惜自己的身體。

無論是詢問、體驗、答覆，都是為與「他人」的對話（交談），藉由對話，我可以從中看出究竟對話者能否自證為一主體——就是說，他是否以主體對待我而成為一個「妳／你」，不再是「她／他」，因為對話應該是一個「妳／你」和我（主體）的傾聽和分享，而不是成為話題（對象、客體）的「她／他」。如此，與「他人」的交談總是在建構些什麼，將自身及「他人」納入某種結構性意義。就我存在而言，對話是以一種開放且誠懇的方式接納「他人」，對話的展開，即進入彼此肯定其存在與關係的建構過程。藉由對話，可以更深入地了解彼此，並由相互的回應或回饋中，更加緊密彼此的存在關係，甚而成為彼此之間完全接納與深入探索的過程。

三　人與生活世界的合一

我存在，但我不是孤伶伶的一個人。人不可能離開自身的生活而被獨立看待，而人在面對生活周遭及因應其中問題時，無法脫離其主觀生活經驗，可是，人的主觀生活經驗亦為生命問題及其任何其他問題的主要來源。因此，人之「主觀生活經驗」即構成了人的「生活世界」（Life World）。人在其生活世界中的存在，覺察到自身和他者（the Other）生命，及其所由、所來之一切。人雖然可以解放於生命世界之外而覺察自身以及他者生命，仍無法自外於生命世界，而必須與生命世界共融，否則即如同人類創作科技，卻帶來對自然的宰制與破壞，造成反撲於人類身上的惡果。而人的生活，就是由出生（起始）而至死亡（彼岸）的生命歷程。

人由生活世界「出發」，歷經苦難與罪惡、歡樂與美善之「過程」，而活出有意義、有價值的人生。

（一）起始

人一出生就是一個有「性」的人，此言「性」有三重意義：天生之自然本性（nature），生物性或生理上之「性」（sex）以及社會性或心理與靈性上之「性別」（gender，惟屬）。中國思想主要關注人天生之自然本性，基本上有三

種主張：孔孟儒家言「性善」，告子言「性無善無惡」，荀子循告子之「性」而言「性惡」。墨子言「兼愛」，雖未直接談論人之本性，但墨子承孔子之教，且肯定人天生即有愛的能力，強調愛的主動性，所以墨子應歸於「性善」之說。

　　西方思想論「性」，主要是落在生物性之 "sex" 以及社會性之 "gender"。在哲學反省上，面對他人，"gender" 有時是隱含於外顯（appearance）之下的存在真實（往往見其外表，不見得即能直觀其性別）。而作為本能慾望的 "sex"，必會有一對象的摻入，即使是自瀆，也至少有一性幻想之對象。這是人在性慾望上的共通性，基於此共通性，讓我們了解到，人不可能單獨存在，人實在需要人。此刻，"sex" 已非本能那般簡單的慾望，同時道出人向外追求的力量，涉及人與人之間的友誼，並朝向與純粹精神之終極實在的合一。

（二）出發

　　人從小，甚至嬰兒期，即在用各種方式探索世界，由周遭而逐漸擴大範圍。但是，我們真的出發了嗎？

　　心理治療中「意義治療法」（Logotherapy）的發明人，奧地利精神科醫師維克多・法蘭可（Viktor Franckl, 1905-1997），在第二次世界大戰時曾被關入納粹集中營。當集中營內的警衛要取走他所寫一本書的草稿時，法蘭可鎮重地向那名警衛說：「這是我一生心血的書稿，我必須全力護著它，你懂嗎？」警衛一句「狗屎」的污穢語言，讓法蘭可如夢初醒，猶如由從日生活的夢中被喚醒：「這是我第一次踏出過去的日子。」

　　人往往因某些原由，如有什麼用？有什麼意義？等等，而猶疑不前或原地打轉。兼愛的墨子，聽聞楚國（戰國七雄之一）要攻打宋國（戰國時代一小國），毫不考慮地立即由齊國出發，「裂裳裹足，日夜不休，行十日十夜而至於郢」（「郢」為楚國都城），阻止了這場戰事，免於兩國生靈的塗炭（墨子・公輸）。意義、價值不是來自外在的給予，而是在於自身的理念。

　　人往往也被量性時間所拘制，如還來得及嗎？等等，而躊躇，阻卻了自己的腳步。《聖經》中記載；耶穌被釘在十字架上，同時在耶穌左右兩側釘了兩個凶犯，其中一個凶犯侮辱耶穌說：「你不是默西亞嗎？救救你自己和我們

罷！」另一個凶犯應聲斥責他說：「……我們所受的，正配我們所行的；但是，這個人從未做過什麼不正當的事。」說完並向耶穌懺悔，耶穌跟他說：「我實在告訴你：今天你就要與我一同在樂園裏。」（新約聖經，路加福音）只要人還沒死，任何時候踏出自我的藩籬都還來得及。這是宗教的訓示，無論信不信，道理卻是普及的。

（三）過程

人生的起始就是一個有「性」的存在，選擇何樣的性別以及相信人天生本具如何的本性，就會有不同的人生。可是，法蘭可醫師提出人生悲劇三要素：痛苦、死亡與罪惡。此即人之受難、必死與墮落，來自於人之有限性，乃人之無可抗拒的必然存在情境，卻也是人生之意義的來源之一，而且是相當重要的源頭。但是，「痛苦、死亡與罪惡」並非人類的實存，而是「缺乏」，人類的實存是「歡樂、生命與美善」。人生在世，不能只見歡樂與美善，猶如溫室的小花，卻是有了痛苦、死亡與罪惡，更能讓人追尋歡樂與美善以致生命的完滿。然而，面對苦難與必死之無可抗拒之命運，卻也容易令人墮落。

前文論及，中國思想對人之本性的三種主張，是關於人之天然本性的形上看法，對於一般人言及之形下之「性」，歸於慾望層面，需要禮樂之教以導正之。不同的是，孔孟之禮樂是為顯發人良善之本心本性，而荀子之禮樂是為轉化趨向自然慾望為惡之本性，興起後天之人為導引其向善。中國以禮樂之教，西方有各種倫理學理論，免於人的墮落。重要的是，別人可以給我苦難，但罪惡卻是自身加深了別人給我的苦難，而可能墮落至永恆的深淵。別人也可以予我歡樂，但放縱而好逸惡勞卻是自身讓歡樂變質為苦難，更可能將自己墮落至永恆的深淵。只有自身面對的現實與苦難，亦只有自身予自身的歡樂，方可以成為永恆美善的嚮往；生命的苦難與罪惡亦正是提醒自身該活出的歡樂與美善。

（四）彼岸

人迎向死亡有如何的意義？人死了又可能有如何的價值展現？

幾年前，修習筆者開設之「生死價值與醫學」通識課程中的一組同學，期末交了一部定名為「逆轉人生」的影片作業，內容描述一個平日遊手好閒的浪蕩子，一日，當他被診斷出罹患癌症末期時，回首過去，猶如打開一道道的門，原先蒙蔽在門內之種種，逞強鬥狠，騷擾別人，搶奪、偷竊他人財物，甚至性侵婦女等等，赫然呈現於眼前！懊惱來時路，已不能重來；放眼未來途，已所剩無多。難道已之一生就如此過去？思考再三，決定痛改前非，放棄積極治療，迎向死亡，好好面對無幾的人生，終了捐出有用之軀體，嘉惠習醫之學子。全片四分多鐘，無一句對白，由一曲適切的音樂貫穿全劇，幾位演員（組員）以簡單易明的肢體動作連貫劇情的演進。

墨家兼愛，為義以利天下，赴湯蹈火，死不旋踵。然而，如果我們只是簡單地以「置生死于度外」一語來詮釋墨家面對生、死之際的態度與作為，只怕是並未真正探入墨者之心懷以及領會墨者之精神！首先，墨者堅決反對執有命說，重視生命的創發，努力于既有命運的改造。其次，墨子提倡「節葬」的主張（今展現為自然人文價值的殯葬），表達面對死亡的安然以及生者對亡者的敬重、告別、孝子「慎終追遠」的人文關懷，是在亂世仁人孝親之權衡。

只要還活著，人就能為這個世界盡一分力；即使死了，也能展現身為人之價值。

四　結語：人生角色的轉變

筆者於今年（2020年）四月十日下午被告知罹患急性骨髓性白血病，即俗稱的血癌。聽到這個消息的剎那，我一個人面對醫師，腦中浮現「我不作化療」之意念，因為化療會中斷「我存在」的連續。當下的我心裡沒特別的悸動，情緒無絲毫的起伏；在人生的舞臺上，我該轉換角色了。心裡的些微波動，是因為我一時之間找不到新角色的位置，但絕非躺在病床上的病人，這並不代表我否認了「我是病人」，而且「我是重症病人」這個事實，否認了這個事實，我將永遠找不到新角色在人生舞臺上的位置。當天晚上，一位友人約我在一家以藏、印菜為主的餐廳吃飯（其實我並不喜藏、印菜），我仍然依時前往，照吃照喝，友人絲毫看不出我有何異樣。

　　不久，我即領悟到了新角色的位置，直至於今（2020年12月），歷經八個月的時日，我每一天都很努力地站穩自己在這人生舞臺的新位置，謹慎地踏出在舞臺上的每一步，扮演好這個新角色。舞臺是同樣的舞臺（人就這麼一生），所以這個「新」角色並沒有對立的「舊」角色，而是必要由「以往的扮演」連續下來，因為我還是我，我的生活也許有了些許變化，生命在一點一滴的消失，但「我存在」依然是「我」每個「當下存在」的連續。就是因為如此，經過這些日子以來的體驗，我確實領悟到了「活在當下」的真情實義。人生的意義就在於自身活在當下的「我」該做什麼，瞭解並做了當下該做的，就是活出了生命的意義，並創造出自我生命的價值。不去瞭解而做了當下不該做的，即可能導致生命的苦難與罪惡。

「仁者安仁」：

儒家仁愛與陌生人社會

曾振宇

閩南師範大學特聘教授、山東大學教授

有人認為中國社會是熟人社會。儒家倫理缺乏對陌生人關係的設計。費孝通《鄉土中國》：「以己為中心，像石子一般投入水中，和別人所聯繫成的社會關係，不像團體中的分子一般大家立在一個平面上的，而是像水的波紋一般，一圈圈推出去，愈推愈遠，也愈推愈薄。在這裡我們遇到了中國社會結構的基本特性了。我們儒家最考究的是人倫，倫是什麼呢？我的解釋就是從自己推出去的和自己發生社會關係的那一群人裡所發生的一輪輪波紋的差序。」這一觀點是對儒家的誤讀誤解！本文通過對仁學特點的梳理，力圖證明儒家仁愛思想在現代社會仍然具有普遍價值。

一　「仁者安仁」：是利他

在儒學史上，孔子貢獻之一在於將「仁」提升為位居諸德之上的上位概念。仁是「全德」，孝、義、忠、信、禮、智等具體德目是仁之精神在不同層面、不同領域的彰顯與證明。在哲學性質上，孔子「仁」之核心為「愛人」。正如廖名春教授所論：仁的本義就是「心中有人，也就是愛人。」（廖名春〈「仁」字探原〉，《中國學術》第八輯，頁138）但是，在實踐倫理學與工夫論層面，孔子主張「立愛自親始。」（孫希旦《禮記集解》，頁1215）孔子仁學進而凸顯出「愛有差等」的根本特徵。孔子仁學是「愛有差等」與「愛無差等」的辯證統一。在此基礎上，孔子進一步將仁「向高度提」（牟宗三《名家與荀

子》第三講，頁133），「仁者安仁，知者利仁」（《論語·里仁》）是孔子儒學標幟性命題，是孔子思想所達到的道德形上學最高哲學成就。孔子把「仁」分為「安仁」與「利仁」兩類，《禮記·表記》進而將「仁」細分為三類：「仁有三，與仁同功而異情。與仁同功，其仁未可知也，與仁同過，然後其仁可知也。仁者安仁，知者利仁，畏罪者強仁。」「安仁」也可理解為「樂仁」，《大戴禮記·曾子立事》有「仁者樂道，智者利道」（孫希旦《禮記集解·表記》卷五十一，頁1301）記載，正好可作佐證。孔子以「仁」為「安」、為「樂」，實質上是說明仁出自人之普遍本性，仁內在於生命本然，仁不是外在的強制性行為準則。仁是自由意志。正如牟宗三先生所言：孔子之「仁即是性，即是天道。」（《名家與荀子》第三講，頁135）仁既然源自普遍人性，就具有普遍性特點，普遍性意味著平等性。人性平等思想，在孔子思想中已有所萌芽。《史記·滑稽列傳》裴駰《集解》云：「安仁者，性善者也；利仁者，力行者也；強仁者，不得已者也。」（《史記·滑稽列傳》，頁3214）以「仁」為「安」、為「樂」，說明仁是「善」。因為仁善，所以人人安於仁、樂於仁。反求諸己，體悟自性先驗性存有仁心仁德，人性天生有善，無需外假，人生之幸福莫過於此。也正是在這一意義上，君子可以「安仁」、「樂道」。徐復觀先生將孔子人性學說高度概括為「人性仁」，也正是基於這一材料有感而發。既然「仁者安仁」，而非「利仁」，仁就不是手段，而是目的本身。君子行仁，是內在仁心仁德之彰顯，不做作，不虛飾，自然純粹，天然混一。猶如魚不離水，瓜不離秧。「安仁者不知有仁，如帶之忘腰，履之忘足。利仁者是見仁為一物，就之則利，去之則害。」（黎靖德編《朱子語類》卷二十六）朱熹的這一訓釋，通俗易懂，切近要害（朱熹這一表述或受莊子影響，《莊子·達生》篇云：「忘足，履之適也；忘腰，帶之適也；忘是非，心之適也。」）。「上者率其性也，次者利而為之。」（王聘珍撰，盧文弨注《大戴禮記解詁·曾子立事》，頁77）盧文弨所說的「率其性」，也就是孟子仁學思想體系中的「由仁義行」。與此相對，「利仁」之仁，是外在於人心的價值規範，「利仁」是孟子思想中的「行仁義」，是朱熹所說的「硬去做。」（《朱子語類》卷二十六）「是真個見得這仁愛這一個物事好了，猶甘於芻豢而不甘於粗糲。」（《朱子語類》卷二十六）「利

仁」既然是「以仁為利而行之」（程顥、程頤《二程集·河南程氏外書》卷六，頁381），行仁是手段，而非目的，因此智者之仁含有極強的以人為中心的社會功利性。「至若欲有名而為之之類，皆是以為利也。」（《二程集·河南程氏外書》卷六，頁381）王夫之「安仁、利人，總是成德境界。」（《讀四書大全說》卷四，《船山全書》第6冊，頁624）既然有「安仁」、「利仁」和「強仁」之分，說明」仁者安仁」富有自由意志特點。

孔子仁學有三大貢獻：其一，仁是「全德」；其二，仁者「愛人」觀念，涵蓋了人類道德生活的全部範圍，為全人類道德生活提供了普適性原則。仁是對他人的關愛，對宇宙間一切生物與存在的關愛。恰如牟宗三先生所言，「仁是可以在我們眼前真實的生命裡頭具體呈現的。」（《中國哲學十九講》第二講，頁31）仁不離人，仁不離日常之「在」，這恰恰正是儒家仁學具有永恆生命力之奧秘；其三，孔子「仁者安仁」之論，實屬空谷足音，發前人之未發，孔子仁學進而上升到了一個前所未有的道德形上學高度。因為「仁者安仁」命題已經觸及到了一個前人未曾涉及的理論領域：仁者何以「安仁」？換言之，仁存在的正當性何在？美中不足的是，孔子雖然已有人性平等思想之萌蘖，但對人性平等與「仁者安仁」並未詳細論證。儒學史是一部遞深遞佳往前發展的學說史，孔子沒有完成的哲學問題，留給了「吾所願，乃學孔子」的亞聖。

二　孟子：「乎仁義」

孟子接過思想「接力棒」，從心性論高度深入論證人性平等與仁存在正當性，也就是仁者何以「安仁」？

（一）證諸人類普遍情感經驗

韋政通對孟子的論證方式評論說：「孟子的性善論，不是經由知識上曲折的論證的過程，所得到的結果，他是直接就當下流露在具體生活中的惻隱、羞惡的德性的表現，而印證到人性普遍價值的存在。」（《中國思想史》，頁185）這種「具體的普遍」的例子比較多，我們主要分析其中的一個事例——「孺子

入井」：「所以謂人皆有不忍人之心者，今人乍見孺子將入於井，皆有怵惕惻隱之心。非所以內交於孺子之父母也，非所以要譽於鄉黨朋友也，非惡其聲而然也。由是觀之，無惻隱之心，非人也；無羞惡之心，非人也；無辭讓之心，非人也；無是非之心，非人也。惻隱之心，仁之端也；羞惡之心，義之端也；辭讓之心，禮之端也；是非之心，智之端也。」（《孟子·公孫丑章句上》）既然「乍見孺子將入於井」，皆會「誘發」「怵惕惻隱之心」，證明「四心」如同人之「四體」，皆是先驗的存有，與後天人文教化無涉。這種形式邏輯上的推理，其結論真實可靠嗎？王夫之對此提出疑問：「且如乍見孺子將入於井，便有怵惕惻隱之心，及到少間，聞知此孺子之父母卻與我有不共戴天之仇，則救之為逆，不救為順，即此豈不須商量？」（《讀四書大全說》卷八，《船山全書》，頁943）王夫之的這一反駁失之偏頗。如果因不共戴天之仇而棄孺子入井於不顧，這已經是由後天的倫理價值觀與利益訴求支配其行為。但是，孟子力圖要證明的是：人之仁義禮智「四心」，超越後天人文教化與知識。不是「乍見孺子將入於井」會滋生出我的惻隱之心，而是惻隱之心本來就存在於我心，孺子入井只不過是觸動、引發了我內在的惻隱之心而已。「稍涉安排商量，便非本心。」（《讀四書大全說》卷八《孟子》，《船山全書》，頁943）

（二）從「即心言性」到「即天言性」

唐君毅認為，孟子學的本質是心學，孟子人性論特點是「即心言性。」（《中國哲學原論·原性篇》第一章，頁14）徐復觀也認為，「性善」兩字，到孟子才明白清楚地說出，「由人心之善，以言性善。」（《中國人性論史》第六章，頁99-100）牟宗三進而認為，中國學術思想可大約稱之為「心性之學」，此「心」代表「道德的主體性」。（《中國哲學的特質》，頁69）孟子「即心言性」目的之一，在於從道德形上學探尋仁義禮智諸善端的源起與正當性。「盡其心者，知其性也。知其性，則知天矣。」（《孟子·盡心章句上》，頁349）」此處之「心」不是認知之心，而是德性之心，「是價值意識的創發者。」（黃俊傑《中國孟學詮釋史論》第三章，頁109）「心」有其具體內涵：「仁義禮智，非由外鑠我也，我固有之也，弗思耳矣。」（《孟子·告子章句上》，頁328）仁

義禮智作為心之具體內涵，是先驗的存有，是生命的內在本然屬性，所以孟子一再強調「仁義禮智根於心」。（《孟子・盡心章句上》，頁355）既然仁義禮智「根於心」，也就證明仁義禮智是「在我者」，而非「在外者。」（《孟子・盡心章句上》，頁351）沿著孟子人性論這一運思路向，我們可以真正讀懂何謂「萬物皆備於我。」（《孟子・盡心章句上》，頁350）《經籍纂詁》釋「備」為「豐足。」（卷六十三，頁1378）《荀子・禮論》云：「故雖備家，必踰日然後能殯，三日成服。」「萬物皆備於我」並不是知識論意義上的命題，而是境界論與形而上學意義上的命題。「萬物皆備於我」之「我」，近似於莊子「吾喪我」之「吾」，「吾」是「以道觀之」的「大我」，而非拘泥於主客體認識框架的「小我」。（何中華〈孟子「萬物皆備於我」章臆解〉，《孔子研究》2003年第5期）陸象山把「萬物皆備於我」解釋為萬物皆備於「吾之本心」（《陸九淵集》卷一《書》，頁5），是作心學向度的發揮。實際上，孟子「萬物皆備於我」命題旨在表明：君子「所性」源自心，「自我立法」（黃俊傑《中國孟學詮釋史論》第三章，頁109），無需外假。尤其值得注意的是，性之善不僅僅是一道德精神，而且是人生之幸福與快樂，「反身而誠，樂莫大焉。」章太炎評論道：「反觀身心，覺萬物確然皆備於我，故為可樂。」（《國學講演錄・諸子略說》，頁175）善是樂，善是幸福。這一思想與康得哲學深相契合。康得實踐理性中的「善」蘊涵幸福，善不僅僅是道德律，有幸福才是至善。

　　「心善是否可能？」這一疑問已通過上述「乍見孺子將入於井」 等生命體驗與邏輯論辯進行證明。接下來的問題在於：心善何以可能？孟子的回答為「心之官則思，思則得之，不思則不得也。」（《孟子・告子章句上》，頁467）「思」即「省察」，「省察」之樞要在於「慎獨」，「慎獨」之義即陸象山所言「不自欺。」（《陸九淵集》卷三十四《語錄上》，頁418）因此，孟子的觀點可梳理為：心能思，「自明誠」，所以心善。天道為「誠」，既真且善；人道當為「誠」，但人需「思」，也就是「誠之」，才能臻至「誠」理想生命境界，這一境界也就是真善美境界。「大人者，不失其赤子之心者也。」（《孟子・離婁章句下》，頁292）赤子之心「純一無偽」（朱熹：《孟子集注》卷八，頁292），赤子之心即「誠」。因此，天人在「誠」這一境界維度上，有望通過「思」而臻

於合一。東漢趙岐對心善何以可能的探究基本上延續了孟子的思路：「性有仁義禮智，心以制之，惟心為正，人能盡極其心，以思行善，則可謂知其性矣。知其性，則知天道之貴善者也。」（《孟子正義・盡心章句上》，諸子集成本，頁517）但是，如果斷言孟子人性論只是「即心言性」，可能陷於偏曲之論。實際上，孟子並沒有停留在「以心言性」思維階段，而是百尺竿頭更進一步，以「天」論性、「即天言性」，這恰恰正是孟子人性思想卓然高標之處。馮友蘭指出：「孟子因人皆有仁、義、禮、智之四端而言性善。人之所以有此四端，性之所以善，正因性乃『天之所與我者』，人之所得於天者。此性善說之形而上的根據也。」（馮友蘭《中國哲學史》第六章，頁101）[1]在「盡心—知性—知天」邏輯框架中，天無疑是位格最高的哲學本體。在孟子思想體系中，「天」範疇的含義比較繁複，既有自然之天的表述，也有主宰之天、運命之天和義理之天的成分，但分量最重的還是義理之天。牟宗三認為，荀子之天「乃自然的，亦即科學中『是其所是』之天」，而孔孟之天是「形而上的天，德化的天。」（《歷史哲學》，頁113）「有天爵者，有人爵者。仁義忠信，樂善不倦，此天爵也；公卿大夫，此人爵也。」（《孟子・告子章句上》，頁336）仁義忠信是「天爵」，源自天，「天爵以德，人爵以祿。」（《孟子正義・告子章句上》，諸子集成本，頁469）既然仁義忠信出乎天，孟子進而認為「人人有貴於己者。」（《孟子・告子章句上》，頁337）「貴」有「良貴」與「非良貴」之別，公卿大夫是「非良貴」，仁義忠信是「良貴」，「良者，本然之善也。」（朱熹《孟子集注》卷十一，頁336）本然之善的仁義忠信，人人皆備，所以孟子說「飽乎仁義。」（《孟子・告子章句上》，頁336）

孟子的「四心」、「四端」說及其證明方式，從心性論高度證明仁出於天，因而具有「命」之絕對性。仁是善，又具有正當性特點，仁是善與正當性的完美統一。孟子仁論與天、命、心、性相結合，論證了仁的來源和正當性，證明了人性何以平等，在人性平等基礎上進而證明「仁者安仁」是否可能？孔子開創的仁學演進至孟子，以仁為核心的道德形上學基本建立，這是孟子在思想史上所建立的豐功偉業。朱熹對此評論說：「孟子發明四端，乃孔子所未發。人只道孟子有辟楊、墨之功，殊不知他就仁心上發明大功如此。看來此說那時若

行，楊、墨亦不攻而自退。辟楊、墨，是捍邊境之功；發明四端，是安社稷之功。」（《朱子語類》卷五十三，頁1290）馮友蘭先生也說：「孟子言義理之天，以性為天之部分，此孟子言性善之形上學的根據也。」（《中國哲學史》第十二章，頁217）朱熹、馮友蘭之論，確乎不謬！

三　結語

在儒家仁學史上，孔子的貢獻在於把仁提升為位居諸具體德目之上的上位概念，仁者「愛人」涵蓋了人類道德生活的全部範圍，為全人類道德生活提供了普適性原則。尤其重要的是，「仁者安仁」已蘊涵人性平等思想萌芽，儒家仁學臻於一個前所未有的理論高度。因為「仁者安仁」命題開始觸及到了這樣一個重大理論問題：「安仁」何以可能？換言之，仁存在的正當性何在？孔子雖然對「仁者安仁」並未作詳細而深入論證，但問題的首次提出比對該問題的證明同樣具有哲學價值。在孔子之後，孟子「即心言性」、「即天論性」，從性命論、形式邏輯和生命經驗多重層次證明仁為天之所「命」，落實於人心為善端。命意味著普遍性，普遍性意味著人性平等。仁義諸善端是先驗的存有，善端不同於善，「人之性」有善端，未必沒有趨向惡之性向。在人禽之別思維路向上，人人應當自覺以「四端」為性，實現生命內在超越。孟子仁學，從心性論視野證明「仁者安仁」是否可能，儒家仁學哲學思辨性與邏輯嚴密性大大增強，儒家以仁為核心的道德形上學初步建立。

新儒家徐復觀嘗言：儒家之「仁」是中國自由主義的倫理基礎。（〈中國自由社會的創發〉，《學術與政治之間》，頁293）這是「儒家自由主義」代表人物非常重要的一大學術觀點，時至今日，其重要性越來越顯明。儒家仁學成為中國自由主義倫理基礎是否可能？何以可能？這是學界需從理論高度深入探討的一大課題。儒家仁學本質是對生命的的尊重與敬畏。仁者愛人，是對他人的關愛，而不是只愛自己。儒家仁愛，對陌生人社會有所涉及與設計，因為仁愛是人類普遍之愛。

儒學的時代意義

蔡忠道

國立嘉義大學中國文學系教授

儒學在中華文化中立足數千年，影響深廣，時至今日，儒學是否過時了？

很高興今天有機會跟大家探索「儒學的時代意義」，我們如果要開顯儒學的時代意義，最重要的就是要了解孔子，以及孔子所開展出來的儒家思想，在這個時代如何饒益我們，或者跟現代社會能夠有一些精彩而深刻的對話。所以整個演講，我們會先介紹孔子，然後介紹儒家的一些核心的智慧，最後，再談一談儒學回應現代社會問題的一些思考。

我的學生曾到美國打工度假，學生回來之後跟我分享說，當他跟美國的學生聊天的時候，提到自己主修中國文學，美國的學生就問他說，你有沒有讀過《老子》，由此可見，國外的學生對於中國文化，其實是深感興趣的。這幾年，大陸的學生到我們系上來交換的時候，他們也跟我分享到對臺灣的一個美好印象，他們都認為臺灣人有一種非常好的特質，就是對陌生人的困難，願意及時伸出援手，比如說有陌生人問路，臺灣人幾乎都會伸出援手，幫助這些陌生人。這些分享讓我印象非常深刻，臺灣是一個寶島，非常幸運的具備傳統文化的底蘊，傳統文化裡面非常重要的一部分就是儒家；我們受儒家影響，或者透過傳統文化的學習，所以在面對陌生人困難的時候，我們就願意伸手去幫助他。

哈佛大學這幾年有一門很熱門的課叫幸福學，修課的學生超過一千人。二十一世紀，全世界最頂尖的學生，他們很想學習的是，如何創造對自己的幸福以及讓他人幸福的能力。然而，幸福是什麼？哈佛大學經過八十年的研究，他們的結論是，幸福來自良好的人際關係。儒家非常強調五倫的關係，在人際的

互動中成就自己的價值，也成就人際的和諧，正是經營良好人際關係的古代智慧，這與哈佛大學的研究，有著異曲同工、殊途同歸的結論。

接著，我們就簡單介紹一下孔子，孔子是春秋晚期的，出生在魯國的一位思想家、政治家跟教育家，也是儒家的創始人。孔子一生相當的坎坷辛苦，三歲父親就過世了，十七歲母親也往生，所以他在我們高中的年紀，就成為一位孤兒，所以孔子說：「吾少也賤，故多能鄙事。」孔子有很多打工的經驗，因為要為自己的生活奔忙。另外一方面，孔子在貧困的環境下，他非常地好樂學習，加上他又是商朝的後裔，因此他對古代的禮制很嫻熟，成為這方面的專家。

孔子後來進入魯國當官，五十一歲當上中都宰，五十二歲時，成為大司寇，而且代理宰相的職位，在魯國跟齊國的夾谷之會，孔子還協助魯國取得非常重要的外交勝利。齊國很擔心魯國強大，所以贈送了歌妓美女給魯定公，沒想到魯國的國君就沉迷於酒色而不上朝，孔子感到非常失望，在他五十四歲的時候離開魯國，展開十三年周遊列國的辛苦過程，找尋一位英明的國君能夠實現他的政治理想。這段時間，經歷非常多的艱辛，最有名的就是在陳、蔡絕糧，孔子與的子們進退維谷之際，甚至七日沒有糧食可吃。子路內心不快，他跟孔子提出一個非常深刻的問題：「君子亦有窮乎？」就是一個君子是不是也會遇到這麼多的困難，孔子回答：「君子固窮，小人窮斯濫矣。」孔子認為有德、無德的君子與小人的差別，不在於有沒有遇到困境，而是面對困境的不同方式，一個是在困境中還能夠堅守原則，一個是在困境中就無所謂、無所不為，這才是君子跟小人的關鍵差別。孔子這番話說得非常深刻，也非常策勵我們後代的人在面對困難的時候，應該要採取什麼樣的一個態度。

孔子在六十八歲回到魯國，一直到七十三歲過世，這五年間，經歷了兒子孔鯉過世，最好的學生顏淵病故，以及他心愛的弟子子路在衛國被殺，這樣一連串不幸的事件。同時，孔子也利用這段時間，刪訂《詩》、《書》等，把六經整理出來，這影響後世非常的深遠。我們環顧孔子的一生，孔子雖然做了大司寇，也代理過宰相的位置，好像獲得一些政治上的成就，可是，在他人生當中，卻經歷了十三年周遊列國、一無所成的困境，晚年也遭遇了家人以及心愛的弟子一一過世的悲傷。

　　漢代司馬遷為孔子寫了〈孔子世家〉，他在論贊裡面這樣說：「《詩》有之：『高山仰止，景行行止。』雖不能至，然心鄉往之。」司馬遷把孔子比喻成高山，是我們仰望的對象，孔子的美好德行，也是我們效法的一個宗師，那孔子的這些美好的德行，雖然做不到卻內心心生嚮往，司馬遷對於孔子這種景仰之心，在論贊一開始就說得非常的清楚。司馬遷接著說：「天下君王，至於賢人，眾矣！當時則榮，沒則已焉。孔子布衣，傳十餘世，學者宗之。自天子王侯，中國言六藝者，折中於夫子。可謂至聖矣。」司馬遷綜觀幾千年的歷史，有一種非常深刻的洞察：歷代英雄風雲人物，不管是功業宏偉的君王，或者是德行崇高的賢人，非常非常多，當你在歷史的浪頭上，榮耀加身；一旦不在了，很快就被遺忘了。孔子雖然出身平民，只是短暫當過官，到了司馬遷的時代，已經傳了十幾代了，大家還是非常景仰他，所以司馬遷說孔子是聖人，而且是聖人中的至聖，最高的聖人。所以，孔子是至聖先師，為什麼呢？因為他有超越時空的影響力。我們今天來看，經過兩千多年，孔子還是這麼受到景仰跟推崇，可見孔子的影響力不可小覷。

　　儒家建構了什麼樣的立身處世的原則，可以讓這麼多人喜歡，而且深入的學習，第一個，儒家主張「利己利人」，要成就自己，也要幫助別人，幫助自己和幫助別人只是階段性的不同，其實是同一件事，《大學》說：「大學之道在明明德，在親民，在止於至善。」明明德就是幫助自己，彰顯自己美好的本質、美好的德性，好讓自己的生命品質越來越高；接著，就要幫助身邊的人；不管幫助自己或幫助身邊的人，都要做到最完善，就是止於至善。而利己利人的學習，主要的內涵，第一個就是「仁」。孔子說：「仁者，愛人」愛人就是想幫助別人，覺得這個人需要幫助，我有能力幫助他，而且幫助他是真正能夠幫到他，又有幫助他的能力跟方法。顏淵問孔子：「何謂仁？」孔子說：「克己復禮為仁。」克制自己的私慾，讓自己的行為從不合於禮回到合於禮的軌則，這個叫克己復禮。我們常常是隨順自己的慾望，滿足自己的慾望是我們行為的推動力，可是過度膨脹自己的慾望，會變成無止盡的追求，甚至不惜虧人以利己，傷害別人來成就自己。克己復禮，是做應做的事，回到禮的軌則。顏淵接著問孔子說，怎麼做呢？孔子就開出了四個面向：「非禮勿視，非禮勿言，非

禮勿聽，非禮勿動。」就在視、聽、言、動，不管是內心的想法、外在的行為以及表達的語言都要檢查，要合乎禮。此外，儒家最強調孝悌，孔子說：「孝弟也者，其為仁之本與！」實踐仁的根本就在我們家庭中的孝悌，在孝順的實踐中，儒家讓我們學習幾個德行，首先是看到別人對我的恩德，因為父母親生我、養我，對我們有莫大的深恩。孔子跟他的弟子宰我討論三年之喪，孔子主張三年之喪，宰我認為太長了，他主張一年就可以了，孔子最後說出自己為什麼主張三年之喪的理由：「子生三年，然後免於父母之懷。」也就是說，我們的生命幼稚期非常長，所以如果沒有父母親貼身的照顧，我們是不能活命的，所以父母親的生我、養我，是一種活命之恩，賦予我生命的活命之恩。再者，就是領納這種深恩，父母親那種全然對我們好的美好心意，我們要看見而且很欣然的接受，不要排拒；為什麼會排拒呢？因為父母親給出的東西不一定是最好，父母親也是一個平凡人，他也有情緒，所以他內心想關心你，可是表達的方式可能不是最好，或是用責罵代替鼓勵，可能給出來的東西跟別人一比較，就相形遜色，可是這些都無關乎或者無礙乎父母親想給我們最好的那種美好的心意。最後，子女有機會就要回報這樣的深恩，孔子也說，孝要先做到奉養，可是如果只有奉養，那跟犬馬沒有差別，最重要是一種內心的恭敬。所以，儒家的孝悌，就是教我們學會感恩，感恩跟報恩；如果我們在人際互動中，都能夠看到別人對我的美好，領納這種美好，而且想回饋這種美好，那我們的人際關係，一定是溫暖而和諧，所以孝悌的學習，其實是儒家一個非常非常重要根本，有智慧的學習。

接下來，我們可以再進一步探討，儒家怎麼樣回應現代社會的問題。我們先稍微總結一下現代社會的幾個比較大的問題：一是偏重物質、忽略心靈。例如，手機的功能相當強大，所以我們對於手機的依賴與日俱增，沒有手機，我們幾乎沒辦法過日子，可是我們在手機上瀏覽的事情常常不是重要的事情，是一種向外的一種關注，對於自己的內心則是非常陌生。第二個就是鼓勵競爭、缺少互助。幾年前，我在韓國參加學術會議，韓國的老師說韓國的三星捐款給各大學獎學金，他都只捐給第一名，就是說我只幫助第一名，所以就形成一種非常鼓勵大家競爭。競爭，一方面可以激發人的能力；競爭，也讓人與人之間

缺少互相幫助的一種體貼的心。第三個是自我中心，造成一種價值的虛無。我們非常強調自我實現，希望自己受到最大的關注，然而，當我們過度強調自己，其實就忽略了別人；你既然忽略了別人，別人也就容易忽略你，所以自我中心的結果常常是造成價值的虛無。

所以整個現代社會，偏重物質、忽略心靈；鼓勵競爭、缺乏互助；自我中心、價值虛無，這個造成非常非常大的問題。那這樣問題怎麼辦呢？諾貝爾獎得主阿爾文博士說我們要解決現代社會的問題，就要回到二十五世紀以前，去跟孔子學習智慧，那我們就來看看，儒家怎麼樣回應這三個問題。首先偏重物質、忽略心靈，儒家特別注重心靈的學習，孔子說：「志於道，據於德，依於仁，游於藝。」孔子所學的，不管是高遠的理想「道」，或者是美好的德行「德」，都收攝在一個體貼別人、為別人盡心盡力的「仁」，生命也在美好的文藝當中悠遊自得。這些都是注重自我心靈的提升，那注重自我心靈的提升，就是以心靈為主，不偏廢物質，可也不會被物質所主宰，就不會掉入重視物質、心靈空疏的現代困境。第二個鼓勵競爭、缺乏互助的人際互動，儒家就特別強調人的互助跟和諧，「父子有親，君臣有義，夫婦有別，朋友有信，君臣有義。」都是一種互相尊重。比如說君臣有義，孔子就非常強調「君使臣以禮，臣事君以忠。」國君對臣子要能夠以禮相待，臣子對國君就會鞠躬盡瘁，彼此相互關待。現代企業家很多是在這方面有很好的實踐，比如說昇恆昌的老闆江松樺先生，昇恆昌是臺灣最大的免稅商店，兩個主要的機場，高雄小港機場跟桃園的機場，免稅店主要都是他在經營的，所以是非常成功的企業家。他的員工呢，都要讀弟子規，為什麼呢？他認為讀了弟子規，懂得孝順，懂得感恩，就會懂得怎麼樣對待他的客人，就會好好的善待客人，所以昇恆昌在桃園機場以及小港機場的成功，在二○一六年就曾獲得英國 Frontier 雜誌評選為全球最佳單一地區機場零售業，得獎的意見就說，在桃園機場，昇恆昌可運用的營業面積有超過一半以上是非營利用途，包括了育嬰室、文化藝廊等等，那是全球少見以旅客為本位的經營型態。就從別人的角度來思考他的需要，而不是從我以營利的角度來思考這個需要，這個就完全是不一樣的翻轉，這樣的翻轉內涵其實就是儒家的那個仁，「己所不欲，勿施於人。」利己利人，所以在機場裡

面就可以常常看到一種，看似閒置的空間，做了一些文藝的展演，比如說把布袋戲，臺灣的這個布袋戲在那邊做展覽，臺灣的藝術、書法家的書法作品，在那邊做展覽，臺灣的手工製鞋過程，在那邊做介紹，這完全不是營利的，可是讓在機場久候的旅客，就可以在那邊逛一逛，不是只有進購物店買東西，到小吃店去吃吃喝喝而已。這些其實會損失了很多營利，因為機場的店面非常非常貴，可是昇恆昌有沒有獲利呢？他獲利其實非常好，所以是從另外一個角度去思考，達到立人立己、利己利人。所以我們前面講的恕道，子貢有一次問孔子說，有沒有一句話，有沒有一個德行可以終身奉行不渝，孔子就說就是恕道，「己所不欲，勿施於人。」，所以像昇恆昌這種幸福企業，從創造客人的幸福到創造自己的獲利，這是一種非常非常有智慧的一種視角。所以人際的互助和諧是儒家非常強調的，可是這個互助和諧不是強調競爭，可是在互助和諧裡面可以創造自己跟別人的幸福。第三個就是價值虛無、自我中心，儒家強調君子跟聖賢的追求，孔子說：「仁者不憂，知者不惑，勇者不懼。」若要成為一個聖者，一個有智慧的人，很多事理都可以看得透徹；一位勇者做事情遇到困難也不容易退縮；一個仁者，就活在當下，努力的去在每一個面對的境界或者人，全力的去幫助別人，生活就能夠坦蕩蕩。儒家追求的君子也是如此，文質彬彬的君子，既有深刻良善的內涵，又有非常好的文化教養。價值高遠，生命精彩，成就自己又關顧別人，當然不會陷入價值虛無，自我中心。

儒家其實是時代問題的最好的一種解方，能開展出人與人之間互助，自己的生命不斷提升，自他兩利的一種和諧，所以我們應該試著跟著孔子學習。臺灣自動化之父石滋宜先生，他有一次到日本參訪的時候，發現日本的企業家都在讀《論語》，還組讀書會，他非常的好奇，就在當地買了一本日文版的《論語》，一讀不得了，他覺得他一輩子所學習的管理的智慧，在《論語》幾乎都已經指出來，所以孔子也是一個管理學教父。石先生就寫了一本書《向孔子學領導‧36堂一生必修的論語課》，把他的學習心得跟大家分享。日本近代資本主義之父澀澤榮一，他有一本書《論語與算盤》，他認為一個好的企業家，要一手拿算盤，一手拿論語，算盤是企業家的技術的專業，《論語》是企業家的靈魂底蘊，所以他指出一個成功的企業家應該是「士魂商才」，就是有具備像

中國讀書人，傳統文化讀書人的一種生命底蘊，也要有商業的專業幹才，這個士魂就是要用儒家作為生命的基礎。前豐田汽車的總裁奧田碩曾經說過，《論語》是二十一世紀領導者育成的第一課，你要成為一個很好的企業家或者領導者，你一定要通讀《論語》，把《論語》做成你生命最重要的基礎。侯文詠他的書裡面曾經提到，他發現臨終的病患最關心兩件事情，一個就是他在這一生中，跟他有聯繫的至親好友，彼此之間的關係是不是還有任何的缺憾，第二，我這一生結束之後，產生了什麼樣的有意義的影響。也就是說，關係和意義這兩件事情，是臨終病患最關心的事情，我們總會走到人生的終點，也要回顧一生，反省我們的人際互動是不是有哪些缺憾，有哪些圓滿，我們這一生留下什麼美好的影響。儒家講五倫，就是在關係中創造意義，從五倫的互動中，成就自己、圓滿自己，成為給出幸福的兒子、父親、夫婦、朋友。所以儒家可以解決我們臨終的時候所最關心的兩個非常非常重要的問題，在關係中創造意義，在意義中擁有幸福。因此，我最後還是要強調，什麼是幸福呢？幸福的關鍵就是追隨聖賢，學習經典，在儒家就是追隨孔子，學習論語。

道家的心靈處方

葉 海 煙

國立成功大學中國文學系兼任教授

　　道家之學作為一人文之學、意義之學與療癒之學，殆無疑義；而其所對治所陶成所培塑的，主要為個體存在所立基之「自我」，以及群體發展所形成之文化、社會與吾人生活之世界。因此，道家思想所具有的療癒效力，即以療癒自我之病與人文之疾為主要之目的。由此看來，「自我之建立」與「生命之保全」兩個相關相聯的課題，實乃道家哲學的主要關懷，而當代人文學術，自是可以和道家思想彼此連結，而終建構出道家之自我觀、生命觀以及世界觀之意義結構——這恰恰是道家之所以能發展出一特殊的療癒之學的根由所在；而所謂的「道家的心靈處方」，也就蘊藏在老子與莊子之看待吾人存在之為「自我」（其中蘊含種種攸關「自由」與「道德」之問題）與吾人集結一切之他者之為一大生命（此即「世界」存在之總體），二者之間並行同在的意義脈絡裡。至於所謂的「自我之超越」究竟能夠如何真正超越個體之侷限，真正證成「自我」之真實意義，以及在自我與世界之間往來自在自如的「自由」之豐富意趣，此一「自由」已然涉及心靈之自由、精神之自由，以及生命之大自由。而此一攸關心靈療癒與生命療癒的課題，則可在老子與莊子的哲學思想裡，尋找到相當程度的解答。由此看來，道家的自我觀與世界觀，確實值得吾人進行現代意義的跨領域研究，以進而開發出道家的心靈之學、生命之學與療癒之學。

一　人我互為主體的心靈療癒

　　以老子的觀點與視角為例，其「自我觀」之思維脈絡，在老子「道」思維

的主線之下，有關「自然」、「無為」以至於「無知」、「無欲」、「無名之樸」等與「自我」具有對反性、辯證性以及具超越性的反向（逆向）思維，確實具有正反對照、且順逆相成的深沉意趣。至於對主體性的反思性認知，所寓含的『德』的能力與屬性，以及在主體認知的意向與能力引導之下，吾人又當如何超出主體意識的藩籬，以全面展開一切可以有助於自我生命成長之工作，並同時進行必要的自我保護與自我療治（此即所謂的「貴生」、「護生」、「養生」、「保生」與「全生」），則已然需要通過「互為主體」的關懷與照料，甚至必須進行「去主體」與「超主體」的自我解放與自我超越，而這恰恰是道家心靈療癒一以貫之、一體完成的實踐之道。

而以道家哲學的主要意向作為引領當代人文精神與社會實踐的基本原則，當可運用來開發道家的「自我療癒」所蘊含的深層意趣，如老子言「天之道，利而不害」，並同時揭櫫「聖人之道，為而不爭」，其中，顯然存在著多元意理的空間，其所含藏的深層之療癒與涵養之意義，在「不害」與「不爭」的自我警覺與自我防治的自知之明的光亮裡，是大可在智德兼具的心靈護持之下，進行全方位的心靈治療、精神修補與生命之復元。

在老子之後，莊子接著揭示逍遙遊的自然療癒與齊物論的認知療癒。莊子一路回返吾人自身，乃展開「由己及其人」的倫理路徑——也就是由奠定「主體性」（subjectivity）到成全「互為主體性」（intersubjectivity）的道德踐履之路，莊子於是雙向度地開發出「養生主的精神療癒」與「人間世的倫理療癒」，前者針對吾人「主體性」的精神意趣的揭顯與昇華，後者則剋就吾人與他者之間的「互為主體性」所可能衍生的倫理課題與道德問題。

在此，且以「庖丁解牛」為例，其以「無厚」，入「有間」的神奇功夫，乃旨在生命倫理的意義開發與價值實現；而「無厚」指的是吾人內蘊精神之力道，「有間」乃是生命無可限量的潛能。顯然，在莊子心目中，「人」基本是不受限的；而若吾人能善用看似有限的精神力氣，天地便將全向度度為我們敞開，未來也將會無可逆料地向我們展露不可思議的真相與底蘊。由此看來，「生死」不過是過眼之雲煙，「安時而處順」（「時」是生，「順」是死）也不會只是大話、空話，而吾人之真生命與真精神也就將如火炬一般，驅走周遭的黯黑。

　　由此看來，莊子的哲學顯然富含豐沛的人間性與倫理性，而「人間」就在吾人與天地來來往往的歷程中拓開而來，「倫理」則不外乎吾人與一切他者互為主體的關係網絡。由此，莊子要我們空掉這一顆心，來涵容一切之物，這便是「去己而容物」的襟懷；顯然，「心齋」是修養，是工夫，而人間自有倫理，自有「命」與「義」二者交相為用，這正是道德的修養與工夫著力之所在。由此看來，唯有不逃避，不畏縮，而勇於接受天性至親之「命」與人文化成之「義」，吾人纔真正是不傷損自然而同時能培盛人文的至人與真人。工夫至此，一切之療癒也就是一自保、自衛、自修、自成而自立自主的健康之道。

　　至於所謂的「德充符」，意即「德充於內而符應於外」，內外交應，身心和合，「德行」乃水到渠成，蒂落果熟之事。如此，我們又如何能看輕所謂「殘障」或「殘疾」之人：因此「才全」其實是「德全」，而「不形之德」就在吾人生命自主實踐過程自然成形而外顯——這正是「不道之道」、「不德之德」，「不道」與「不德」乃生命自治自療自癒的唯一法門。本來，「德行」便是生命最大之自由之所體現，而也唯有「有道」、「有德」纔是真正健康，真正能夠免於一切身心之疾的救命保命之道。

　　自始至終，莊子都在天人交往的過程中自由自在地言說，也一直都在天與人分分合合的道路上，調整他的心靈意向與生命動向，他因此如是言，如是說，如是作：顯然，真人是調和鼎鼐的高手，因為它隨順一切之變化，終生命之「境界」——現於變與不變之間，而在超然物外，優游於形軀之我、情意之我與認知之我之間。同時，從持續向上提升的「境界」現前之際，獲得生命療癒的無窮的資源。由此看來，生命自有其終極，精神也自有其限度，而在「我心如明鏡」的智性光亮裡，吾人自能「勝物而不自傷」，而終獲致生命之自我復元與自我保全。

二　身心靈一體的生命療癒

　　老子認為身心靈應該和諧而為一體，而體認「身心靈一體」的豐富意義，實為理解老子志在生命之自我療癒的必要前提。首先，我們要明白自己是怎麼

被限定、被制約，因此我們要懂得謙卑，知所進退，更要迷途知返，即時回返自身，即時恢復一己生命內藏的活力，如老子云：「萬物並作，吾以觀復。夫物芸芸，各復歸其根。歸根曰靜，是謂復命，復命曰常。」由此看來，老子要我們向植物學習，學習如何回到生命的根柢，如何不斷地找回自己無端喪失的生命寶藏，如一棵已然定根的大樹，縱然枝葉紛飛掉落，它們最後還是變成根柢所需的滋養，滋養來年新生的生命。而知命就是常道；反之，如果不知命，不了解自身，不懂得如何自我安頓，自我成長，就會如老子接著所提出的警訊：「不知常，妄作凶。」原來，不了解自己該走的路，該行的道，最後很可能會迷失了自我而自暴自棄，胡作非為。而如果能不斷地回返自身，保守住一己生命的根本，守本守份，我們終將會發現這小小生命竟有無比美好的內在世界值得探討，值得我們自己好好來品味，好好來玩賞。

老子又言：「治人事天，莫若嗇。夫唯嗇，是謂早服，早服謂之重積德。」而「嗇」可以作「稼穡」（指的是種作的農事）解。原來，學道行道，得要效法農夫。如以前種田人要趴在田裡除草，腳踏實地，一步一步地拔除不利於稻子生長的雜草。而這便是一種人文療癒，它讓我們不斷地回到人文根柢，體現人性最真實的一面。此外，我們同時要少思寡欲，回返最純真的生命，建立足以引領自我前行的坦坦大道。

又如老子的三寶：「慈、儉、不敢為天下先」。「慈」是愛人，「儉」是惜物，「不敢為天下先」是不要爭先恐後，尊重秩序，這是一種修養，甚至是現代人必備的公民素養。接著，我們必須不斷地回到自我和他者的和諧關係，以實現身心靈一體和合的終極理想。其實，身心疾病的出現，跟生活世界外在環境的惡化、人我之間關係的冷漠對立，以及狹隘負面的相對主義，實乃息息相關。道家認為我們人人雖彼此對立，卻仍然可以相互匹配而成雙成對。當代有哲學家單說一句：「一切都是相對的」，其實這是不負責任的，負責任的哲學家應該繼續追究：「為什麼一切都是相對的？既然相互對立，然後要怎麼讓處理這對立的關係？」這正是現代人文社會科學強調的人我之間相互溝通、相互包容、相互合作的實踐課題。

《老子》第一章如此開宗明義：「道可道，非常道；名可名，非常名。

無，名天地之始；有，名萬物之母。」顯然，老子發現，天地就在有無之間，有變成無，無又變成有，有、無須兩面兼顧，它是一個動態的循環。顯然，老子強調自然的「循環」與「回歸」——出去還要再回來。你每走出去一步路，其實你並沒有真正離開你的起點，而是越來越靠近你自己。我們成天來來去去，生活始終要有重心，一定要有個定點，自。就是個定點，而且是個動點。每一個人說的道都不一樣，都可以有自己的道。佛教說「平常心是道」，其中道理，正可以和道家的「道觀」。由此看來道家以道觀照人生，並且觀看世界，基本的觀點便是認為一切在在的事物都可以相互對比，彼此參照。

而「道」的的原義是「生」，《老子》第四十二章：「道生一，一生二，二生三，三生萬物，萬物負陰而抱陽，冲氣以為和。」原來，在相對狀態裡面有來有往、本來看似對立，其實蘊含著一個交互的關係，這個關係讓一切都有關係。而「道」本蘊含「生」義，如我們剛出娘胎的時候，我們的頭先出來，因此「道」字從「首」從「走」，「首」表示引領方向之意、就是思考；而「走」指的是行動與實踐。到了莊子，出現了很簡單的一句話：「道行之而成，物謂之而然。」原來，我們如何稱謂世上之物便有其名其義在；當然，有些專業術語需要專家的共識；而「道行之而成」，表面是指「路是人走出來的」，深一層地說，這世上本就「頭頭是道」，就看我們是否能夠踏出自己的腳步，勇敢地踏出真真實實、坦坦蕩蕩的生命道路。

顯然，道作為吾人存在之基礎，作為生命發展的根柢，實乃無比廣大而深遠難測，而其顯現於此一生活世界，並因此而不斷發揮其真實之作用，而獲致實際之人文療癒、心靈療癒與生命療癒，則鋪展為下述六個面向：自然之道、虛靜之道、柔弱之道、慈檢之道、漸進之道與功成身退之道；而此六個面向始終相互為用，和合為一體。

至於莊子，則以闡發逍遙遊之生命自由，作為其生命療癒之學的起點。接著，經過齊物論的生命一體之認知與理解、養生主的生命工夫論、人間世接納「命」並認同「義」的生命德行論，以及「德充符」內外相應、人我交遇的生命行動論，而終於上升於尊「道」為宗為師為主為歸趨的生命目的論，以及以回歸自然真實、樸質無華、渾然一體的生命境界論。

綜觀莊子從「道」、「氣」、「心」、「理」等核心概念出發，一逕投向吾人不能須臾或離的生活世界——顯然，哲學思考永遠是個未完成式，而道家人物則自始就在道中（on-the-wayness），坦然展露其人文性與超越性相映成趣的宏觀、深觀與遠觀，並因此全心致力於「道」意含的多元化、普遍化、豐富化、真實化與超越化，以使吾人之心靈、生命與生活世界在多災多難多變化的現實困境裡，得以獲致自我「超脫解放」所需之意義支援，雖道家崇尚自然，而志在歸根復初的心靈還原與生命培成之道，其實始終不落歧途，也總是時時回應那自然本然的呼喚。

而身處人與世界共存共在的境況，道家開拓出了道德原理與生命理想殊途同歸的精神活路與心靈境界，而因此直接地如此提問：「我們真的是自由的嗎？」、「我們又如何能夠自由自在地生活？」在此，就以莊子的「逍遙遊」為例，首先是大鵬高飛的著名寓言：「北冥有魚，其名為鯤，鯤之大，不知其幾千里也。化而為鳥，其名為鵬。鵬之背，不知其幾千里也。怒而飛，其翼若垂天之雲。是鳥也，海運則將徙於南冥。南冥者，天池也。」這真是一幅壯麗的奇景！緊接著，莊子讓小鳥登場：「我決起而飛，搶榆枋，時則不至，而控於地而已矣。奚以之九萬里而南為？」小鳥如此自言自語，竟然抬頭問大鵬：「你飛那麼高那麼遠，到底是為了什麼？」如此小大之間的對照與對比，其實不止是外在形體的較量，也是內在心量的計數；不過，世上所有的差異與對立，在莊子眼裡，幾乎都是不徹底、不究竟、不圓滿、不完美的。

一般看來，我們都以為大者自大，小者自小，而始終在小大之間，尋求一些足以讓我們存活下去的資源以及必需的生活條件，因此我們都是「有所待」者，有所依賴，也有所仰仗，例如神仙列子能夠白日昇天，一飛就一口氣飛了十五天，但是最後還是再飛回來，只因他還是有所待。扶搖是指強風，沒有強風，大鵬又怎麼可能由北極飛到南極？因此我們纔說「扶搖直上」。沒有風，鳥無法振翅高飛；沒有大氣層的氣流流動，飛機也無法往上飛；而飛機水平飛行的時候，我們往往會出現不覺得飛機在飛的錯覺，但在起飛和降落的時候，我們的感覺卻非常強烈，因為飛機正衝著氣層而上，或順著氣流而下。由此看來，大鵬、小鳥、飛機和那飛了十五天的列子都有所待，都有所依賴，但是真

正的無待者、真正的獨立者，則如莊子的描述：「若夫乘天地之正，而御六氣之辯，以游無窮者，彼且惡乎待哉！」由此，莊子回視人間，發現真正無所待者是超越小我的至人、超越有形功績的神人、超越外在名聲的聖人。有聖人之德，不求聖人之名，纔是一個真正有道德涵養的人。因此，最後莊子下了這樣的結論：「至人無己，神人無功，聖人無名。」說明了生命自由與人格超拔的理想。

追根究底，我們終究要回歸自然，因為「自然」平等看待所有的一切。不過，我們卻經常違背自然、離棄自然，只因為我們總是被自己那分別「有用」與「無用」的偏見所蒙蔽。一棵樹不成材，看來沒有任何的用處，但是莊子說我們可以把它種植在「無何有之鄉」，莊子於是如此暢言：「今子有大樹，患其無用，何不樹之於無何有之鄉，廣莫之野，彷徨乎無為其側，逍遙乎寢臥其下。」由此看來，這棵不成材的大樹真的有大用，這同時印證了莊子的一項觀察：「世人皆知有用之用，而莫知無用之用。」而那被種在「無何有之鄉」的大樹不正發揮了「無用之用」？想起小時候，在天氣炎熱時候下田工作，媽媽叫我到大樹下休息乘涼，只因為那裡有樹蔭，我們都不會在意那棵樹到底成材不成材，到底有沒有用，我們都不是木材商，只知道樹蔭底下可以乘涼。莊子接著說：「不夭斤斧，物無害者，無所可用，安所困苦哉！」沒有刀斧會來傷害它，只因為它不成材。如此超乎實用思考的心靈活路，正是莊子尊生、重生、貴生、保生、全生的哲學宗旨，而這也當是道家療癒之學的核心意義。

三　結語

看來，在「人與歷史」、「人與世界」、「人與其自身之為主體」、「人之理性與其對應之語言系統」、「人之為個體與其所營造出的群體之間的意義生發之問題」等主要的哲學關懷面向之間，設法斟定出老子「道」的意蘊之外，也同時關切老子與莊子的倫理關懷與開放之態度，如莊子之「自由」概念（以「逍遙遊」為生命大自由之真實顯豁），如此解讀《老子》與莊子，似乎已超出傳統「格義」的層次——例如方東美以其所揭顯的莊子哲學的基本原理：從物物平

等原理到超越原理，再到自主性原理，而對莊子哲學進行了創造性的詮釋，即一具有創見的觀點。

原來，生命自由往往顯豁事於生命受限受阻的現實境況，然事實會轉變，吾人更可以化阻力為助力。而由於一開始便盡力設法取消二元對立的，莊子顯然隨時心存盼望，而他以天地存有為一大動態系統，乃獨鍾於情意觀的玄妙思索與美感經驗，並進一步強調超越情意的工夫，而不斷提升轉化生命情意之結構，以展開具跨越性、超拔性與整合性的生命行動，而這不就是道家的心靈療癒與生命療癒所需之處方以及必經之療程？

原來莊子以大鵬與小鳥的大小對比為喻，便是為了讓吾人有限之生命有「自我超越」的可能與意願。本來，小鳥像是井底之蛙，它自有限度，人也有限度，更因種種限度而落入主體性的困境。雖然大鵬高舉飛遠，一心與天地抗爭，這可是明明白白昭示：吾人勢必超越生命存在之限度，而由現實邁向理想，由自我朝向宇宙。人人之為一自我，勢必有困頓有災禍，所以我們必須經由自我超越之路，纔可能以智慧之關照「以無化有」，以達到天人和合之境界。自由與積極的自由，這兩種看似不太相干的自由，在莊子的生命理想與生命倫理相互呼應的實踐歷程中，竟然終究相互整合，彼此為用。

顯然，人人與天地互為主體，已然不是消極的自由，因為內涵無限寬廣的內在生命，已然經由主體性的意理顯豁，一路上升於生命自由與生命意志的充分體現。如此，人我共在，天地並存，其間大有超越、轉化與昇華的機會與資源，而這不就是天地倫理與生命倫理相互聯手的生命大戰略？這也應是哲學思考與實然世界在吾人的生活進程中永不止息的平等對談與交互溝通，其中，所蘊含的心靈療癒效力，實值得吾人一探究竟，並終身關照。

敦煌另類的俗文學：

具打油詩、白話詩特色的王梵志詩與學郎詩

鄭阿財

南華大學退休教授兼敦煌學研究中心榮譽主任

一 引言

西元一九○○年敦煌莫高窟下寺道士王圓籙偶然打開了高廣方丈的藏經洞，為數六萬多號豐富而多樣北宋以前的寫本文獻，立刻在中國學術史上綻放出萬丈光芒，形成「敦煌學」這一門新興學科，並擴大到石窟壁畫、塑像、洞窟遺址及相關遺物的研究，快速的發展成為國際顯學。

從中國文學的立場來衡量，最重要的當推俗文學的講唱變文。變文的整理研究拓展了中國文學研究的嶄新園地，更有助於中國俗文學發展的考察，特別是講唱文學的早期樣貌，提供宋、元話本，明清彈詞、鼓詞、寶卷等俗文學體類溯源的實證；同時也廓清中國白話小說的發展脈絡，釐清了六朝志怪、唐人傳奇、宋元話本與明清通俗小說傳承關係的偏差；更提供考察唐五代俗文學、俗語言、俗信仰的具體材料。

除了講唱變文，敦煌文獻中詩歌與曲子詞的數量也可觀，其中既有中原地區的作品，也有敦煌當地的創作；有《詩經》、《玉臺新詠》等傳統文學經典，也有李嶠、李白、高適、白居易等唐代文人雅士的作品，更有流行於民間的白話通俗詩歌。

一九二○年王國維《敦煌發見唐朝之通俗詩及通俗小說》（《東方雜誌》第17卷第8期），拉開了敦煌學在中國俗文學研究的序幕，一九二九年鄭振鐸發表《敦煌的俗文學》（《小說月報》第20卷第3期），首倡「敦煌俗文學」這一概念，並用它來概括敦煌寫卷中「通俗的」、「民間的」「大眾的」文學作品。一

九三八年鄭氏在上海商務印書館出版了《中國俗文學史》，其中據敦煌寫本論述了「唐代的民間歌賦」、「變文」，其影響極為深遠。因此對於變文、曲子詞，從形式、題材的轉變，宗教宣傳到大眾娛樂，寺院俗講到市井講唱，以及筵席、酒樓、茶館的傳唱學界都有所關注；進而對變文是中國講唱文學的源頭，曲子詞提供民間詞過渡文人詞發展歷程的實證，大家都有了一定的認知。因此，我今天打算跟大家談談敦煌寫本中另類俗文學的作品。

從文體特徵來看，除了變文一類韻散合體的講唱文學，及長短句具詞牌曲調的曲子詞外，作為中國詩歌王國的唐代，敦煌文獻中的詩歌作品也是重要的一環，且與變文、曲子詞鼎足而三。但若純就詩歌觀點論，敦煌詩歌的藝術成就顯然遠不如傳世的唐人詩歌，尤其是唐代名家的詩篇；不過，敦煌詩歌自有其特色及一定的研究價值與意義，其中尤以通俗白話詩最為特別而耀眼，王梵志詩與學郎詩堪稱翹楚。語言口語化、內容生活化、題材通俗化，極具俗文學特色，更是敦煌詩歌的奇葩。

二　深具俗文學特色的王梵志詩

一般說來，詩歌主要以典雅為正格，鄙俗粗淺為詩家所忌，但是敦煌寫本王梵志詩卻是以通俗淺近見稱，其主要原因在於俗得有特色，他的詩不僅語言通俗、且口語俚詞皆可入詩，詩句簡練，明白如話。在白話文學發展史上，佔有極重要的地位，也是俗文學研究的珍貴材料。

從俗文學的視角來看《王梵志詩》，主要跳脫歷來詩歌以典雅為正格的窠臼，著眼於其詩歌語言的口語、鄙俚，風格的辛辣、諧讔。任二北〈《王梵志詩校輯》序〉中，以「早、多、俗、辣」來概括王梵志詩的整體印象，其『俗』『辣』二字正是王梵志詩在語言與內涵所表現的特色。項楚《王梵志詩校注》精確的文本校錄，詳贍的注釋與透闢的解讀，同時將王梵志詩所反映庶民大眾的情感、語言、思想及信仰一一檢視，藉以展現唐五代世俗大眾的價值觀、道德觀與人生觀。有興趣的同學可以閱讀。以下略舉幾首，一窺王梵志詩的「俗」、「辣」。如：

　　梵志翻著襪，人皆道是錯，乍可刺你眼，不可隱我腳。

　　古代襪子是用布縫制的，外表光潔，裡面接縫處當是粗糙的。王梵志把襪子翻過來穿，將接縫粗糙的一面穿在外面，別人看到了都說穿錯了；可是王梵志寧可讓人看著刺眼，也不要讓自己的腳踩著粗糙的接縫而不舒服。一般的生活常態，習慣將光潔一面穿在外面，將粗糙的一面穿在裡面，王梵志卻偏偏反穿襪子，雖不合傳統，不近人情，但自我感受舒服，這種觀念可說是西方國家一九六〇年代反抗習俗嬉皮（hippy）之風的祖師。「乍可刺你眼，不可隱我腳」等詩句，表現出辛辣諷刺、幽默諧謔，雖不免覺得突兀，但卻也發人深省。這種奇崛跌宕、深刺淺喻、犀利辛辣的詩風，正是唐代詩僧皎然《詩式》中所講的「駭俗」手法。因王梵志的這首詩，宋人論詩乃有『翻著襪法』之說，如陳善《捫虱新話》提到有人說：「知梵志翻著襪法，則可以作文。」：

　　他人騎大馬，我獨跨驢子，回顧擔柴漢，心下較些子。

　　這首二十字簡短的五言絕句，描寫「跨驢者」與「騎大馬」、「擔柴漢」的比較，眼看著別人騎大馬，自己卻跨著一頭瘦小的毛驢，相形之下，不免覺得有點寒磣，心裡著實不好受；可是回過頭來看到挑著乾柴的田舍漢，當下心裡頓時覺得好受多了。

　　作者抒寫「跨驢者」比上不足的不滿，以及比下有餘自得的心理，文字淺顯，涵意深遠，哲理意味濃厚。這種知足常樂的樂觀態度，頗有所謂的「阿Q精神」。將「比上不足，比下有餘」中庸思想處世哲諺的涵義具體發揮，這種筆調犀利，幽默諷刺的具象作品，不禁令人再三玩味。

　　　　城外土饅頭，餡草在城裡，一人吃一箇，莫嫌沒滋味。

　　這首詩的內容肯定有生必有死的生死無常觀。生命是短暫的，死亡是必然的，當面對死亡無法掙脫的事實時，作者只有無可奈何地做出這樣的自我解嘲。以生活中最平常的食物饅頭來比喻墳墓，城外堆著一個個高聳的土饅頭（包子），饅頭（包子）裡所包的餡是住在城裡的人，每個人一生都得領受，都得吃一個，即使沒有滋味，也不能嫌棄，不能選擇。

　　「城外土饅頭」，讓人頗有杜甫詩「獨留青塚向黃昏」那種死後孤寂、殘酷與蒼茫之感，「土饅頭」棄於荒郊城外，生時榮華富貴不免也無常。城裡、城外生死相隔，在城裡的人，終歸得死，一死埋葬便成了城外土饅頭的肉餡，如此絕妙幽默的比喻，幾乎令人哭笑不得。同樣面對生死的態度，還有：

世無百年人，常做千年調，打鐵作門檻，鬼見拍手笑。

生命無常且短暫是必然的事實，然而世人偏偏看不破，或不願正視；總是在活著的時候，費盡心思去廣置田產，妄圖長生不老，作千年的打算。詩中特別以「打鐵作門檻」形象地表現世人長遠打算的苦心經營，其實終究是枉費徒勞。詩人耶揄調侃的說，當鬼卒前來催促時，看到此一情景定然拍手叫絕。不但具象，且語言生動詼諧，警醒讀者，活在當下，及時行樂之思油然而生。

宋代詩人范成大曾把這首詩與〈城外土饅頭〉的詩意鎔鑄為一聯說：「縱有千年鐵門檻，終須一個土饅頭。」（《重九日行營壽藏之地》）足見這些詩句的精警透闢，所以《紅樓夢》中妙玉就很喜歡這兩句詩，而「鐵檻寺」、「饅頭庵」的命名也就是從王梵志這兩首詩而來的。

又王梵志〈城外土饅頭〉、〈梵志翻著襪〉詩，都曾得到北宋著名詩人黃庭堅的贊許，在宋代詩話中也多所記述，有易其後兩句為：「預先著酒澆，教使有滋味。」或足成四韻：「城外土饅頭，饀草在城裏。著群哭相送，人在土皮裏。次第作饀草，相送無窮已。以茲警世人，莫開眼瞌睡。」可見，在宋代已成為一椿熱鬧公案，只是改詩者或說是蘇東坡，或說是黃山谷。

總的來說，王梵志的詩風尖新，深受宋人的喜愛，引起熱烈的鑑賞與討論，同時也出現了詩作著作權的爭議問題，還有文本多異文的現象。如〈世無百年人〉詩在釋惠洪《林間錄》卷下引〈寒山子詩〉云：「人是黑頭蟲，剛作千年調。鑄鐵作門限，鬼見拍手笑。」王楙《野客叢書》引李後主詩：「人生不滿百，剛作千年畫。」也有相近詩句，莊綽《雞肋編》引北宋俚語有：「人作千年調，鬼見拍手笑。」這種著作權的混雜不清及文本詞句的諸多變異現象，乃至有關原創性、傳承性等問題，正是俗文學作品傳承性、集體性、變異性與作者匿名性鮮明特徵的展現。

三　諧趣淺白的敦煌學郎詩

同樣具有白話詩歌特色的，還有一些保存在當時稱為「學郎」、「學士

郎」、「學侍郎」這些學生們的課本、習字、雜寫本子卷末或卷背，或寫本行間的詩篇，這些是當時學生不經意隨手抄寫的詩篇，雖非嘔心瀝血之作，卻是真實自然的學堂之聲，是最能反映當時學郎心境的。這些詩歌多半口耳相傳，隨手書寫，字體多不工整，又多別字俗體。正因如此，更能流露出古代學童們純真可愛的心靈。這些作品既豐富古代兒童詩歌，同時又提供唐代白話詩歌研究的珍貴材料。

由於敦煌地區學堂裡就學的學生，年齡大小不一，有兒童、少年，也有青年。有的兼充書手，幫忙抄書，也有的是寺院裡的沙彌，也就是俗稱小和尚。這些詩歌多數寫在卷子後，也有夾寫在卷子中間，或寫在任何空白的地方。這些詩歌並非嘔心瀝血、或精心巧思之作，多數只是學童們信手抒發個人的情懷，有些是充滿調侃戲謔的作品；有些則是抄錄反映當時學郎心境的通俗詩歌。因多半是即興隨手書寫，字體多不工整，語多通俗淺白，甚至出現相當多的俗字、錯別字。然而，正因如此，更能流露出古代學童們純真可愛的心靈，不但是敦煌詩歌中相當特殊的一環，更成為我們探究唐代敦煌地區學童日常生活的最佳視窗。

學齡的學生，正值青少年時期，血氣未定，往往因情緒不穩而心浮氣躁。對單調的學習與枯燥的生活，會產生難耐的情緒；對複雜繁重的學習生活更感到煩悶，因此多有擺脫課業、追尋自由的心緒；另一方面年歲稍大的青年學生，生理發育漸趨成熟，血氣方剛，心理上開始產生對異性的好奇與好感，更進而有思慕之情，雖然懵懂，但總對愛情有所嚮往。敦煌學郎詩抄中就有不少內容涉及這些青少年學生情緒的告白，以及對愛情的憧憬。

敦煌除了家塾啟蒙外，一般不論州學、縣學或寺學，大多需要離家外出就學。長期住校，終不免有想家之苦；因此，對於假期的期待是格外的殷切。唐代各級學校有放假的規定，制度完備。平時每十天放一天假，叫「旬假」。農曆五月正值農忙時，放「田假」一個月；九月是準備過冬衣物的時候，也放「授衣假」一個月。敦煌地區私學、寺學的學生當然不像中央官學學期長且學生多遠離家鄉致假期較長，他們大都是當地的學生，且學習時間較短，所以他們的假日是短暫的。

法藏 P.3305《論語集解》卷第五的卷末，抄有一首抒發心情煩悶，鎮日發愁的學郎詩：

> 今朝悶會會（憒憒），更將愁來對。好酒沽五升，送愁千里外。

敦煌地區的學生，除了少數「就家學」外，通常官學或寺學的學生都住校。對少年而言，長期間離開鄉里，遠離父母的呵護，一時頗難以適應。詩中的學郎想必離鄉背井，遠地求學，心悶意亂，難以排遣，只好藉著喝酒聊以排解思鄉之愁苦。

另外，P.2622《吉凶書儀上下兩卷》，卷末有題記：「大中十三年四月四日午時寫了」後接抄這樣的一首詩：

> 竹林清（青）鬱鬱，伯（百）鳥取天飛。今照（朝）是我日，且放學郎歸。

這首詩抄於唐宣宗大中十三年（西元859年）。學郎看到竹林鬱鬱蒼蒼一片生氣，群鳥在天空中自由遨翔，追求奔放的思緒不知不覺油然而生，期盼老師能早日放學，那種少年十五、二十時想要掙脫束縛的心情，躍然紙上。新疆吐魯番出土唐景龍四年（西元710年）十二歲學生卜天壽抄的《論語》寫本，在卷末也抄有類似的詩歌，說：

> 寫書今日了，先生莫咸池（嫌遲），明朝是賈（假）日，早放學生歸。

這首詩抄寫的時間比敦煌寫本 P.2622號更早。明天是假日，學生們早已魂不守舍，草草將作業完成，迎接假日的到來。可見學生期待放假，渴望放假的心情，古往今來是沒有兩樣的。

情竇初開，對愛情的嚮往，也是青少年心理必然的抒發。不過在唐代傳世的詩歌中，這一類作品可以說是難得一見。敦煌學郎詩抄對於心理的描摹，極

為自然真實而直接，沒有絲毫的矯揉造作，遮遮掩掩。如：P.2622《吉凶書儀上下兩卷》卷末抄的一首詩云：

寸步難相見，同街似隔山，怨長天作何罪，教見不教憐。

這個學郎當是年齡稍大的青年，他愛慕同街的鄰居女子，雖然近在咫尺，卻宛如遠隔關山，只能遙遙相望，難以親近交談，更無法博取芳心，怨老天何以讓人受這種「只能遙看，不得談心」的活罪。

敦煌學郎詩中還有抒寫一見鍾情，數度追尋伊人倩影，幾度門前徘徊，終歸失落的單相思，如北圖 BD04291（玉字91）《七階禮佛名經》卷背抄有詩云：

那日兜頭見，當初便有心；數度門前過，何曾見一人。

短短二十個字，將一位情竇初開的學郎，一日數度經過心中仰慕的戀人家門前，只盼得以見面，然卻始終未能如願，內心那種惆悵與徬徨，淋漓盡致的發洩出來。敦煌學郎詩抄中留下不少對愛情嚮往的詩篇，真實的表露唐五代敦煌地區學生的青春心理與追求愛情的心聲。

除了愛情的嚮往與暗戀的心聲，更有大膽直率對成婚的呼喊。英藏S.3713《大寶積經》卷背《金剛經疏》卷末，有一首詩云：

今日好風光，騎馬上天堂。須（誰）家有好女，嫁如（與）學士郎。

「誰」作「須」；「與」作「如」，呈現的正是唐五代西北方音的現象。這首詩道出了唐五代青年學生的共同心聲，所以廣泛的流行。法藏 P.3305《論語集解》卷第五卷末雜寫詩作：「可連（憐）學生郎，其（騎）馬上天唐，誰家有好女，嫁以（與）學生郎。」，又 P.4787詩二首之一也有：「今朝好光景，騎馬上天堂；須（誰）家好女子，嫁娶何家兒。」

學生就學的主要目的是求學，學習的過程與生活點滴充滿著酸甜苦辣，同

儕之間的相處，也有好惡，這些都成了學郎詩歌的主要內容。在面對繁複的抄寫功課時，頑皮的小孩總會出些點子來捉弄同學，並以此為樂。英藏 S.3289號《千字文》寫卷的卷末，出現了這樣的一首打油詩：

今日書他智（紙），他來定是嗔。我今歸捨（舍）去，將作是何人？

第一句「智」當作「紙」，第三句「捨」當作「舍」。這是一個頑皮的學童偷偷將這首打油詩寫在同學的《千字文》課本上，還以為自己的惡作劇不會穿梆，而洋洋得意。詩中那種充滿稚氣，沾沾自喜的神情是不難想見的。又如法藏 P.3189號《開蒙要訓》寫本，卷末「三界寺學士郎張彥宗寫記」題記後也有：

聞道側書難，側書實是難。側書須側立，還須側立看。

跟這首完全同樣的詩也出現在前面提到的吐魯番出土唐景龍四年學生卜天壽抄的《論語》卷末。卜天壽這個十四歲小孩子可能比較調皮，字雖寫得好，可能姿勢不正，甚至有側起寫字的習慣。所以說：「他說側起寫字容易嗎？我說側起寫字不容易啊！側起寫還要側起讀，還要你側起看呢！」看來古今調皮的學生都一樣，不只是初唐吐魯番地區的卜天壽，晚唐五代敦煌三界寺的學郎張彥宗也一樣。這都是在學生階層廣泛流行，且時間久遠的一首學童民歌。

又如 P.3486《開蒙要訓》卷背，有云：

須（誰）人讀自書，奉上百疋羅。來人讀不得，迴頭便唱歌。

詩中「須」是「誰」音近借字。詩說：一個學郎自言願出百匹羅的高價，與人打賭，看誰能讀懂他寫的書；當別人讀不懂時，他便自鳴得意的唱著歌。一副昂然自得的神情，躍然紙上。這種以艱深晦澀而自以為高明，甚至以字跡難辨在同儕間炫耀，正是青春時期愛炫心理自然的流露。

像這類風行於校園學郎圈諧趣可愛的通俗白話詩還有不少，內容面向也多

元，由於時間關係，我們只能簡單的介紹幾首，至於其他，有興趣的話，各位可以參考朱鳳玉老師的〈敦煌學郎詩抄析論〉（《東海大學文學院學報》第48卷〔2007年7月〕，頁111-138）有完整的整理研究。

四　小結

敦煌文學文獻中保存王梵志詩、學郎詩抄一類的通俗白話詩歌，往往寓生活哲理於嘲戲諧謔之中，或寄嬉笑怒罵於瑣事常談之內，開創了以俗語俚詞入詩的通俗詩派，不僅對唐代文學發展有著相當的影響，更推動了白話通俗文學的演進；又可為中國詩歌發展史，特別是唐代詩壇游離在主流詩歌之外的白話詩派，提供更為多元的佐證。

從上舉幾首王梵志詩及學郎詩，可見這些內容生活化，語言口語化，題材通俗化，風格俗辣尖新，用字通俗淺白、俚俗諧謔，而且瑯瑯上口，風趣幽默，極具俗文學的諧讔特質。又作者的匿名性、集體性，以及文本文字的變異性等，在在彰顯了俗文學的性質與特色，是中國俗文學發展史上不可忽視的重要資源，值得大家一起關注。

豐情天地：
四時流行所形塑的節氣文化

廖美玉
國立成功大學、逢甲大學中國文學系退休教授

一　前言

　　清晨，天光把蟲、鳥、人、花、木逐一喚醒。日復一日，四時流行，年華如水。春臨大地，遲日時雨，草樹萌芽，長成欣欣沃野，長出錦簇的花團，為一年時序拉出好光景。飄花落葉，盡成春泥更護花，源源不絕地生發出豐沛的生命力。人們從四時運行、萬物生滅中認識世界，四時氣味與溫度滲入了生活記憶，樸實中帶著雋永綿密的韻味，形塑出多元而豐情的節氣文化。

二　有關「四時」的多元傳統

（一）傷春悲秋的抒情傳統

　　〔日〕松浦友久《中國詩歌原理》依唐代類書《藝文類聚》、《初學記》的〈歲時部〉，明代《圓機活法》的〈時令〉、〈節序〉部，清初《佩文齋詠物詩選》，統計出春、秋的作品各相當於夏、冬的三倍。學者研究指出：「悲秋文學為中國文學傳統中之一種重要類型」（何寄澎：〈悲秋──中國文學傳統中時空意識的一種典型〉，《臺大中文學報》第7期〔1995年4月〕，頁77-92）、「自我認同的問題幾乎永遠以同一季節──秋天，作為背景而展開的」（郁白：《悲秋：古詩論情》，頁9）、「所謂『感物』詩多發生於秋冬季節的夜晚的悲歌」（蕭馳：〈「書寫聲音」中的群與我，情與感：〈古詩十九首〉詩學特質與座標意義

的再檢討〉,《中國文哲研究集刊》第30期〔2007年3月〕,頁45-85)。傷春與悲秋的時令色調,形構出文學上的抒情傳統。

(二)回歸經典與生活日用

傳統文化的發展,雅俗相成,有容乃大,歷時悠久而依然保有盎然生機。《論語・陽貨》子曰:「天何言哉?四時行焉,百物生焉,天何言哉?」一些習以為常而容易被忽略的細節,結合經典詮釋與詩詞文章,嘗試把複雜又具有理論探索的學術論題,還原成為更鮮活、更有生活氣息的豐美多元文化。

(三)四時節氣的知識體系

古人觀察天文星象、四季物候等自然現象,發展出「月令」體的著作,如《逸周書・月令》、《呂氏春秋・十二紀》、《禮記・月令》、《淮南子・時則》,內容大同小異。民間益以農耕經驗而發展出〈月令〉體農書,如〔漢〕崔寔《四民月令》、〔北魏〕賈思勰《齊民要術》、〔梁〕宗懍《荊楚歲時記》、〔唐〕韓鄂《四時纂要》、〔清〕李光地《御製月令輯要》等。〔宋〕歐陽脩《新五代史・司天考》載有「氣候圖」,完整呈現一年四季、十二月、二十四節氣、七十二候的變化現象。

(四)民間節氣知識體系的傳播與教習

結合農耕經驗而發展出的「月令」體農書,因應人情往來而流傳的「月令」體書儀,逐步進入百姓的日常生活世界,辭彙豐富,如「春時:春曰青陽,亦云三春、青春、芳景、媚景、美景、韶景、麗景。風春、風和、暄風、和氣」等,分述四時、十二月,特別是在由寒而暖而暄的細微變化,扮演著教習範本功能,成為形構社會生活圖像的重要載體。〔唐〕宋若莘、宋若昭《女論語》明白揭示的「一年之計在于春」,已成為具普遍性的生活法則。

(五)「四時流行」所映現的造化生意

〔宋〕朱熹詮解《易》的「元、亨、利、貞」,重在生意:「只如四時,春

為仁，有箇生意；在夏，則見其有箇亨通意；在秋，則見其有箇誠實意；在冬，則見其有箇貞固意。在夏秋冬，生意何嘗息！本雖彫零，生意則常存。」又說：「且如萬物收藏，何嘗休了，都有生意在裏面。如穀種、桃仁、杏仁之類，種著便生，不是死物，所以名之曰『仁』，見得都是生意。如春之生物，夏是生物之盛，秋是生意漸漸收斂，冬是生意收藏。」從種子闡釋生生不息的造化深意。

（六）聽風戲水，與物為春

儒家的《論語・先進》記載曾點言志：「莫春者，春服既成。冠者五六人，童子六七人，浴乎沂，風乎舞雩，詠而歸。」道家的《莊子・知北遊》也指出：「天地有大美而不言，四時有明法而不議，萬物有成理而不說。」、「與物為春」。善體春意，朱熹〈春日〉詩：「勝日尋芳泗水濱，無邊光景一時新。等閑識得東風面，萬紫千紅總是春。」其中的「萬紫千紅總是春」成了春節門聯的常見用語。

三　緣於四時節氣的文化形塑——以「清明」為例

（一）「清明」節氣

從字面意義來看，「清」指水流澄澈潔淨，「明」指日月照臨四方，屬於自然物象的摹寫。從四時節氣上定義清明，《逸周書・時訓》：「清明之日，桐始華。……穀雨之日，萍始生。」又漢制《三統曆》：「清明為三月節，穀雨為三月中氣。清明者，謂物生清淨明潔；穀雨者，言雨以生百穀。」三月吹起東南風，天清氣明，桐花開，帶出水氣，帶引出植物滋長的欣欣生意，鋪陳出草長鳶飛、蜂蝶翩翩的繁春盛景，提供了最豐美的自然舞臺。

（二）「清明」節氣文化

「清明」原指自然物象的澄澈光明，引申為人文修養的清淨明理，映現在禮樂上成為自然與人文的共通質性。唐玄宗〈南郊大赦文〉：「立春乃標於歲

首，上巳更協於清明。此氣序和調，乾坤交泰。既正東方之位，咸歸啟運之祥。則政貴宏通，上符天意。」敬天順時以達到「人和年豐」、「家給人足」、「時和俗阜」，在歷史進程中，更融攝寒食禁火、上巳修禊與清明掃墓，展現出多元豐富的「清明」節氣文化。

（三）上巳：修禊習俗

上巳習俗，由來已久，《周禮・春官》有「女巫，乃掌歲時祓除釁浴。」鄭玄注：「歲時祓除，如今三月上巳，如水上之類。釁浴，謂以香薰草藥沐浴。」又《韓詩》：「鄭國之俗，三月上巳，之溱、洧兩水之上，招魂續魄。秉蘭草，拂不祥。」又《禮記・月令》：「暮春，天子始乘舟。」蔡邕章句指出：「陽氣和暖，鮪魚時至，將取以薦寢廟，故因是乘舟禊於名川也。《論語》：『暮春，浴乎沂。』自上及下，古有此禮。今三月上巳，祓於水濱，蓋出此也。」可見上巳的水邊修禊活動，具有多元的來源與意義。

（四）清明：改火與寒食

古人為防止季節性疾病，依四時取不同樹木鑽火，如《周禮・夏官・司爟》的「掌行火之政令，四時變國火，以救時疾。」稱為「改火」。加上《莊子・盜跖》記載「介子推，至忠也，自割其股以食文公，文公後背之，子推怒而去，抱木而燔死。」因介子推焚死而不忍火食，成為寒食節。結合改火與寒食而成清明節令群。

（五）從皇室到百姓的活動

見於唐詩者，如〔唐〕張籍〈寒食內宴二首〉的「朝光瑞氣滿宮樓，綵纛魚龍四面稠。廊下御廚分冷食，殿前香騎逐飛毬。」盧象〈寒食〉的「子推言避世，山火遂焚身。四海同寒食，千秋為一人。」從《周禮》變火救災的古義，在禁火寒食之後，用新火烹調膳食的暖胃效果，以及火光在餘寒猶在的春夜帶來光照與溫暖，特別令人珍惜。

（六）清明祭墓禮俗

　　唐前皇室「拜陵」，在元日、冬至、寒食、伏、臘、社各一祭。〔唐〕杜佑《通典》記載開元二十年（西元732年）玄宗敕：「寒食上墓，禮經無文，近世相傳，浸以成俗。士庶有不合廟享，何以用展孝思？宜許上墓，用拜埽禮。于塋南門外奠祭，撤饌訖，泣辭。食餘於他所，不得作樂。仍編入禮典，永為常式。」開放民間寒食掃墓，見於唐詩吟詠者，如徐凝〈嘉興寒食〉的「拜掃無過骨肉親，一年唯此兩三辰。冢頭莫種有花樹，春色不關泉下人。」王建〈寒食行〉的「三日無火燒紙錢，紙錢那得到黃泉」，延續了生死兩隔後的骨肉親情。流傳至今，清明掃墓成為民間重大禮俗之一。

（七）眾樂樂：清明禮俗與連假

　　〔唐〕魏徵〈諫太宗十思疏〉有「君臣無事，可以盡豫遊之樂，可以養松喬之壽。」眾樂樂是太平的指標。二十四節氣之一的「清明」，結合上巳、寒食，官方主導的連假，〔宋〕王溥《唐會要・休假》記載玄宗開元二十四年（西元736年）二月十一日敕「寒食清明，四日為假」，代宗大曆十三年（西元778年）二月十五日敕「自今已後，寒食通清明，休假五日」，德宗貞元六年（西元790年）三月九日敕「寒食清明，宜准元日節，前後各給三天」，清明連假從四日增加到七日，有利於各種節慶活動的蓬勃發展。

（八）清明節令群的配套活動

　　清明節令群活動已有配套安排，〔唐〕佚名《輦下歲時記》記載：「都人並在延興門看內人出城灑掃，車馬喧鬧，新進士則於月燈閣置打球之宴，或賜宰臣以下酴醾酒，即重釀酒也。」皇家在清明以幾種方式向臣民展演親和力：曉日晨光中的賜新火儀式，宮女出城灑掃，新進士打球宴，宰臣賜酒宴，赴宴車馬以及都人爭睹，共同形塑出帝京的繁榮與和諧。

（九）上有好之者

　　由帝王主導的清明節慶活動，項目繁多。〔唐〕陳希烈〈奉和聖製三月三

日〉的「錦纜方舟渡，瓊筵大樂張」，王維〈奉和聖製上巳於望春亭觀禊飲應制〉的「畫鷁移仙妓，金貂列上公。清歌邀落日，妙舞向春風」，武平一〈幸梨園觀打毬應制〉的「令節重遨遊，分鑣應綵毬。驂驔迴上苑，蹀躞繞通溝。影就紅塵沒，光隨赭汗流。賞蘭清景暮，歌舞樂時休。」錦舟瓊筵，百戲歌舞，賽毬賞蘭，中外同盡一日之歡。

（十）何樂而不為

拜掃祭墳之外，民間的清明活動，更是繽紛。〔唐〕劉駕〈上巳日〉：「上巳曲江濱，喧於市朝路。相尋不見者，此地皆相遇。」白居易〈和春深二十首〉之十六：「何處春深好，春深寒食家。玲瓏鏤雞子，宛轉彩毬花。碧草追遊騎，紅塵拜掃車。鞦韆細腰女，搖曳逐風斜。」人情上的往來，有郊遊踏青，有鏤雞子、蹴踘、戲鞭、鞦韆等遊戲。

（十一）普天同樂的多元遊戲

更多的清明活動，有拔河、鞦韆、龍舟等體能競賽。〔唐〕武平一〈景龍文館記〉記載：「（中宗）景龍四年清明節，帝幸梨園。命侍臣為拔河之戲，以大麻絚兩頭繫十餘小索，每索數人執之。以挽六弱為輸。時，七宰相、二駙馬為東朋，三相五將為西朋。僕射韋巨源、少師唐休因年老，隨而踣（倒），久不能起，帝以笑為樂。」寫拔河盛況。〔五代〕王仁裕《開元天寶遺事》記載：「天寶宮中，至寒食節，競豎鞦韆，令宮嬪輩戲笑，以為宴樂。帝呼為半仙之戲，都中士民因而呼之。」寫鞦韆競賽。薛逢〈觀競渡〉七首的「三月三日天清明，楊花繞江啼曉鶯。使君未出郡齋內，江上已聞齊和聲。」、「鼓聲三下紅旗開，兩龍躍出浮水來。櫂影干波飛萬劍，鼓聲劈浪鳴千雷。」、「雷聲衝急波相近，兩龍望標目如瞬。江上人呼霹靂聲，竿頭彩掛虹霓暈。」、「前船搶水已得標，後船失勢空揮橈。瘡眉血首爭不定，輸岸一朋心似燒。」寫激烈的龍舟競渡。更有高難度的繩伎特技表演。

（十二）青春記憶：那些年我們一起做的事

清明節更是屬於年輕人的節日。王維〈寒食城東即事〉：「清溪一道穿桃李，演漾綠蒲涵白芷。溪上人家凡幾家，落花半落東流水。蹴踘屢過飛鳥上，鞦韆競出垂楊裏。少年分日作遨遊，不用清明兼上巳。」春水涵養的春花美景，吸引著少年走向戶外。鞦韆更是兩性的青春記憶，韓偓〈鞦韆〉：「池塘夜歇清明雨，繞院無塵近花塢。五絲繩繫出牆遲，力盡纔瞵見鄰圃。下來嬌喘未能調，斜倚朱闌久無語。無語兼動所思愁，轉眼看天一長吐。」又有〈想得〉：「兩重門裏玉堂前，寒食花枝月午天。想得那人垂手立，嬌羞不肯上鞦韆。」二詩相互對照，清明雨阻撓了盪鞦韆的少女，生發出幾許年少情懷。

（十三）文士社群的雅集宴聚

清明時節的以文會友，如祖詠〈清明宴司勳劉郎中別業〉的「霽日園林好，清明煙火新。以文長會友，唯德自成鄰。」，蕭穎士〈清明日南皮泛舟序〉的「相與矯翠帟，騰清波，紅妝屢舞，綠醑徐進。管絲迎風以響亮，士女環岸而攢雜。可以娛聖澤，表人和也。」使清明宴聚、泛舟成了天時人和的美事。白居易〈春五絕句〉的「雞毬餳粥屢開筵，談笑謳吟間管弦。一月三回寒食會，春光應不負今年。」尤可見文人清明寒食會的歡暢。

四　走入民間，行銷世界的廿四節氣

（一）當代議題

二〇一六年，「氣候黑天鵝」無預警降臨世界各地，北海道下六月雪，美國卻傳出攝氏四十六度高溫，成為史上最熱的一年。二〇一七年一月底在瑞士達沃斯舉辦的世界經濟論壇，已連續四年將「極端天氣」列為發生率最高的全球五大風險，二〇一九年更升至第一名。隨時竄出的「氣候黑天鵝」，使全球果樹的生長亂了步調。尤其暖冬使得果樹以為仍然是夏天，主幹上滿是亂竄的徒長枝，耗光了開花結果所需的能量。

（二）回歸自然節氣

《易經‧解卦》：「天地解而雷雨作，雷雨作而百果草木皆甲坼。」韓良露《樂活在天地節奏中‧驚蟄節氣文化》：「驚蟄時出現了天地之間極有意思的物候現象，也造成一連串的連鎖反應，春雷響，不只是聲音而已，也會引發空氣中的電子物理化學變化，每一聲雷都會讓天際產生幾萬噸的有機氮肥灑落大地，剛好為準備春耕的大地所用。……驚蟄節氣除了從天上灑下自然肥，土中的冬蟲也相繼破土爬出，這些蟲兒等於是大地免費的鬆土工，不只讓自然肥隨之運動而深入土中，也使大地的土質變得更鬆軟。」了解並依循自然節氣，才是永續發展之道。

（三）流傳久遠的廿四節氣

四時為春、夏、秋、冬，八節為立春、春分、立夏、夏至、立秋、秋分、立冬、冬至，十六氣指雨水、驚蟄、清明、穀雨、小滿、芒種、小暑、大暑、處暑、白露、寒露、霜降、小雪、大雪、小寒、大寒。合而為二十四節氣：冬至、小寒、大寒、立春、雨水、驚蟄、春分、清明、穀雨、立夏、小滿、芒種、夏至、小暑、大暑、立秋、處暑、白露、秋分、寒露、霜降、立冬、小雪、大雪，歷經二千多年而依然流行。

（四）行銷世界的通書與農民曆

黃一農〈通書──中國傳統天文與社會的交融〉（《漢學研究》第14卷第2期〔1996年12月〕，頁159-186），以元朝天曆元年為例，發現當年全國賣出的黃曆高達三百萬本，還在歐洲找到兩百年前出版的通書。李亦園〈和諧與均衡：民間信仰中的宇宙詮釋與心靈慰藉模型〉（《現代人心靈的真空及其補償》，頁5-24），於一九八五年對臺灣農民曆使用行為進行問卷調查，發現百分之八十三點六的家庭都使用農民曆，「每一百個家庭有一百廿本農民曆」，可見民間的盛行。

（五）成為人類非物質文化遺產

聯合國教科文組織保護非物質文化遺產政府間委員會於二○一六年常會正式決議，將中國傳統代表一整年時令運行的「二十四節氣」，列為「人類非物質文化遺產代表作名錄」，認為二十四節氣是中國人「特有的時間知識體系」，譽為「中國的第五大發明」。

（六）從經典文獻到民間生活

見於經史，至今依然流行的文化，如：（1）春酒，源自《詩經・豳風・七月》的「八月剝棗、十月穫稻。為此春酒，以介眉壽。」（2）春祺，見於漢郊祀歌〈青陽〉的「青陽開動，根荄以遂。……群生啿啿，惟春之祺。」（3）行春，見〔漢〕班固《後漢書・鄭弘傳》的「弘少為鄉嗇夫，太守第五倫行春，見而深奇之，召署督郵，與孝廉。」〔唐〕李賢注：「太守常以春行所主縣，勸人農桑，振救乏絕。」溯源可知春酒、春祺與行春的文化意涵。

（七）民間經驗

廣泛流傳的民間諺語，如「立春落雨透清明。」、「清明穀雨，十夜八雨。」、「春分秋分，日暝對半分。」、「清明芋、穀雨薑。」、「夏至見青天，有雨在秋邊。」、「六月，一雷破九颱，無雷九颱來。」、「秋霜夜雨，勝過施肥。」、「雷打秋，晚冬一半收。」、「大寒不寒，人畜不安。」成為日常生活的指南。

（八）走入民間的廿四節氣門神

臺灣廟宇彩繪二十四節氣神，共四個門板，每道門板繪上三節三氣的節氣神，代表著春、夏、秋、冬四季。臺南五瘟廟非常迷你，在青龍白虎門上，彩繪二十四節氣神。北港朝天宮有十二扇天干、地支以及二十四節氣門神彩繪。這些彩繪將自然現象擬人化：立春神→文官。雨水神→海龍王。驚蟄神→雷公。春分神→春分女神。立夏神→武官。小滿神→滿族裝扮。小暑神→火神。

秋分神→仕女。寒露神→俠士。立冬神→文將。展現民間的想像力，拉近人與節氣的距離。

五　結語：四時流行，人天共好

　　以水流澄澈、萬物滋長、繁花盛開、蜂飛蝶舞的大自然為舞臺，有慎終追遠的家族祭墓，郊遊踏青的兩性戀情，雅集宴聚的人際關係，乃至拔河、蹴踘、鞦韆等體能活動，無一不在演示著以人法天的生命倫理，尤可見傳統節氣與節令的文化意蘊。回歸傳統有關節氣的經籍著作，緣於生活日用而發展出四時流行與生物養民的深度連結，形塑出多元而豐情的傳統文化，值得珍惜。

　　時至今日，現代科技看似提供了恆溫舒適的室內環境，卻又引發更驟烈的暖化與極端氣候危機。持續觀察時序及物候變化，傾聽大自然的聲音，嗅聞隨風飄送的氣味，體會自然流動的種種變化，不斷與大自然進行互動與對話，同時也要體認到四時的地域性差異，尊重具有自然生態、社會文化差異化的多樣性，以維繫人與天地共生共好的永續生活。

後記：本文為演講稿，不加註腳，相關引文參見筆者撰〈正時與賦物——唐代時令賦的物候感知與國家論述〉（《漢學研究》第35卷第1期〔2017年3月〕，頁33-66）；〈厚生與閒情——四時流行所形塑的多元文化意涵〉（《清明學術交流會論文選集》〔陝西：西北大學出版社，2017年4月〕，頁443-466）；〈唐代〈月令〉組詩的物候感知與地誌書寫〉（《國文學報》第58期〔2015年12月〕，頁73-98）；〈祭墓與踏青：唐代「清明」所展演的生命倫理〉（《西北大學學報·哲學社會科學版》第44卷第5期〔2014年9月〕，頁107-116）。

儒家的管理思維

張麗娟

國立虎尾科技大學財務金融系副教授

一　前言

　　古典儒家以道德教化為導向，正己正人為途徑，科技化與現代化的現代導向也對儒家形成挑戰，儒家的價值觀與現代人價值觀是否存在著衝突之處，如果運用在現代社會是否要做一番的修正？「管理」一詞甚少出現於中國古代文獻之中，過去的認知是管理即是統治、是上對下的領導、是專制的代名詞，但反觀過去數千年的中國歷史，無論在政治統治、國家治理、列國征戰，無不是經過縝密之計畫、組織、領導、協調、控制等管理五大機能方有一番成就。

　　儒家思想一直深植於我國國民心中，孔子重視現世人生之生活，追求現世的成功，是亞洲現代化的原動力之一。（姚傳德〈孔子思想與東西現代化〉，《中國文化月刊》第211期，頁17-31）可見華人在世界各地所締造的經濟奇蹟著實和華人的智慧、克勤克儉的傳統美德、以及以孔子為主體的儒家文化具有密不可分的關係。（林清達、劉佑星〈孔子的管理精神〉，《教育行政論壇》第3卷第1期，頁4）

　　我們觀察臺灣社會呈現出一種傳統價值觀與現代價值觀新舊並存的現象，臺灣社會中仍然存在的傳統價值觀包含：仁道式的管理方式、道德與自我修養、家庭中的孝道、權威主義與父道政治、實用主義、生存至上、物質主義；現代價值觀則包含：強調科學歷程並以比較分析法作為思考方式、功用主義、物質主義、獨立性。從傳統到現代價值觀變化可看出華人社會中價值變遷之趨勢想法，臺灣大學黃光國教授的研究指出，雖然現代人認為他們比上一代不重

視某些傳統價值觀，但整體而言，他們認為這些傳統價值觀還是某種程度的重要性及影響性，反映出傳統價值觀有延續性的價值。

對儒家仁道思想的深入了解，認為應用儒學倫理與現代企業經營理念有機結合是建設企業倫理道德體系，解決企業倫理道德問題，保障企業可持續發展的有效方法。如果企業社會責任感差，缺乏職業道德、企業倫理等，哪怕其產品再價廉物美，也不可能長久贏得市場。所以無論是企業管理者也好，企業員工也好，都應該自覺遵守個人職業道德，企業應該遵守商業道德，維護市場秩序，穩定經濟，維護可持續發展；領導者對於企業管理決策，企業用人制度，對外企業文化宣傳，個人修養的培養都應結合儒家仁道思想的內容，做到以人為本，誠信經商。

二　以仁、禮、義為核心的管理思維

西方管理學認為管理主要有五個功能，包括：規劃（planning）、組織（organizing）、任用（staffing）、指揮（directing）、控制（controlling），管理的對象是企業資源：如土地（land）、人力（manpower）、資金（money）、物料（materials）、機器設備（machines）、產銷技術方法（methods）、情報資訊（information）及時間（time）。其中「人」的問題最多，用人的功能包括募才（recruitment）選才（selection）薦才（placement）育才（development）留才（retaining）五個構面。人力資源是整個企業最重要的一環，更需要仰賴管理哲學的智慧。

美國管理學大師彼得・杜拉克（Peter F. Drucker，1909-2005）強調管理是以文化為轉移，且受到社會的價值、傳統與習俗的影響，管理如能配合一個社會的傳統、價值文化與信念，其成功的可能較高。（陳定國〈序〉，《現代企業管理》）儒家的管理哲學最主要的基本原則即出於仁，管理的目的與意義在於安人。

　　子曰：「道之以政，齊之以刑，民免而無恥；道之以德，齊之以禮，有
　　恥且格。」(《論語‧為政》)

孔子認為：「用政令來規限人民，用刑法來整治人民，民眾避免刑罰但缺乏廉
恥之心；用德來教化，用禮整治，民眾有廉恥之心而且敬服。」按照規律原理
去實踐叫做「道」，是導向於正途，而人內心的品德及表現叫做「德」，以德來
管理是德治的具體做法。此點與儒家管理哲學之控制觀「道之以德」的管理方
式有直接的關係。孔子說：「用法制政令來開導人民，人民有違法的行為，用
刑罰去糾正他們，這樣只是使人民避免觸犯刑罰罷了，他們內心並不知羞恥。
如果用道德去感化引導，以體制使人民齊一，那麼人民就會知道自己的錯誤之
處，而會有羞恥心，能即刻改正。」這個方法即是道德管理、自律律人、修己
安人的運用。

　　孔子思想的精髓是以「仁」為中心，透過「禮」和「義」作實踐，將
「仁」的內涵表現出來。孔子的「仁」是「愛人」的表現，要盡到對別人福祉
的關懷，要教人如何做一個真正的「人」，讓人有正面的道德意識，對人生有
不可推卸的責任。蔡仁厚教授認為：「因為孔子倫理的實踐是雙向的，因此在
實踐『仁』過程中，個人不但要時時自制與『反求諸己』，而且要向外推擴，
『推己及人』」。(蔡仁厚〈孔子倫理與現代社會〉，《現代化研究》第11期，頁
3-13)

　　孔子認為「禮」對個人而言是一種自制，也是個人應盡的責任；「禮」是
「仁」表現於外表的形式，它代表制度、準則、禮節、儀式和社會與國家的規
範；人不可能只依靠道德的自覺行事，必須要有禮的強制性，經由「禮」的實
踐，個人便可清楚認知其所應盡的責任、禮節以及個人所應遵守的社會規範。
「義」則是一種道義勇氣、對人的信守諾言、以及對組織的認同與承諾。
「仁」、「禮」、「義」三者之間不是分離的三個個體，而是具有互相關連、相依
相存的連動關係。古今儒學名家之著書立說，無不以孔子所揭櫫的「仁」、
「禮」、「義」為中心，可見三者在孔子思想中所占有之重要價值與核心地位，
而所謂中國式的管理，曾仕強認為是以「仁」、「禮」、「義」為主軸所擴展出來

之管理方式。（曾仕強〈中國式管理〉,《技術及職業教育》1991年第1期,頁49-54）

孔子的管理思想是一種理性化的管理,也是一種人性化的管理。今日的企業者認為管理是一個有計畫、有組織、講求效率之資源統整過程,亦是一種有系統、有秩序,統整組織內各項資源以達到組織目標的過程。在管理的範疇內,管理的對象可以由個人擴及至整個組織與國家;而管理的功能則涵蓋規劃、組織、任用、指揮與控制等層面。這個思維有如下三個特質:

（一）尊卑長幼的倫理關係。尊卑長幼是由名分（正名）來決定其次序。孔子視家庭為一個社會最基本,也是最重要的組織,傳統的五倫「君臣、父子、夫婦、兄弟、朋友」之間的關係是具有互惠性與相依性,在這個堅固的關係上,五個層級彼此之間各個份子都要克盡個人的本分與職責。在企業倫理與商業道德方面,創造最高利潤是企業營利的目的之一,但是就營利與道義或商業道德而言,道義應該擺在營利之上,應該「義以為上」（《論語‧陽貨篇》）,如果企業只一昧的只追求利潤,罔顧社會道義與責任,那便是「保利非義謂之賊」。因此,企業的經營除了應該滿足顧客的需求,提供合理價位與品質的產品外,企業也要能做到「因民之所利而利之」,企業除了要營利之外,也要採取步驟去促進符合倫理的行為,使部屬從事符合倫理的行為,並符合企業的倫理規範,同時要做到保護企業與顧客的共同利益並善盡對社會的責任。就企業領導階層言,除了要訂定倫理規範之外,並要依據倫理政策來分配企業資源,以確保倫理行為之實現。

（二）「禮」是管理的規範。「禮者,理也」,「禮」方面是一種道德的,也是一種理法的規範,唯有制度與規範,管理才會成功。在制度方面,西方的管理學者例如泰勒、韋伯、費堯、等人都致力於制度的建立。西方的管理完全講求制度,以制度、法律規章來治國和治理企業。他們在作業程序上都講求制度化,產品講求標準化,以減少成本,增加效益,進而提升企業的競爭力。在用人、晉升、獎懲上也都建立一個公平客觀的標準供相關單位依循。任何組織與政治實體,都需要有一定的制度與紀律以貫徹領導者的主張與命令,這些都是任何組織和管理者所必須具有的。同樣地,就企業界而言,制度的設立是為企

業的長治久安，如果制度常常更動，將造成部屬無從遵守，企業的運作也將受到影響。「名不正則言不順，言不順則事不成，事不成則禮樂不興，禮樂不興則刑罰不中，刑罰不中則民無所措手足」（《論語‧子路篇》）。如果一個企業有了制度，有了運作的規範之後，就要將政策和規章訂為企業手冊，以為部屬參考的依歸；有了明確的規則可依循，部屬對於政策的執行，就不會因人而異，造成令出多門，讓部屬無所適從。這些制度與規範並不是牢不可破的，企業領導者也應該隨時準備接受改變的制度與規範。

（三）企業經營亦需要團隊合作與學習，越有規模、經營越成功的企業幾乎沒有是可以個人獨力完成。因為權威是和責任相對的。權利是主管的命令權和要求部屬服從指揮權，各階層主管有多少權威就要負多少責任。也就是說企業賦予一個人多少權力，就要求個人負擔多少義務，這也是中國傳統管理的特色。在孔子的管理觀念之中，權力和義務是相對等。孔子對於權力的分配，也就是在授權與分權方面，認為要做到「勞心者役人，勞力者役於人」（《論語‧為政》），要讓有智慧、有能力的人專心從事設計與規劃重要方案，然後才讓部屬負責去執行；至於基層較無特殊專業知能之人，則須誠心接受管理，這是一種具有現代管理分工與分權之表現。「為君譬如北辰，眾星拱之」（《論語‧為政》），倘若一個企業的領導者，其道德、能力和操守都能為部屬所肯定，他的領導方式和處事原則亦都能為部屬所認同，將使得這位主管在組織內的地位像北極星一般，是部屬所景仰、學習的對象。從企業的角度而言，職權是企業賴以建立之法治與文化基礎的合法權力，也是企業正常運作最基本的權力來源。而主管權力的大小端視企業的屬性與董事會要求，賦權給部屬有助於鼓勵部屬承擔更大之責任，更能為企業創造價值。

三　儒家的管理思維建構

（一）「義以生利」的價值導向

鄔昆如教授對「價值」之概念解釋如下：

從中文的「價值」這兩個字來看，它指的是有人在交易，有人在交易是
說明當在交換的過程中，彼此之間以自己認為有價值的或者覺得值得可
以和別人交換的東西，作為交易的對象。因此所謂的價值，就是指明有
意義的、可以交換的、值得與他人交易的。在西文或英文裡面我們使用
value 這個字，這個字它乃是說明是一種可欲的東西，所謂可欲的就是
指出這個東西是值得我們去追求的，所以不論是在中文的字義或是在英
文的字義裡面，都是指明白它是一種值得交易的，或是值得我們去追求
的。（鄔昆如《哲學入門》，頁226）

在字意上來說，一般我們所指的價值是什麼呢？希臘哲學家亞里斯多德
說：「凡是可欲的皆是值得追求的，凡是值得追求的皆是有價值的。」因此，
我們可以理解所謂價值乃是指凡是人的渴望、人想要去追求的或者是去欲求的
東西，都是值得我們去追求的、都是有價值的。（鄔昆如《哲學入門》，頁
226）

從價值論的面向來探討儒家的管理思維即是「義以生利」的管理觀。而所
謂管理價值，即是組織活動的總體指導思想，包含組織的存在意義、組織所需
達到的目標、組織運作過程的思想指導。管理者的管理價值觀所面臨的不僅是
利潤的追求，還有對社會的使命、責任及義務，當今社會重視企業的社會責
任，已經是管理的主流看法。孔子在《左傳》之言，讓我們深刻感受到「義以
生利」的重要，它是與「禮以行義」、「利以平民」同為政治事功的重要項目。

「義以生利」是儒家哲學的價值導向，承認對於物質利益的追求乃是人之
常情，但強調這一追求必須符合社會公認的道德標準，它的終極目的即是在
「利以平民」，利於百姓，而非指少數的特權階級。孔子主張：「君子喻於義，
小人喻於利。」（《論語・里仁》），要求統治者必須節制個人的私欲，做決策時
只問是否合於義，要以義為利來提升自己的道德水平。儒家並不反對「利」的
存在，這個利是有條件的、有規範的，而非個人私利，而是天下大利，人民之
利，並且建立在公平與正義的基礎上。孟子續予發揮而言：

> 是故，明君制民之產，必使仰足以事父母，俯足以畜妻子；樂歲終身
> 飽，凶年免於死亡。然後驅而之善，故民之從之也輕。（《孟子‧梁惠王
> 上》）

孟子提出「制民之產」為富民原則制定具體的政策措施，俗云：「有恆產始有恆心」，基本生存條件的不虞匱乏，使民能安其心，領導者所訂定的產業需讓平民百姓有安穩的經濟基礎可供父母、妻兒生活，即使凶年、經濟蕭條也能溫飽，這樣百姓才可能遵守法規，不心存僥倖，游走法律灰色地帶，進而培養禮義廉恥之志節與人格。

儒家另一大儒荀子是一位務實主義者，他從經驗的、解決實際問題的角度提出針貶。他特別突出一個特殊的觀點，即是「以義勝利」，而非「以利克義」。

> 義與利者，人之所兩有也。雖堯舜不能去民之欲利，然而能使其欲利不
> 克其好義也。雖桀紂亦不能去民之好義，然而能使其好義不勝其欲利
> 也。故義勝利者為治世，利克義者為亂世。（《荀子‧大略》）

荀子也提出「下貧則上貧，下富則上富。」（《荀子‧富國》）的主張，富國需以富民為基礎，國家要能富足需有廣大百姓擁有富足，這也是管理者在做決策時需考量到的大局面。

義利觀是中國古代哲學的價值論，先秦儒家認為「義以生利」觀念為追求物質利益的同時，必須符合社會公認的道德準則。在儒家看來「義」主要是對於管理者的道德要求，「利」主要指被管理者的物質需要，而整體管理活動便是「義以生利」即精神價值創造物質價值，又制約物質價值的過程。（黎紅雷《儒家管理哲學》，頁119）

戰國時期因著商品經濟的發展，連帶地也改變了城市的樣貌。由於商業的發展，使得城市成為財富與人才的匯聚之地，財富的累積也就成為社會體制重制的導向與指針；但主政者亦不願見到商賈勢力壯大，危及其既得利益，遂有

「重農抑商」之舉。荀子面對此背景，他的思維模式為何？以何種方式控制這樣的變遷？曾春海教授之見解讓吾人找到解讀此問題的線索：

> 荀子處是時，遂由社會經濟所衍生的社會問題出發，深刻瞭解到人欲與利益的互動牽連，從而深思經濟與政治之間的關係，強調開源節流與禮法兼制的政經體制。換言之，荀子擬提議一些經濟措施，藉解決社會經濟的需求，調和人與人的利益衝突，將社會導入正理平治的局面。（曾春海〈荀子社會思想研究〉，《儒家的淑世哲學——治道與治術》，頁28-29）

荀子對此問題的思維，離不開現實情境，因此他以務實的態度，審視其中的關鍵，在經濟資源的分配與管理上，提出了「禮法兼制」的政經體制。（吳進安《荀子管理哲學研究》，頁19-20）

《荀子‧君道》云：「至道大形，隆禮至法則國有常……然後明分職，序事業，材技官能，莫不治理」。在用人唯才的考慮下，國君對於人才的運用，已跳脫封建血緣的思考，廣開言路，拔擢人才，傳統的貴族與血緣關係已漸沒落，代之而起的是如何尋找有效的統治之術，達成管理的目標。

（二）肯定「人性為善」為成功的動力

性字在中國文字中，最早是指：草木之生的意思，到後來才轉變為動物之生。許慎《說文》所說：「性，人之陽氣，性善者也，从心，生聲。」這就是指明性在最初是和生字連用，這個生字當然就是指生命的意思；到了後來，由於觀察人的生和其他生物之生而有不同，因此，生和性就逐漸分家了。人有人性，動物有動物性，各有其性，各有其不同的功能。《中庸》上所說：「天命之謂性。」人性的方向，目標既是天命，那麼天命又是什麼呢？在中國的《詩經》與《書經》裡，對於天命的敘述，非常深刻；大致上都是以具有人格、意志的神意為天命，天是「主宰之天」。人性既是以天命為依歸，那麼人性的意義又是如何？

　　中國人性的意義，很多人認為是因為中國人對宇宙生命的普遍流行，而產生了「天有好生之德」的人性論發揚；從古籍中，就可以知道，中國人的人性論也是從宗教思想為出發點的。只是中國的宗教思想，不像西方的宗教思想那麼明顯而又有制度，但中國人從大自然所學習到的對人性的看法乃是必然的。例如：當先秦，尤其在周以前的人民，因為看到歲月的變化，五穀的興登，而有「天生烝民，有物有則。民之秉彝，好是懿德。」（《詩經‧烝民》）；這種「天生烝民，有物有則」的思想，就是宗教思想。這樣的宗教思想下，人民的一切禍福都是由上天所賜，例如：在《詩經》中所說的：「天之生我，我辰安在。」（《詩經‧小雅‧小弁》）。同時，上天也是最愛人民的，《尚書‧泰誓》：「天視自我民視，天聽自我民聽。」以及「民之所欲，天必從之。」上天既是如此的賦予人民所有的特性，人就因此特性，發展成了人性的特質。（鄔昆如、黎建球《人生哲學》，頁305-307）

　　人既是一個有方向的人，則人在面對宇宙時，必然會考慮到人與人、人與物、人與宇宙天地的關係；在這樣的關係中，人瞭解到生於宇宙中的意義，從意義中，我們就能夠找到人的方向及目的。所以人性的意義，從人的本性來說，是人要找到如何管理人自己，並進而促進與宇宙中他物的關係；從超越人的本性來說，人要努力完成使此人性達到完美而超越人所受限制意義的目標；所以，人不只是靜態的接受，也要有動態的改進。故，對人性的問題及其內容，因著動態的程度而有不同，如此就產生了各種對人性的不同主張。（鄔昆如、黎建球《人生哲學》，頁305-307）在中國哲學史上，就儒家而言，對人性的解讀即有孔子「性相近，習相遠」、孟子「性善」、荀子「性惡」之說。

　　從人性論的層面來探討成功的管理哲學是肯定「人性為善」的管理。儒家的人性觀認為人具有可以與天相契合的道德本性，《中庸》開宗明義，肯定：「天命之謂性，率性之謂道，修道之謂教」，人之所以構成如此的人類世界，既要求分辨善惡，又要求行善避惡，彷彿有一種命令在做主導，天命是賦予給人類，生命當中自然有這股力量給人們，這就是「人性」。性就是上天賦予人類與生俱來的內在於心的人之本性，所以天理內在於人心，人可以透過體會及恢復本性的工夫過程去瞭解天理。

　　儒家認為人性論的管理不僅是對於人性的適應過程，也是對人性的塑造過程，即是人性可塑。孔子提出人性可塑的主張「性相近也，習相遠也。」（《論語·陽貨》），認為每個人所稟受的天性是差不多的，但經過後天的學習及感染，人與人之間的距離開始有差距，因此主張對人性教育的強調。而孟子則是將人性與天性二者直接聯結，所謂「存其心，養其性，所以事天也」，他說：

> 盡其心者，知其性也。知其性，則知天矣。存其心，養其性，所以事天也。殀壽不貳，修身以俟之，所以立命也。（《孟子·盡心上》）

　　孟子認為塑造人性，勸導人向善的關鍵在於「存其心，養其性」，存有仁義禮智的善心，順養自己天賦的本性。孟子所說的人性，係指道德之性，孟子主張每個人都有惻隱之心、羞惡之心、恭敬之心、是非之心，是每個人與生俱來皆善的內在本性。孟子云：「聖人與我同類者」（《孟子·告子上》），每個人只要努力去堅持及發揚自己的本性，人人都能成為聖人。孟子說的「知其性，則知天矣」（《孟子·盡心上》），即是知道自己的本性就可以知道天的本質。

　　現代的管理學對人性論提出了「Ｘ理論」、「Ｙ理論」、「Ｚ理論」等假說。在儒家管理哲學的人性論裡，孟子主張「性善論」，進一步推出他的「仁政王道」學說。「性善論」與現代管理學中的「Ｙ理論」相同之處在於：肯定人性的本質是善良美好的，把管理工作寄望在人們的精神追求上，但兩者的差異在於管理者與被管理著的行為差別，至於人性之惡是來自先天還是後天的看法不相同。

　　從「性惡」說來詮釋人性觀點的哲學家，荀子是第一人，他說：

> 人之性惡，其善者偽也。今人之性，生而有好利焉，順是，故爭奪生而辭讓亡焉；生而有疾惡焉，順是，故殘賊生而忠信亡焉；生而有耳目之欲，有好聲色焉，順是，故淫亂生而禮義文理亡焉。然則從人之性，順人之情，必出於爭奪，合於犯分亂理，而歸於暴。故必將有師法之化，禮義之道，然後出於辭讓，合于文理，而歸於治。用此觀之，人之性惡

明矣，其善者偽也。(《荀子・性惡第二十三》)

荀子的「性惡論」與現代管理學中的「X 理論」相同的是：兩者都主張人的本性自私、懶惰，行為動機源於經濟誘因，因此要注重強化指導和控制。兩者的差異在於在管理活動中究竟應以禮義教化為措施，還是以嚴刑重罰為手段。荀子的性惡主張，是從人的慾望立論，人慾望本身不能叫做惡，惡是從慾望這裏引發出來的。荀子不接受人可以道德自覺，認為人需透過外在的師法來教化。因此，管理者應該積極引導下屬為善，如此方能達成有效管理。

儒家認為人性的問題不僅僅是管理理論的必要前提，也是整個管理活動的中心課題。在儒家看來，管理者對下屬做出某種人性判斷（或善或惡）後，最重要的在於如何改造這種人性（去惡揚善）。像是荀子人性論的重點不在於講「性惡」而在於「善偽」、人性有善有惡，最後落腳點卻在於「養」。孟子認為「存心養性」是推行「仁政」的基礎；而荀子則認為「化性起偽」是「禮義之治」的內容。（黎紅雷《儒家管理哲學》，頁207-208）

不論是孟子的「性善論」、荀子的「性惡論」，所有共通點皆是師承孔子，主張人性可塑，勸人為善為目的。儒家的人性可塑理論，對於現代柔性管理中發揮教育的功能、發揮人性中的心靈優勢，對於管理者應達到「存心養性」、「以善養善」，具有重要的啟發。

（三）「明分使群」的組織管理

從組織觀的層面來探討儒家的管理思維是「能群能分」的管理。組織管理就是透過建立組織結構，規定組織中的角色定位，明確權責關係，以使組織中的成員互相協力配合、共同勞動，有效實現組織目標的過程。在儒家思想中，談「組織觀」最為深入的莫非荀子莫屬，概述如下：

1.管理的起源：源於人類共同生活需要。人本是自然世界的一類群，如何面對許多不可知的天災人禍，有效共同解決彼此的問題，以確保個人生命的長存，國家生命的永續，厥為一大挑戰。荀子面對這樣的問題時，他首先思考這種需求及組合，該當用何種方式面對？在〈王制〉的論述首度在中國哲學史上

提出突破性的觀念，他思考何者是人類共同生活的需要，並且提出人該當如何
管理的主張。

> 水火有氣而無生，草木有生而無知，禽獸有知而無義，人有氣、有生、
> 有知，亦且有義，故最為天下貴也。力不若牛，走不若馬，而牛馬為
> 用，何也？曰：人能群，彼不能群也。人何以能群？曰：分。分何以能
> 行？曰：義。故義以分則和……故人生不能無群，群而無分則爭，爭則
> 亂，亂則離，離則弱，弱則不能勝物；故宮室不可得而居也，不可少頃
> 舍禮義之謂也。能以事親謂之孝，能以事兄謂之弟，能以事上謂之順，
> 能以使下謂之君。君者，善群也。群道當，則萬物皆得其宜，六畜皆得
> 其長，群生皆得其命。(《荀子‧王制》)

一旦無群則必遭致亂、離與弱。曾春海對荀子這樣觀點，引申如下：

> 當個人在求生活的發展與進步時，自覺到個別生命體在知識、經驗和能
> 力的有限性。因此，人意識到唯有結合群體的能力，群策群力，共謀生
> 活所需，彼此分工合作，才能生養存續及不斷求進步的需求。換言之，
> 社會源起於人類現實生活的共同需要及群性的覺醒。從人性的觀點言，
> 人之所以能共謀社會生活，即所以能群，在於人之「心」能積思慮，習
> 偽故。人一方面發揮心的認知思辨工夫，以義理區分人與物之不齊，另
> 一方面則建構社會分化和統合的機制——禮義。(〈荀子社會思想研
> 究〉，《儒家的淑世哲學——治道與治術》，頁40)

　　吾人觀荀子面對此人性問題以及對善惡的認定，所指陳的本質即在於人與
人之間的互動關係以及由此產生的資源分配的問題，一旦對此資源分配之原則
無法達成共識，勢必引發諸多爭端，這是荀子從經驗事實考察人性而得的結果。
(吳進安《荀子管理哲學研究》，頁20-21) 因此他說：「凡古今天下之所謂善
者，正理平治也。所謂惡者，偏險悖亂也。是善惡之分也。」(《荀子‧性惡》)

2.明分使群：如何有效建構及落實管理的機制和效益的均分與平等。荀子從經驗與事實層分析人性，並且找到一個新的方向，即是如要落實正理平治，必當在治術上建立管理制度，方可長可久。荀子在提出「明分使群」的觀念之前，為化解人性中惡的傾向及其產生的問題，他首先思考一個嚴肅的議題，即是人之所以為人的問題。此中即涉及人性的問題，要如何能「明分使群」，人的本性問題無可逃避，也必當加以疏導及辨識。

> 人之所以為人者，何已也？曰：以其有辨也。饑而欲食，寒而欲暖，勞而欲息，好利而惡害，是人之所生而有也，是無待而然者也，是禹桀之所同也。然則人之所以為人者，非特以二足而無毛也，以其有辨也。今夫狌狌形笑，亦二足而無毛也，然君子啜其羹，食其胾。故人之所以為人者，非特以其二足而無毛也，以其有辨也。夫禽獸有父子而無父子之親，有牝牡而無男女之別。故人道莫不有辨，辨莫大于分，分莫大于禮，禮莫大于聖王。（《荀子‧非相》）

人之能辨，說明人皆不欲因人之自然之性而導致偏險悖亂，但如何有效地經由合理分配資源與權力，使得社會不至於成為「偏險悖亂」便是一個有待解決的問題。荀子的「明分使群」在此得到了充分的展開。

> 人倫並處，同求而異道，同欲而異知，生也。皆有可也，知愚同；所可異也，知愚分。埶同而知異，行私而無禍，縱欲而不窮，則民心奮而不可說也。如是，則知者未得治也；知者未得治，則功名未成也；功名未成，則群眾未縣也；群眾未縣，則君臣未立也。無君以制臣，無上以制下，天下害生縱欲。欲惡同物，欲多而物寡，寡則必爭矣。故百技所成，所以養一人也。而能不能兼技，人不能兼官。離居而不相待則窮，群居而無分則爭；窮者患也，爭者禍也，救患除禍，則莫若明分使群矣。（《荀子‧富國》）

面對人性之私及經驗層的事實，如何有效管理？荀子提出的「明分使群」即是一個創新性的觀念，因為人之所以能勝物是在於能群，此觀念來自人出於自覺的意識，非建構一涵蓋多元性的動態社會則無以為功，而禮義即成為人類明分使群以組織社會、有效進行資源合理分配的依據。對於如何有效管理的命題，「分」的概念至為重要。

> 對荀子而言，能否使群繫乎能否「分」。其「分」的概念由〈王制〉篇觀之，至少具備三種涵義：（一）序人倫關係的位份，所謂「君君、臣臣、父父、子子、兄兄、弟弟」；（二）實施社會職能分工，所謂：「農農、士士、工工、商商」；（三）社會資源的合理化分配，所謂：「分均則不偏，勢齊則不壹，眾齊則不使……勢位齊而欲惡同，物不能淡則必爭，爭則必亂，亂則窮矣！先王惡其亂也，故制禮義以分之，使有貧富貴賤之等，足以相兼臨者，是養天下之本也。」（曾春海〈荀子社會思想研究〉，《儒家的淑世哲學——治道與治術》，頁41）

儒家管理哲學的組織觀集中體現在荀子的「群論」當中，所論述的「群」、「分」、「倫」等都涉及到現代管理理論中的組織功能、組織結構、組織型態等問題。（黎紅雷《儒家管理哲學》，頁209）

現代的管理理論在組織的性質、功能、結構等靜態方面，以及在組織的管理、運營、變革、發展等動態方面，提出了許多管理組織的原則。而儒家管理哲學的組織理論則集中表現在荀子的「人能群」論述之中。人能群而禽獸不能群，人能群必要有群之道，群之道即分。「群」是人類生來就有的功能，而要使之成為現實的社會組織，就必須有「分」。所謂「分」是人類生存的保證，社會要能正常的運轉、組織需有序化的標誌，人類的整體力量可發揮最大的效用。

四　結語

　　沈清松教授也將傳統儒家的觀點作了一番闡述，他的見解如下，可以做為統整社會見值觀的參照。

> 儒家思想這種以人文精神來點化客觀宇宙的觀念迄今仍有很大的價值。因為今日世界雖然因著科技的進步和工業的發展而改變了面貌，但它終究必須是適宜人居的生活世界，這是不變的道理。而且任何的生活環境，無論是原始的自然或是工業的都市，都必須透過人的努力，用人性來予以改造，才能成為適宜人居生活世界。在未來的世代中，無論人所居處的世界是一個怎樣的世界──資訊社會、後工業社會、後現代世界──但總得需要經過人重新的詮釋，賦予意義，才能不為物役，不為形拘，而能成為宜人之生活世界。（沈清松《傳統的再生》，頁30）

　　「儒」是新儒商的靈魂，「商」是新儒商的載體，儒與商融為一體才是活生生的儒商，才能造就新時代的企業。這需要將儒家的仁者愛人、義以生利、尚中貴和等思想融合在企業管理與社會經濟生活之中，促進我國的企業邁向新時代。

　　「德治」一直是儒家的標誌，在管理的模式上，自古至今仍講求賢人政治，但是面對現代社會，人心不可測，功利主義盛行，光講德治實不足以克服社會發展的難題，儒家荀子然提出「禮法」，但仍未能一步到位，無論是德治或是禮治，在策略上皆屬人治，應該與時俱進，推動「法治」，並且是由下而上，上下情通有共識的創建法治秩序。對於荀子的禮治應有一個不同的視野及評估，它是過渡到「法治」階段的一個重要資產，如果我們要避免「韓非陷阱」的話。

　　強調人性關懷，員工福利與社會責任，儒家在此有積極性角色。臺灣最近幾年來，「社會責任」、「公利」、「公義」為企業文化內涵，並且為社會各界所支持，甚至有以「社會企業」為名，進行公共服務。此種有別於「自利」型企

業價值觀，而發展出「利他」型企業，加上宗教的佛教團體（慈濟功德會、佛光山）的提倡，基督教有「饑餓三十活動」，促成了帶動風氣。而儒家本有「己立立人，己達達人」之思想，又有「內聖」至「外王」的理念，當可形成一個可操作的氛圍。

傳統是永恆的時尚

——談經典的承舊開新

吳冠宏

國立東華大學中國語文學系教授

一　緣起

　　民國一〇七年十一月二十二日接受陳益源院長的邀請,前來金門大學演講,這是睽違金門三十年之後的重逢,金門是我就讀臺大中文研究所期間突然半途休學轉去服役的地方,表面上像是遠離青春校園而踏入社會現實,卻又有如自我逃避,拋擲世俗而走入另一種夢幻,這般弔詭的成長經驗,一直如謎樣的金門般,始終未被我正視、解開,而那屬於年輕的苦悶、矛盾、不安的靈魂,便一直卡在那裡,積澱成一種難以解釋的神祕。

　　遙想金門曾經為了守護臺灣而飽受共軍炮火攻擊,我服役期間又逢六四天安門事件,兩岸關係也異常緊張,隨後或寇讎成近鄰,或一家親如鄰大敵,兩岸的曖昧關係不時牽動著金門未來發展的命運,但當臺灣島以更積極的態度在擁抱西潮、迎向海洋文化之際,凍齡的金門卻仍保有難得的宗族傳統與閩南建築,它站在大陸的前端,又似為海洋的後線,始終處在新舊的交接、中間、緩衝的位置,而成為各種複雜力量的交會所在。

　　正是與金門有這般神祕的連結與難得的緣分,使我如今立足在這個島嶼上,更珍惜據此遙契古代、眺望未來的深思,故嘗試分享自己學術研究過程中兩個承舊開新的經典解讀案例,希望能在漢字文化的浪頭上,激揚金門學子們除認真活在當下,並也能從傳統經典的文化資源,尋繹迎向未來的潛在能量。

二 從《世說新語》的「裸體探雛」說起

> 王平子出為荊州，王太尉及時賢送者傾路。時庭中有大樹，上有鵲巢。
> 平子脫衣巾，徑上樹取鵲子。涼衣拘閡樹枝，便復脫去。得鵲子還，下
> 弄，神色自若，傍若無人。（《世說新語・簡傲》第六則）

　　這一則在《世說新語》中被放置在不起眼的篇目位置——〈簡傲〉上，其
所描述的核心人物——王澄，也是比較偏向負面性的角色，而所刻畫的行為事
件，王澄將要被派至軍事重鎮—荊州—保家衛國，卻一反常態，在達官貴人及
民眾集體送行的重大場合上，竟表現出裸體探雛、脫衣取鵲的行為，如此的荒
腔走板也難怪常常被史家視為西晉亡國的徵兆，但這些非主流、非核心的不利
因素，又何嘗不是我據此反向操作的原由，因為此則雖然一直背負著歷史罪證
的標籤，成為難以翻身的文化印痕，卻不得不承認，我在閱讀的過程中總是享
受著某種踰越規範的雀躍，何以存在著如此巨大的落差？這種「不對等」的情
況不免勾起我探祕尋奇的興趣。

　　由於王衍、王澄兄弟代表西晉末年的名士清談領袖，他們當權卻放浪形
骸、不務政事的作風，不惟大別於傳統的禮教規範，隨後繼起的五胡亂華、中
原板蕩，由是史評家不斷出現清談誤國的反省之聲，無賴妄人的王澄作出這種
風狂乞相的兒戲，成為史評家一葉足以知秋之嚴厲批判的理據。然不禁探問，
何以閱讀此章始終存在著某種令人痛快的興奮之感？除了我尚無切身的亡國之
痛外，是否「歷史」的論斷就足以全然定調此章的義涵？在我們擺落歷史與道
德的包袱之後，面對這向來承載著歷史批判的舊典文獻，依舊仍有釋放出其他
可能的空間？布魯姆（Harold Bloom）所謂：「除非需要重讀，否則難擔正典
之名」（《西方正典》），是以或當跳脫舊有的理解框限來重讀此則，才能有效解
決傳統說法與我個人真實感受之間的落差，進而掘發不同於以往的新天地。

　　這真是一種潛藏在我心頭的叛逆，它蘊蓄著反社會、反制約、反傳統的因
子，然其破壞力也正是一種創新的能量。羅蘭・巴特（LuolanBaerte）曾說：
「可讀性文章的讀者是消費者，而書寫性文章的讀者是創造者。」如果我們能

卸下王澄為歷史罪人的理解取向，便會發現這一則實洋溢悖反於常規常矩並且能充分傳達「反抗」與「叛逆」的力道，全章反差的張力即存在於──眾目睽睽的社會目光／個體反期待的動作行為、象徵國之棟樑的大樹／如嬰兒之未孩的雛鳥──之間的矛盾與衝突，它使我們閱讀時不免會展開個人／社會、天真／世俗、自然／名教、情／禮等關係範疇的思考，而「涼衣拘礙樹枝」作為衝突的關鍵點，是繼續脫掉社會外衣往上爬？或是止步下返世俗秩序的常態？在「轉折」情境下的抉擇──「便復脫去」──也令人拍案叫好，「得鵲子還，下弄，神色自若，傍若無人」更把「越名教而任自然」的價值訴求，做了最為生動與具體的傳寫。

　　觀「送者傾路」置於此文本的初始，使觀者與讀者得以不期而遇，作為一融入背景之觀眾群的「讀者」，也極易在此文脈下，讓自己成為真正的觀者，而全然回歸注目到行動者的演出上，畢竟演出的戲是依賴觀者的，由是我們一則如觀者凝神張望這「解衣取鵲」的演出活動，二則又隨時可能入戲地化身為主角，親自進入這開放性的召喚結構中，因為我們內心深處都隱約寄藏者此越俗以任真的揣想，遂在觀者與行動者之間，產生了微妙的交涉作用。

　　譚獻云：「作者之用心未必然，讀者之用心何必不然。」如果服膺於傳統的解法，如果受制於人物（王澄）與篇章（如簡傲）的定位，我們便無法一反過去亡國徵兆與歷史罪人的視域，並給予此則如此豐爛可觀的新解，人文學科之所以有趣，即埋藏著無限可能的詮解空間，等待有心的讀者去賦予或翻轉，原來不必總是仰賴魏晉名士的典範人物如阮籍或嵇康這一類人的言行事跡，不必永遠鎖定在那些名章與佳篇之中，只要有勇氣擺落舊解的制約與成見的束縛，在視域的轉換下，我們便會發現「裸體探雛」這一則文本的戲劇張力，最能將社會人與自然人的對話關係予以具象化，由是從歷史褒貶的以古為鑑，遂搖身一變而成為另類與新版的「越名任心」！

　　傳統不會腐朽，傳統何曾僵化，其旋乾轉坤的關鍵乃在解讀者如何稟持靈活不羈的心思、當下直覺的體會，不斷與文本形成深刻的連結，進而產生共鳴的效應與重新發現的欣趣，可見文化經典一直藏有永不褪色、與時俱進的力量，這一則的破舊開新，給了我莫大的自信，解讀的創意總是帶來意想不到的

驚喜，它將引領我繼續在熟泥舊壤的文化資源中探祕挖寶，尤期待後進的學子，面對自己與世界時，也能不時記取卡爾・波普爾（Karl Popper）的提醒：「幸福的偉大泉源，就是時不時瞥見一些關於世界和自己的新面向，窺探我們生活的這個不可思議的世界，還有我們在其中不可思議的角色。」

三　從嵇康〈管蔡論〉說起

1. 昔文武之用管蔡以實，周公之誅管蔡以權，權事顯，實理沈，故令時人全謂管蔡為凶。

2. 管蔡皆服教殉義，忠誠自然，是以文王列而顯之，發旦二聖舉而任之，非以情親而相私，乃所以崇德禮賢。

3. （管蔡）稱兵叛亂，所惑者廣，是以（周公）隱忍授刑，流涕行誅……管蔡雖懷忠抱誠，要為罪誅。

4. 忠賢可不達權，三聖未為用惡，而周公不得不誅。若此，三聖所用信良，周公之誅得宜，管蔡之心見理，乃大義得通，外內兼敘，無相伐負者。

以上四條文獻是嵇康〈管蔡論〉的重點節錄。為了了解此論有必要稍微介紹一下歷史背景。漢魏之際，在司馬氏集團的步步進逼下，曹魏政權已逐漸被司馬氏掌控，高鄉貴公曹髦不甘為傀儡，主政後遂力圖有所作為，曾經宴群臣於太極東堂，「講述禮典，遂言帝王優劣之差」，嵇康也參與了這一場太學辯難的活動，〈管蔡論〉極有可能即為當時太學辯論下的產物。

綜觀歷來對於此論的解法，大都依張采「周公攝政，管蔡流言；司馬執權，淮南三叛，其事正對。叔夜盛稱管蔡，所以譏切司馬也，安得不被禍耶？」的意見而來，把管蔡事件與曹魏的政局綰合以觀，這當是向來詮解〈管蔡論〉的主流論述，陳寅恪有云：

史論之作者，或有意，或無意，其發為言論之時，即已印入作者及其時

代之環境背景，實無異於今日新聞紙之社論時評，若善用之，皆有助於考史。故蘇子瞻之史論，北宋之政論也；胡致堂之史論，南宋之政論也；王船山之史論，明末之政論也。今日取諸人論史之文，與舊史互證，當日政治社會情勢，益可藉此增加瞭解。

依此可見，史實時事寄託派可謂歷史悠久，談史以論今，又每能相應於嵇康「越名教而任自然」、「非湯武而薄周孔」的反叛精神，也難怪歷來解讀此論都大同小異，認為嵇康撰寫此論即在借古諷今，為管蔡翻案正是為力挽狂瀾的曹魏舊勢力（被司馬氏逐一誅滅）伸冤叫屈。但我們若細讀此論文本便會發現，這是一種悖反於文本脈絡而想當然爾的說法，周公攝政，司馬執權，不論是經由批判周公以彰顯司馬氏的居心叵測，或是透過稱許管蔡以肯認興曹魏者的發難起義，這樣的詮釋進路都有將兩者：周公（司馬氏）與管蔡（淮南三叛），建立在對反於歷史常論又簡化成善─惡兩端的問題，畢竟從〈管蔡論〉視周公代行王權乃聖人行權變通之計，以至於對管蔡授刑施戮不得不流涕行誅的善體可知，除非另有寓周公之清白以對顯司馬昭隱衷之不堪的寄義，否則如此的論斷顯然與嵇康並非從責斥周公、稱許管蔡的論點發聲有別，即是無法與〈管蔡論〉的文本全然相應。

　　面對傳統解法與自己閱讀文本的理解落差，使我不得不跳脫過往的意見，重新梳理〈管蔡論〉所真切表述的主張，經過全幅的掌握之後，我嘗試為此論勾勒出兩層詮釋理路：一為「反隱為顯，管蔡之心見理」，首先我們有必要先證成該論在翻案史論中的關鍵角色，畢竟它讓管蔡從亂臣賊子的歷史罪人變成服教殉義，懷忠抱誠之流，其功厥偉，嵇康當是以他一身尚奇任俠的反骨來為管蔡翻案，替背負歷史罪名的無辜者挺身而出，使這些在傳統脈絡裡被誤會、被冤枉的人物，不會永遠湮沒在人云亦云的俗見與時論之中，這正是嵇康直道而行、師心獨見的表現。

　　透過〈管蔡論〉之兩難史論的重訪，我認為「管蔡之心見理」是重解該論的關鍵所在，值得我們從史論的整體脈絡中彰顯其破舊開新的價值，但〈管蔡論〉不惟對管蔡的歷史評價進行翻案而已，嵇康這一顆善體古人的心，更深入

到周公兩難的處境，揭露其權衡大局及整體之後，仍不得不「隱忍授刑，流涕行誅」的痛苦，這般情感的揭露傳寫最是令人動容，有別於過往側重在描摩周公輔佐周王室的一片苦心以及其難為的存在處境上，嵇康所重顯然在通情達理，而非聖教的維護上。可見「權事」雖顯，該論亦同時指出周公的苦心，並標舉聖人行權是何等不易之事，表現其兼顧管蔡與周公而不偏於一端的相須思維，即應當注意「權實相須，內外兼敘」這一個層次，不可因為要彰揚「實理」遂漠視「權事」亦難能可貴也。

綜而觀之，這兩層詮釋理路可謂缺一不可，必須兼顧分判與絪合，因為若僅側重前者而忽略後者，有破不立，該論遂全然停留在批判的視域，而與傳統形成截然斷裂的關係；如果強調後者而沒有凸顯前者，該論又會失去作為翻案史論該有的反叛力道，易淪為成就調和論的偽平衡姿態。依此可見，嵇康一改經（常）與權（變）的傳統論述範疇，從「實理」與「權事」另闢蹊徑，又在隱顯的相互轉化下，強化了權實相須與內外兼敘的效用，是以當充分掌握這兩層詮釋理路的微妙關係，該論對於傳統之解放性與規範性的思考，方能釋出進一步輾轉對話的空間。

經此兩層詮釋理路的揭示，我們對於這一篇翻案史論之反叛精神便能予以重新的凝視，除了消弭其歷來的理解爭議之外，對於臺灣身處兩難的當代處境，亦未嘗沒有啟示性的意義。臺灣目前不論就政治、社會、文化各個面向而言，正處反傳統、反體制、反威權的世代交替階段，尤其在政治勢力介入、媒體文化的操作下，每造成守護傳統者與激進改變者的衝突不斷，這是時代轉型的契機？還是社會已長期處於對峙、分裂與無盡耗損的困境？向來標榜多元文化的臺灣，只要是關涉政治的問題，就難免有兩極化的走向。《禪與摩托車維修的藝術》中曾經提到：「人的傾向是只以單一的模式來思考、感受、置身單一模式的人往往誤解、低估另一模式的真諦，卻沒有人願意放棄眼前的真理」。《作家之路》對於人類極性思維的危險，亦有一針見血的論述：

> 極性和思考習慣一樣，也是一種隨處可見的力量。我們的行為舉止，彷彿認定凡事都有對或錯的答案，所有的陳述不是正確就是錯誤，人也只

有好人或壞人，正常或不正常，一件事非真即假，你不支持我，就是反對我。這種分法有時派得上用場，有時卻可能過度狹隘，無法適切地反應現實。在政治和修辭上，兩極化是極具影響力的作用，它讓領袖和文宣高手特意地把世界分割成我和他們，藉此煽起群眾的怒火，把世事簡化。這種方式忽略了中間地帶，或其他可供選擇的替代論點。

嵇康〈管蔡論〉之權實關係所展現的張力與潛能，即在透過這兩層詮釋理路之分判與關係的重建，避免僵化在任何一端的偏限與窘況，若把以往的善都變為惡，把以往的惡都變為善，在解消傳統、翻轉歷史之後呢？人心又當何去何從？是以重訪〈管蔡論〉之兩難史論的議題，我們若從「管蔡之心見理」進入，出奇開新，隱顯互換，為不平討公道，可謂大快人心，然在向傳統規範制約提出異議的同時，對於異議者也應該有提出異議的空間，故力主「權實相須，內外兼敘」者，亦當不時回應「管蔡之心見理」對於傳統的挑戰，才不會掉入廉價的折衷妥協，而淪為封閉的調和論者。

依此可見，這不僅是一趟史論的重訪之旅，古今之時空情境縱使截然不同，但仍可能存在著頗多類似的考察角度與思維模式，如何走過轉變的陣痛，如何化解兩端的僵局，從而為反叛之後尋找出路，亦為我身處當前紛擾之政治與文化之困境的關懷所在，如同本土化所標榜的臺灣意識與過往殷切播植的中華文化，兩者已逐漸出現斷裂難解的困境，面對黃土地與藍海洋交會的臺灣，透過嵇康相須思維之歷史詮釋的啟示，我們可否能為目前的困境提供一重新反省的理解契機？或許重啟嵇康〈管蔡論〉兩層詮釋理路的探索，正可以作為我們面對當下及展望未來的參考吧！

四 島嶼的回音

想起泰瑞・伊格頓（Terry Eagleton）曾說：「同時處於一個位置之內與之外（佔領一個場域，卻又在邊界上懷疑地徘徊著）往往能夠滋生最具創意的想法」，當臺海的問題不再受限為中國的問題，也成為中美的問題，更是全球的

問題之際，金門的尷尬角色，金門的曖昧處境，不正也預示了臺灣未來的何去何從？

我目睹昔日的戰地坑道，如今已解構成觀光與表演的場域，我們也無法判讀，這是真正的轉變？還只是暫時的錯置？這一座淳樸寧靜、洋溢古味的島嶼，依舊置身在敵我、善惡、醉醒、張緩的中間狀態，而世間屬於對立、曖昧、錯置、妥協、平衡的諸多煩惱與智慧，也總是在召喚不時矛盾的我辯證深思之，淬練長於持衡的我去勇於面對。

王汎森有云：「不好好理解舊的不足以知新，不足以開展區辨出多元、細膩、細緻而有創造力的資源」，正當漢字─漢語─漢文化，即將走向世界舞臺最閃亮的位置時，我有幸能站在這邊界卻看得更為清楚的角落出發，有必要將位於孤島的焦慮，轉化為繼續奮進的動力，並從我們位處的島嶼及徘徊的游移中看到了自由與創造的契機。

「信、義、誠、實」傳統德性對青年學子的啟發
——以南臺校訓與賽局理論的交涉為核心

薛清江

南臺科技大學通識教育中心專任教授

一　前言：利己與合作的可能性

我們常聽說：人不為己，天誅地滅，點出了我們身處一個追逐私利的社會環境；再加上各式各樣詐騙事件頻傳，要真誠地信任他人並合作，實屬不易。因此，我們想探討的是：在利己主義當道的世界，人與人之間合作的可能在哪裡？舉例來說：日常生活中，你和朋友去吃飯時都是你買單且感受不到他想分擔餐費的回應，你還會找他吃幾次飯？一起做專題報告時，總有同學只想當花瓶而不做事，你願意讓他搭便車拿成績嗎？

的確，身處團體環境之中我們常得面對許多合作的困境。很多同學都寧願一個人報告也不想跟其他人同組，有錢買自己想吃的東西而不想參加聚餐。組員的背叛，朋友間真心換絕情，總是讓我們只想獨善其身。然而，如果把視野拉長到人生的幸福路上，長期要迴避與他人合作是件不可能的事，而無法信任他人更不易交到知心好友。希臘哲學家亞里斯多德（Aristotle）曾說：連一個朋友都沒有的人，很難說他的人生是幸福的（亞里斯多德，2007）。可見幸福路上，除了個人私利滿足的快樂之外，外在環境與物質條件的援助也是不可或缺的要素。

本文旨在從校園中可能出現的合作困境來探討南臺科技大學校訓「信、義、誠、實」及其與賽局理論的關連性，並論述校訓隱含的價值與人生智慧，

對現代青年學子仍有啟迪的功能。筆者任教於南臺科技大學，校訓「信、義、誠、實」除了是鏤刻於校園大石頭上的四個訓勉文字，它還是生命值得信守的理念，在同學們將來所可能面臨到的合作困局中（例如：交友、打工求職、工作、婚姻家庭），發揮「指點迷津」的功能。

二　校園中可能出現的合作困境

（一）勞掃的困境

在小組長或其他人沒看到的地方，要認真打掃還是隨便應付？認真掃滿頭汗又不一定被看到，隨便應付一下時間就過了，又能滿足勞掃的時數。該選哪一個？

對於自我要求比較高的同學而言，除非不得已，否則隨便掃掃是件違背良心的事。至於在家連家事都不碰的人，除非小組長盯得緊，否則能混則混，不必跟自己過不去。你是屬於聽信內心聲音指引的人，還是看外在規則行事的人？這樣的態度，會不會其實是你每天的生活日常？如果應用在日後的打工、實習或職場中，會不會影響到將來的人際關係？因此，不應小看掃地這件事，《朱子治家格言》所謂「黎明即起，灑掃庭除，要內外整潔」，表面談的是掃地這件事，實則是種「應對進退」的人格涵養訓練！一個能把地掃好的人，做事必定靠譜，並贏得他人信賴。

（二）考試作弊的兩難困境

（個人端）功課準備不完，該做小抄作弊以求「全過」（all pass），還是硬著頭皮冒著必死的決心上場考試？（他人端）看到同學作弊，該無視還是向監考老師舉發？

同學可能說，若是其他同學作弊的話，要看交情夠不夠，以及自己是否也可能會做類似的舉動。若是交情夠，或許不一定得舉發，況且自己也不是完全不作弊的人，所以就睜一隻眼閉一隻眼。而自己在不得的情況下得作弊，可能

打工太多無法兼顧作業，若是被抓到的話算運氣不佳，或順利過關就算賺到。比較麻煩的是：習慣了作弊後，是否還有可能誠實地準備功課？當別人都靠作弊取勝時，那自己努力考試的意義在哪？當我們都不舉發作弊者時，是不是也默默助長這樣的風氣？延伸來看，考試作弊舉發與否雖然只是教室角落上演的內心掙扎，它更是社會現實的縮影。當我們發現群體中有人以不公不義的方式為害他人或獲取暴利時，個人該挺身而出吹哨，還是繼續假裝沒看見？

（三）朋友聚會的兩難

朋友揪吃飯或夜唱，總是有人假借各種名義不付錢，下次你還會找他（她）嗎？三五好友聚餐總是在你的地方，酒足飯飽後各自歸巢，沒人留下來幫你收拾善後，下回要不要換另一個地方聚？

雖然「友情」是大學生涯中最值得經營的人脈，但在現實的互動情境中，總會出現不對等的情況。同學們來自四面八方，經濟條件也不一樣。有人出手闊綽，有人拮据節省，偶而聚會時大家的貢獻度總不一樣。當然，最公平的方式就是平分，但是沒剛好時怎麼辦？再則，萬一你這位朋友最近打工不順或生活費入不敷出，一起吃飯時你要作東嗎？甚至，開口借錢週轉時，要借還是不借？

（四）男女朋友約會的兩難

約會時一方總是遲到，是要繼續等還是頭也不回地離去？每次吃飯都是你（妳）在付錢，在講求姓別平等的今日，是該採 AA 制，還是當個不求回報總是默默付出的傻瓜？

同學可能會說視兩人的親密的程度而定。若是熱戀期，在愛情魔力加持下或可以睜一隻眼閉一隻眼；若是交往一段時間了，是不是該懷疑對方「心」還在不在？對於一直等待的人，自尊該往哪擺？頭也不回地離開，萬一心有不捨，之後怎麼找臺階下？

談到錢就傷感情，偏偏經濟條件就是一個很現實的問題。最後的情況是所有的花費都對方付，自己的錢則能省則省。但這種不對等的經濟互動模式，將

考驗著愛情！有道是「貧賤夫妻百事哀」，「錢」常是夫妻爭吵的主因，男女朋友互動時亦可見端倪，儘管它有著愛情甜蜜的表象。

（五）上課的兩難

不小心選上了某門課，其實不太想上只想拿學分而已，是該不斷地裝病請假，還是要在期中直接退選？明明上課時段排了打工，卻又想兼顧，是該辭掉打工還是退選？

對許多原本就不喜歡讀書的同學，大學裡有許多比上課更有趣的事。打工賺錢，買想買的東西；參加社團，擴展人脈；時間自由，線上遊戲日以繼夜打免驚。至於上課呢？就盡量選輕鬆好過的「營養學分」或「喉舌課」。只是，在同一個時段安排太多事，根本連上課點名都到不了；而就算到教室，心也還在其他地方，頻頻滑手機渡過上課時間。最後，實在無法應付這樣的課程，是該憑著良心退選，還是繼續想辦法混到學分？

（六）專題製作的兩難

上課時總是會遇到分組，偏偏又不想花太多心力在這個作業上，是要當個什麼事都不做的花瓶搭便車拿學分，還是直接退選免得造成其他組員的困擾？有些系所的畢製必須以分組的方式進行，偏偏又是遇到不怎麼靠譜的「豬隊友」，是該將他（她）排除在外，還是繼續忍受讓專題順利產出？

專題製作是許多同學必須面對的學習方式，特別是在畢業製作或課室上臺報告。不管怎麼分組，總是會遇到「豬隊友」。這樣的分組狀況，其實是許多社會機構、公司組織不斷上演的劇碼。同學們出去實習時，是不是也無法選實習的隊員；出去求職，菜鳥一位，更是只能適應群體，配合演出。因此，專題製作是該積極參與呢？還是消極應付？倘若是一開始合作時就發現有人只想搭便車，或許可以馬上處理；若是進行到後面了，該如何來看待不做事的人跟我們拿一樣的成績？若是有人擺爛拖累了大家，你該自告奮勇來收捨殘局，還是隨波逐流共沈淪？

三　南臺校訓：信、義、誠、實

筆者任教學校之校訓為創辦人及首任校長辛文炳先生於一九六九年制定，對此，他說道：「『信、義、誠、實』是我在日本讀書所看到的，也認為這是與人相處最重要的原則，從學習的眾多科目中，經濟學也好，公平法也好，實際上都是這四個字就能解決。」，他界定如下：信／不失信；義／不忘義；誠／不欺騙；實／不虛偽。這四個字分別談到「自處」與「處人」的原則，延伸來看，「信」除了不失信於外，還可解讀為一種「自信」，對自我的要求與覺知，並能贏得他人的信任；「義」者為關懷他人與社會正義，具利他的公民素養；「誠」除了不欺騙他人外，也有「心誠則靈」的敬天意含，信守良心和善原則；「實」指實事求是，對外在事物與真相的探究，與他人互動時不耍小聰明。這四個字所隱含的價值和美德，可以與賽局理論勝出策略相呼應，值得吾人信守與發揚光大之。

南臺科技大學通識教育，便是根據上述校訓所推衍出的「大通識」教育理念。概略而言，它乃是聚焦於學生主體所展開的一種「全人教育」，它分別涉及了生命中可能的「天、人、物、我」面向，並且關注他們在學期間與畢業後的可能發展。這樣的教育理念，需要從學校辦學的高度來整合、落實，而通識中心可居中扮演協調的角色與平臺。茲圖示如下：

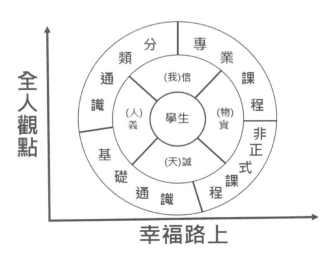

四　賽局理論簡介

　　賽局理論，根據中文維基百科的界定如下：

　　賽局理論考慮遊戲中的個體的預測行為和實際行為，並研究它們的優化策略。表面上不同的相互作用可能表現出相似的激勵結構（incentive structure），所以它們是同一個遊戲的特例。其中一個有名有趣的應用例子是囚徒困境。

　　具有競爭或對抗性質的行為稱為賽局行為。在這類行為中，參加鬥爭或競爭的各方各自具有不同的目標或利益。為了達到各自的目標和利益，各方必須考慮對手的各種可能的行動方案，並力圖選取對自己最為有利或最為合理的方案。比如日常生活中的下棋，打牌等。賽局理論就是研究賽局行為中鬥爭各方是否存在著最合理的行為方案，以及如何找到這個合理的行為方案的數學理論和方法。（資料來源：https://zh.wikipedia.org/wiki/%E5%8D%9A%E5%BC%88%E8%AE%BA，檢索日期：2021/02/01）

　　由於賽局理論的英文叫 Game Theory，跟許多人常玩的遊戲中的策略有關，因此又名為博弈論或對策論。它雖然是經濟學理論的分支之一，但由於賽局行為反映了許多人性的因素，在生物學、國際關係、計算機科學、政治學、軍事戰略等學科也都受到重視。Avinash Dixit & Susan Skeath 指出：「這門學科涵蓋的領域非常廣，類似的賽局出現在商場、政壇、外交界和戰場上。事實上，當人們為了達成協定或消弭爭執而彼此互動，賽局便會現身。洞悉這些賽局能豐富你對周遭世界的了解，並使你成為更傑出的參與者」（Avinash Dixit & Susan Skeath, 2002：1）

　　本文所討論的賽局理論，主要根據羅伯特‧艾瑟羅德（Robert Axelrod）《合作的競化》（*The Evolution of Cooperation*）中的「囚徒困境賽局」：

　　在囚徒困境賽局裡，有兩名參與者（player）。每個參與者有兩個選擇，即合作或背叛。每個參與者都必須在不知道對方下一步會如何回應的情況下，做出選擇。無論對方怎麼做，背叛產生的收穫都會比合作高。困境在於如果雙方都背叛，彼此的收穫都會比合作時差。本書的分析將以這個簡單的賽局為基礎。（羅伯特‧艾瑟羅德，2010：30）

茲以圖示來說明上述賽局的運作方式：

直欄參與者 橫列參與者	合作	背叛
合作	R=？R=？ 相互合作的獎勵	S=？T=？ 笨蛋的收穫 S　　背叛的誘惑 T
背叛	T=？S=？ 笨蛋的收穫 S　　背叛的誘惑 T	P=？P=？ 相互背叛的逞罰

橫列參與者的獲得寫在前項，直欄參與者的獲得寫在後項
R、S、T、P 的大小將影響參與者選擇合作、背叛或笨蛋

　　上述的規則有幾個地方值得注意：首先，這是一種重複性的賽局，而非一次性的。所以，兩個參與者會一直碰頭，不同於只合作一次的情況。由於不只合作一次，且之後相遇得到，所以一開始就背叛不是最好策略。其次，參與者之間是有記憶性和辨識性，彼此在互動時會參考之前的歷史記錄。

　　如果你在此賽局中，該選則什麼樣的策略來因應？合作或背叛，甚至總是當個被背叛的笨蛋？作者提醒我們，這類的賽局不是一種零合的競爭（非輸即贏），參賽者的利益不是完全對立，這和一般得分出勝負的棋類賽局完全不同。因此，在賽局中，效果最好的策略取決於另一位參與者所使用的策略，特別是對方有沒有留下進一步相互合作的餘地或可能性。概略而言，在此賽局中利己主義很難勝出，追求一己的最大利益太過短視，由於「相遇得到」和「人會探聽」，背叛者並不會是最大的獲利者，長期而言並不是最好的策略，或許考慮次要利益尋求合作會是比較可行！

五　重複囚徒困境與校訓「信、義、誠、實」之間的關連

　　關於賽局中的最策略，羅伯特‧艾瑟羅德描述如下：
　　這項研究運用一種新穎的方法——電腦競賽。廣邀賽局專家提交他們最喜歡的策略，每人決策規則輪流彼此互相對抗，看看哪一個表現最好。結果令人非常驚訝，最後由最簡單的策略贏得勝利——就是名為「以牙還牙」的策略。

以牙還牙程式的策略很簡單，以合作開始，之後視對手前一步的做法以牙還牙。第二輪競賽中，有更多的作品參賽，分別來自業餘愛好者和專業人士，他們都知道第一輪競賽的結果。然而「以牙還牙」程式又再次獲勝！（羅伯特・艾瑟羅德，2010：44）

在此競賽中，總共有十四個參賽作品，領域橫跨了心理學、經濟學、社會學、政治科學和數學五個學門。從這些競賽資料中可歸結出成功的決定規則具備底下四個特性：

（一）只要另一方參與合作，就避免不必要的衝突；

（二）只要對方背叛便施以報復；

（三）在對方對挑釁有所回應之後予以寬恕；

（四）以明確的行為讓對方可以根據你的行為模式調適。

為了在持久的重複囚徒困境中獲得好成績，作者對個人的選擇提出下述四點建議：

（一）**不要羨慕對方的成功**：人們習慣零和互動的思考模式，賽局的目標不在於摧毀對方，太在乎彼此的得分容易導致自我毀滅。因此，無須對他人的成功感到嫉妒。

（二）**不要成為第一位背叛者**：當合作時沒有得到預期的回報，短期的合作者傾向於採背叛策略，反正之後也不會遇到。然而，這為日後埋下自我毀滅的因子，善良者反而能營造將來成功的環境。

（三）**既回報合作也回敬背叛**：從競賽的證據來看，對合作者和背叛者都施以接近「一報還一報的回應」，在各種環境中都可能十分有效。可知，以牙還牙的規則有驚人的穩定性，它除了對於背叛者展現出寬恕與懲罰的平衡外，在假想的未來各輪競賽裡，也超越其他規則。

（四）**不要太聰明**：於競賽中，人總喜歡自作聰明來要心機使得合作的情況更為複雜。它雖然只是個人的小動作，卻有可能使情況複雜到難以捉摸的地步。聰明反被聰明誤，當別人對你的心機半信半疑時而無法預測時，合作反而容易破局。

要達成上述四點，參與者需具備善良、寬容、報復及辨識的核心素養，善

良可以使人避免不必要的麻煩困境，寬容有助於恢復相互合作，報復可嚇阻對方在任何時間嘗試背叛；它的清晰可辨識性可讓對方容易理解自己，並可促進長期的合作。

綜觀上述重複囚徒困境的說明，再結合第二節南臺校訓的界定，我們可以初步歸結兩者間的關連，表列並闡釋如下：

困境賽局有效合作策略	南臺校訓：信、義、誠、實
不要羨慕、忌妒他人	信：自信人信
不要成為第一個背叛者	義：有情有義
既回報合作也回敬背叛	誠：善惡分明
不要太聰明	實：實在不欺

信：在團體生活中，有人表現突出，總會令人覺得矮人一截。此時，「見不得人好」的嫉妒心理讓人難以合作。此時，對自己的表現與努力有一定的自信便可避免此項困境，同時也較能善待自己與他人。對此，勞伯・索羅門指出：

信任最壞的敵人就是憤世嫉俗、自私，和一廂情願的幼稚人生觀，使得一個人期望從他人獲得的、遠超過自己所願意付出的。結果會導致怨恨、不信任，以及不真實。

自我信任是最基本且最常被忽略的一種信任。不信任他人，往往是因為自己不信任自己。（勞伯・索羅門、費南度・弗羅斯，2015：42）

義：有道是利益當頭，義氣擺兩旁。雖然要一個人完全不計利益地相挺是件美德，但至少能不在利益當下時率先選擇背叛，是否能講求義氣就顯得相當重。講義氣的人有時像傻瓜笨蛋，但長期來看卻是最值得信賴的夥伴。在中國哲學中，孔子、孟子的「義利之辨」的論述無疑地最能突顯「義」的精髓！

君子喻于義，小人喻于利。（《論語・里仁》）
君子義以為質，禮以行之，孫以出之，信以成之，君子哉！（《論語・衛靈公》）

孟子見梁惠王，王曰：叟，不遠千里而來，亦將有以利吾國乎？孟子對
曰：王何必曰利？亦有仁義而已矣！王曰何以利吾國，大夫曰何以利吾
家，士庶人曰何以利吾身，上下交征利，而國危矣。萬乘之國，弒其君
者，必千乘之家；千乘之國，弒其君者，必百乘之家。萬取千焉，千取
百焉，不為不多矣，苟為後義而先利，不奪不饜。未有仁而遺其親者
也，未有義而後其君者也。（《孟子·梁惠王》）

誠：誠者，貴在真實以對。人在做，天在看，人際間互動如人飲水，冷暖
自知，就算「善有善報，惡有惡報」不見得馬上應驗，在賽局中為善和為惡都
會受到回敬。現實中亦如是，別人對我們好，該湧泉以報；別人佔我們便宜，
則列為拒絕往來戶，並將此人負評公諸於世。《中庸》對於「誠」亦有類似的
闡釋：

誠者，天之道也；誠之者，人之道也。誠者，不勉而中，不思而得，從
容中道，聖人也。誠之者，擇善而固執之者也。
誠者，自成也；而道自道也。誠者，物之終始，不誠無物。是故君子誠
之為貴。

實：做事實在的人很容易被猜透，愛耍小聰明者只挑對自己有利的事來
做，老實的人似乎只能像傻瓜般合作，未來不見得獲得利益補償。然會，賽局
競賽研究結果顯示：太過聰明者習慣自做聰明讓人猜不透而導致合作變得複
雜，長期互動下來無法取信於人（留給人探聽的負評太多），也終導致合作破
局。而實在的憨人，長期累積的誠信，後來還是可能得到天公的眷顧，偶爾會
收到意外的回報。

六 結論

　　對於未曾經歷過病痛的人，聽不進去別人建議的健康保健之道；從未對生命感到困惑者，不覺得生命意義的課題跟他會有關連。你如果都沒蛀牙，跟你說勤刷牙和使用牙線很重要，是完全沒有感覺的；但對於有牙周病的人，這樣的訊息則攸關牙齒的存亡。生命的許多課題亦如何，總是要歷經創傷痛苦之後，才能領悟到其中的智慧。例如：朋友借錢不還，讓自己經濟陷於困境，下回遇到有朋友要你協助週轉，上回的經歷便可參考，讓你不致於一下子做決定。

　　本文所闡釋的合作困境與校訓之間的關連，除了一般老生常談式的理念宣導外，還希望同學從自身可能遇到的合作困境領悟到一些實踐上的人生智慧。若能如此，校訓「信、義、誠、實」就不單單只是刻在石頭上裝飾學校門面的四個字，它更有可能是各位同學在幸福路上不可或缺的價值。在這些價值的指引下，同學可以練習在「利己」（自處）和「利他」（處人）之間取得平衡，並找出與他人合作的最佳策略。

客家文化中的美善
──從苗栗客家歌謠、戲劇、諺語、八音……談起

黃新發

教育部國民及學前教育署 退休副署長

陳淑賢

教育部樂齡學習專業人員培訓及格「樂齡講師」

徐財貴

苗苗栗客家八音藝師

一　緣起（客家鄉親的呼喚）

　　民國一〇七年三月二十日聯合大學華語文學系湯智君教授給我的 mail，「……我受國立雲林科技大學吳進安教授之託，他和傳統文化基金會合作，在各校推動傳統文化講座的活動，經費由該基金會贊助。想邀請華語文系參與這項有意義的活動，原則上每學期兩場，每年為四場至本年十二月三十一日止。這四場演講其中一場想邀請您講『客家文化中的美善』（與傳統文化有關，題目請老師費心自定），演講兩小時，地點在本校人社院演講廳，時間在五至六月間（或老師方便的時間）。」

　　我從國教署退休之後，回到家鄉在聯大兼課多年，都是在人文與社會學院華語文學系開課，大一開「教育概論」、大二開「教育心理學」。湯智君教授邀我跨足談客家學院的專業，雖然使用我的母語教學，並不會有困難。剛開始我還是有點遲疑，當我確知可以嘗試在華語文學系，用全客語的沉浸式教學，讓學生完全沉浸在客語的教學環境之中，能夠用最直接的方式吸收客語，且教學內容與真實生活相結合，讓學生從「做中學」、「用中學」。對我而言這是全新的嘗試，我也就答應了這個有意義的創舉。

二 什麼是「客家文化」?

「客家文化」是指客家人共同創造的文化，包括客語、音樂、戲劇、舞蹈、工藝、建築、飲食、服飾、民俗……等。客家人以刻苦耐勞、堅韌剛強、團結奮進的「硬頸」精神而著稱。其文化特色為：保守、穩重、節儉。

根據客家委員會一○五年度委託學術單位，以四個月的時間，對客家人口及語言使用情形進行的「全國客家人口暨語言調查研究報告」，指出客家民眾認為客家話最能代表「客家文化」。客家民眾認為最能代表「客家文化」的是「客家話」，平均分數為4.91分，代表絕大多數的客家民眾都認同能代表「客家文化」；其次是耳熟能詳且經常可以品嚐到的「客家小炒」美食，平均分數為4.74分，其次是客家民眾「勤儉」及「硬頸精神」，平均分數也達4.64分及4.52分，再其次是客家「採茶歌」，平均分數也來到4.34分。

臺灣地區的客家語言腔調有所謂「四海大平安」有五種，來自廣東嘉應州、擁有六種聲調、最多客家人使用的四縣腔；源自廣東海豐與陸豐、擁有七種聲調，次多客家人使用的海陸腔；源自廣東潮州的大埔腔；來自廣東饒釘的饒平腔；以及來自福建漳州、保存最多古音與古意之客家話詔安腔。苗栗西湖等四縣和海陸交界的四海話，客家委員會辦理客語認證時，將四縣腔分成北四縣和南四縣，苗栗人通行的是「北四縣」。

根據前項調查，全國客家人口總數為四五三萬七千多人，比例為百分之十九點三，比民國一○○年增加至少三十四萬人。其中新竹縣客家人口約占七成，是客家人口比例最高的縣市，其它依序為苗栗縣、桃園市、花蓮縣及新竹市。學者指出客家人口增加的主因，可能為近年，客家委員會推動客家文化有成，增加民眾本身客家認同。

三 「苗栗客家文化」的特色

苗栗縣地處臺灣西北，面積一八二○餘平方公里，人口五十六萬，全縣客家人口比例佔百分之六十五，十八鄉鎮市全為客家文化發展重點區，積極落實

客語於日常生活中。苗栗孕育濃厚客家文化的一座美麗山城，昔稱「貓裡」原為清代平埔族道卡斯人的社名。境內山嶽疊嶂，丘巒綿延，峻麗的名峰險嶽、樸實的田園物產、默默耕耘的傳統工藝，以及深僻山林的原住民風情。除了沿海地區少數平原之外，由於山川阻隔，長久以來，「海線」的閩南文化與「山線」的客家文化，兩處不僅方言迥異，連生活習性、飲食風貌也有差異，成為多元族群共存共榮，體驗苗栗風土饒富意趣的一環。

（一）臺灣客家歌謠之父 ── 涂敏恆先生

　　涂敏恆（1943-2000）苗栗縣大湖鄉人，曾擔任過民生報影劇記者多年，一九七○年開始從事流行歌曲的創作。涂敏恆生前將自己客家歌謠創作作品依歌詞分成七類，分別為「抗議」類、「諷刺」類、「勸世」類、「愛情」類、「教育」類、「消遣」類、「勵志」類。所有的創作歌曲，來自於血脈深處的客家母語。

涂敏恆先生譜曲的「客家本色」

　　這首歌由涂敏恆作詞，寫的是客家先民「唐山過臺灣」的艱辛過程。臺灣自然山川的險峻多樣化與族群的多樣、險惡，以因地制宜的「移民本色」，打造了風貌殊異的客家新故鄉。

　　　　唐山過臺灣　沒半點錢　剎猛打拚耕山耕田
　　　　咬薑啜醋幾十年　毋識埋怨
　　　　世世代代就恁樣勤儉傳家　兩三百年無改變
　　　　客家精神莫豁忒　永遠永遠
　　　　時代在進步　社會改變　是非善惡充滿人間
　　　　奉勸世間客家人　修好心田
　　　　正正當當做一個良善介人　就像恩介老祖先
　　　　永久不忘祖宗言　千年萬年

涂敏恆先生譜曲的〈伯公伯婆〉傳統童謠

> 伯公伯婆，無殺雞、無殺鵝，殺隻鴨仔像蝠婆，
> 豬肉料像楊桃，愛食汝就食，毋食揦也無奈何；
> 請汝食酒榜田螺，酒續無攞著，轉去攞做得無？

涂敏恆先生譜曲的〈月光光〉客語童謠

> 月光光，秀才郎，船來等，轎來扛，一扛扛到河東央，蝦公毛蟹拜龍
> 王，龍王腳下一蕊花，拿畀阿妹轉妹家，轉到妹家笑哈哈。

二〇〇〇年三月十四日一顆巨星自客家的天空凋落了。

當天涂敏恆在新竹縣竹東鎮用完午餐後，開著賓士老爺車，沿著臺三線公路前往苗栗大湖，下午二時三十分左右，涂敏恆路經獅潭鄉公所時，把剛完成的「獅潭鄉歌」交給鄉長，還當場唱給鄉公所的同仁們聽，之後，又繼續駕駛著那輛車前進，腦海裡還迴蕩著獅潭鄉歌的旋律呢，沒想到在進入大湖鄉的三寮坑路段時，因為視線不良，賓士車直接撞上了護欄，涂敏恆在扭曲的車子裡動彈不得，沾滿血跡的手稿落在駕駛座旁……當救護人趕到時，涂敏恆已無心跳，撒手於他眷戀過的人間，享年五十七歲。

（二）癌末鬥士──劉泰祥的「撬冬」客語系列

劉泰祥苗栗縣西湖鄉四湖村人，初中畢業就出外做沙發椅的工作。服完兵役就返鄉，近四十年都在家鄉販賣豬肉。民國八十二年起擔任西湖鄉四湖村瑞湖國民小學家長會長，積極協助學校成立「成人識字班」，親自載送年長的「老學生們」上下學。更帶頭協助瑞湖國小社會教育之推展工作，績效卓著，當年被尊稱「不會冒煙的火車頭」獲得臺灣省政府教育廳陳英豪廳長頒給「社教有功人員」之獎牌。

劉泰祥雖然只是初中畢業的豬肉販，但是他認為客家話不能只限於日常口語表達而已，應以「文字化」才能永久傳承，因此致力創作。他在九十七年底

完成第一本書，獲得客委會客家優良出版品審查通過，家人都以他為傲。罹癌後的他除了抗癌治療，也堅持客家「硬頸」精神，在病榻中逐一完成客語著作「攊冬」客語系列有聲書。

「攊冬」系列包含五冊「客家七字諺語」及一本「客家師傅話」，完整收納客家老古言、現代新編句子、歇後語、俏皮話等，類似順口溜的押韻句法可用客家山歌子或白浪滔滔等民謠曲調搭配吟唱，適合客語初學者學習。

子孫自有子孫福，愁子煩孫賺勞碌。子孫滿堂財萬貫，難逃孤單內心鑽。
子女教育多操煩，贏過日拼夜加班。今日有官今日做，另日無官賣雜貨。
山高不能遮日頭，官高難揞眾人口。不孝心舅三餐燒，賢孝妹仔路上搖。
捉貓子先看貓嫲，選婿郎先看親家。瓦屋恁大肚裡空，草屋茅廬出相公。
上夜想个千條路，天光本本磨豆腐。斧頭難削自家柄，醫生難醫自家病。
豬食糯米賣好價，狗食糯米沒變化。泥水師父沒浴堂，木匠師傅沒眠床。
分人食就傳名聲，自家食就坉屎盆。天上星多月不明，地上人多心不平。
天災地變打田地，打毋著係若手藝。夫人死將帥臨門，將軍死息息無關。
少年莫笑白頭翁，好開能有幾時紅。木匠屋家無凳坐，覡公門前鬼唱歌。
毋知毋驚驚假知，毋會毋驚驚假會。毋食鹹魚嘴毋腥，莫去做賊心毋驚。
毋做媒人毋做保，一生一世無煩惱。毋會剃頭遇鬍鬚，落的學乖知是非。
毋會燒香得罪神，毋會講話得罪人。毋落田專食好米，毋畜蠶蓋蠶絲被。

一〇二年五月二十四日癌末，署立苗栗醫院為劉泰祥辦一場感人的作品發表會，是對他終生奉獻客家語言文化傳承的最大肯定。

（三）苗栗市文昌祠——士子「開中門」的傳統習俗

「苗栗客家文化」中有一項官方辦理的士子「開中門」活動，客家廣為流傳耕讀傳家的精神，可從一副對聯「一等人忠臣孝子、兩件事耕田讀書」、橫批「晴耕雨讀」。看出客家人自古以忠孝傳家、勵學耕讀，具有比較重視教育的族群特質，傳統的理想生活境界是「晴耕雨讀」。

苗栗市文昌祠迄今保持士子「開中門」的傳統習俗，根據傳統苗栗文昌祠的祭典分為兩種：一為春秋祭祀，二為士子祭聖。文昌祠與孔廟一樣，正殿中門平日並不開啟，以苗栗文昌祠而言，只有新正及春秋二祭時才打開。不過依據祠規，獲得博士學位及參加國家級考試高考以上及格者，可以自行申請舉行「士子開中門祭聖」，代表學有所成、光宗耀祖及鼓勵子弟見賢思齊等意義，是地方傳統盛事。

苗栗縣政府為獎掖文風，從民國九十六年起辦理「士子開中門」活動。開中門活動儀式係由士子們穿著古代服裝披紅挂綵，在鐘鼓聲中，依序從中門進入文昌祠，循古禮舉行三獻禮祭聖。祭聖儀式，莊嚴肅穆，並頒發士子證書、獎金，士子們的家人、朋友都到場觀禮，分享榮耀。「士子開中門」活動，獲得熱烈迴響，至今已邁入第十二年，累計近五百位博士或高考及格的士子參加這項盛典。許多人歷經「寒窗苦讀」歲月，終於圓夢，實現人生目標，更獲得從文昌祠中門進入祭聖的殊榮，光耀門楣，苗栗縣政府辦理的「士子開中門」活動，是全臺灣唯一由官方舉辦的開中門祭聖活動。

（四）「臺灣客家文化館」為「苗栗客家文化」注入活水源頭

民國一〇一年五月十二日正式開園，位於苗栗縣銅鑼鄉九湖村，定位為全球客家文化及產業之交流與研究中心的「臺灣客家文化館」，專供為客家文化保存、客家文化產業發展與觀光交流之平臺。佔地寬廣的園區建築依勢而建，外觀採玻璃帷幕組成，與內部樹狀結構設計緊密結合，打破一般人對客家建築的刻板印象，呈現出不同以往的現代藝術風格。不僅如此，園區設計更符合綠建築九大指標，是一座兼具節能及環保的文化園區。

園區設置常設展示區、特展館、客家貢獻館、客家圖書資料中心、國際會議廳及多媒體影音劇場等設施，具備展示客家、典藏客家、研究客家、產業客家及多元文化教育推廣等功能。因應文化館舍發展趨勢，各展區跳脫過往以史料及文物展示之傳統經營模式，結合多媒體、展演、體驗及活動等多元互動之策展方式，展現豐富、精采絢麗之客家文化，引領民眾走入客家文化的縮影當中。

四 陳淑賢談客家「四炆四炒」及〈客家山歌〉

（一）客家美食「鹹」、「香」、「油」

客家先民遷移的落腳地大部分是山區，物質匱乏，食物的保存變得十分重要，以鹽醃製食品來保存食物的獨特文化。再加上客家人居住之地多為丘陵山區，開山打林方可種植作物，因此客家的勞動強度是很高的，粗重的工作往往流許多汗，特別需要吃鹹的食物，因此客家人在菜的鹹味上會重一點，以補充體力。因為經濟狀況不佳，為了不讓肚子易餓，製作菜餚時油量多放一些，豬油拌飯是常有的飲食方式。如此客家人讓辛苦工作的人們，增加食慾、補充營養和流汗之後所需要的鹽分。因此「鹹」、「香」、「油」行成客家有名的「四炆四炒」特色。

（二）客家「四炆四炒」

所謂「炆」指的是用大鍋加水或雞湯，長時間小火慢慢烹煮，湯汁維持不滾，保持在冒一點點泡的狀態，可讓肉類軟化、滑嫩，營養不流失，而「四炆」多採用「炆爌肉」、「炆雞肉筍乾」、「鹹菜炆豬肚」、「排骨炆菜頭」等四道佳餚。「炒」顧名思義就是用熱油炒的菜餚，客家人為了不浪費食材，宰殺牲畜之後，取用內臟加入「芹菜」快炒，突顯「勤儉持家」意涵，包含「客家小炒」、「薑絲炒大腸」、「鴨血炒韭菜」、「豬肺黃梨炒木耳」等「四炒」。

（三）〈客家山歌〉

客家民謠已經有上千年歷史，起初是為了抒發情感所哼出的歡呼哀嘆聲，後來配合撐船、挑擔、砍樹、走路等活動哼出之聲音，或為對岸、隔山之高聲喊叫，逐漸演變成了「山歌」與「小調」。客家山歌是客家文化的精髓之一，在苗栗傳統客家山歌大致包含平板、老山歌、山歌子三大腔，以及其他的小調。

平板係由老山歌與山歌仔演變而來，為山歌從荒山原野走進茶園、家中的過程中發展出。節奏規律，為四拍子，有伴奏、使用五聲音階。老山歌是一山

人唱給另一座山人聽的歌曲。曲調悠揚豪放，音拉得很長，節奏自由，無拍節，可以清唱不須伴奏。曲調主要以 La、Do、Mi 三音構成。山歌仔由老山歌演變而來，在較小地點範圍演唱，音不如老山歌般拉得長。曲調如老山歌以 La、Do、Mi 三音構成，但是節奏分明清楚，為四拍子，通常有伴奏。

山歌唱來鬧連連，唱條山歌來結緣；老人聽轉添福壽，後生聽轉大賺錢。（平板）

天公哪　落水喲　阿妹呀　戴著草帽來到溪水邊　溪水呀清又清　魚兒在水中泅來泅去

看到啊　阿妹呀　靚又靚　心中暗想不敢聲　尋無啊媒人娜　想要湊雙啊　難呀難

五　徐財貴吹奏嗩吶──談「客家八音」

「八音」是音樂界的名詞，並非八種樂器演奏的聲音。一般在音樂史的樂器分類上，「八音」是指金、石、絲、竹、匏、土、革、木等八種製作樂器的材料。而客家人的音樂由中原不斷遷徙至臺後，客家人不斷吸收各地民間音樂，再加上自己原有的風格，逐漸演變成一種特殊的曲調，即稱之為「客家八音」。其最重要的功能是典禮（祭祀）、迎賓與宴饗，而演奏的形態則分為「吹場」與「弦索」兩種，其主要樂器是嗩吶。

「客家八音」後來融入北管音樂（唱作俱佳可粉墨登場），「八音」是名詞苗栗地區的八音界有三個系統：苗栗街黃阿皇、銅鑼九湖葉屋、苗栗西湖陳家班北管八音團。高雄、屏東的客家八音團，只有三個人演奏，它們也稱「八音」。目前苗栗陳家班北管八音團是苗栗縣無形文化資產傳統藝術類的保存團體，由陳慶松之孫，第五代傳人鄭榮興先生領導，是北部許多八音社團與子弟班的老師，學生遍及臺灣各地，目前已傳承到第七代，團員共有三十餘人。

苗栗縣退休公教協會理事長黃新發教授家族祖孫三代十餘人，
報考客語認證，落實客語傳承的精神，讓縣長徐耀昌也稱「讚」

編後語

　　這本《昇恆昌江松樺先生講座學術論叢》編纂完成，付梓在即。雖然稱不上鴻篇巨製，但真實地呈現了三年來中華傳統文化基金會與雲科大漢學所，共同努力推廣學術普及、提升文化素養的第一階段成績。

　　「江松樺先生講座」緣起於二〇一七年六月，江松樺董事長親自蒞臨本校，為大學部同學演講伊始。此後陸續邀集各界學者專家，於金門大學、臺南大學、嘉南藥理大學等校舉辦講座，嘉惠莘莘學子。

　　為擴大影響，讓更多人領略中國傳統文化之美，承江董事長首肯，以產學合作的方式，揀擇講座中最受好評、最具特色者若干篇，邀請原講者再增潤飾，纂集成書。江董事長〈傳統文化與企業社會責任〉演講稿冠於書首，以誌昇恆昌重視企業社會責任、堅持利益大眾的殷殷初衷；更感謝十八位作者惠賜鴻文，為本論叢增色不少。

　　編輯過程中，雖然受到肺炎疫情影響，但仍得到基金會陳銀欉董事、許伯藝專員的全力支持；萬卷樓圖書公司張晏瑞副總編輯、呂玉姍編輯協助出版；本校育成中心楊雯婷專員協助產學案合約簽訂；敝所研究生洪尚緯同學、黃郁茜同學負責論文組稿及經費核銷，在此一併致謝。也期待「江松樺先生講座」持續舉辦，累土不輟，崇成丘山，未來有更多優質成果與學界同好分享。

　　　　　　　　　　　　國立雲林科技大學漢學應用研究所所長

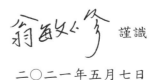

　　　　　　　　　　　　　　　　　　　　　　謹識

　　　　　　　　　　　　　　　二〇二一年五月七日

昇恆昌江松樺先生講座學術論叢

主　　編　翁敏修
責任編輯　呂玉姍
校　　對　官欣安

發 行 人　翁敏修
出 版 者　國立雲林科技大學漢學應用研究所
地　　址　雲林縣斗六市大學路三段 123 號
電　　話　(05)534-2601
編 輯 所　萬卷樓圖書股份有限公司
　　　　　地址 臺北市羅斯福路二段 41 號 6
　　　　　　　　樓之 3
　　　　　電話 (02)23216565
　　　　　傳真 (02)23218698

發　　行　萬卷樓圖書股份有限公司
　　　　　地址 臺北市羅斯福路二段 41 號 6
　　　　　　　　樓之 3
　　　　　電話 (02)23216565
　　　　　傳真 (02)23218698
　　　　　電郵 SERVICE@WANJUAN.COM.TW
香港經銷　香港聯合書刊物流有限公司
　　　　　電話 (852)21502100
　　　　　傳真 (852)23560735

ISBN 978-986-99925-4-1
2021 年 5 月初版
定價：新臺幣 600 元

如何購買本書：

1. 劃撥購書，請透過以下郵政劃撥帳號：
   帳號：15624015
   戶名：萬卷樓圖書股份有限公司
2. 轉帳購書，請透過以下帳戶
   合作金庫銀行 古亭分行
   戶名：萬卷樓圖書股份有限公司
   帳號：0877717092596
3. 網路購書，請透過萬卷樓網站
   網址 WWW.WANJUAN.COM.TW

大量購書，請直接聯繫我們，將有專人為您
服務。客服：(02)23216565 分機 610

如有缺頁、破損或裝訂錯誤，請寄回更換

國家圖書館出版品預行編目資料

昇恆昌江松樺先生講座學術論叢/翁敏修主編.
-- 初版. -- 雲林縣斗六市：國立雲林科技大學
漢學應用研究所出版；臺北市：萬卷樓圖書
股份有限公司發行, 2021.05
　　面；　公分.
ISBN 978-986-99925-4-1(精裝)
1.漢學 2.文集

030.7　　　　　　　　　　　110006486